기업성장의

숨겨진 공식

● 박용삼 저

HIDDEN FORMULA

생능출판사
Life & Power Press
www.booksr.co.kr

머리말

지금 우리는 '저성장(低成長)' 시대를 살고 있다. 기술 변화의 속도가 빨라지고 경쟁이 격화되면서 너나 할 것 없이 성장의 문제에 봉착해 있다. 특히 전 세계를 통틀어 가장 짧은 기간에 고도의 압축 성장을 해온 한국 기업의 입장에서는 지금과 같은 저성장 국면이 더 낯설고 당황스러울 수밖에 없다. 과거에는 모범 답안이 있었다. 미국이나 일본에서 성공한 제품이나 사업모델을 세심하게 역(逆)분해(Reverse Engineering)한 후 그때그때의 한국적 상황과 트렌드에 맞게 이식하기만 하면 충분했다. '얼마나 빨리' 의 문제는 있을지언정 '무엇을 어떻게' 를 고민할 이유는 없었다. 그런데 어느 날 갑자기(?) 세상이 변한 것이다. 자연스럽던 고성장 시대에서 속수무책인 저성장 시대로.

저성장의 답답함 속에서 기업은 정부의 경직성을 탓하고 정부는 기업의 무능에 눈을 흘긴다. 그러나 어느 일방의 탓이라고만 할 수는 없다. 세상 일이 대개 그러하듯이 실상은 우리가 미처 자각하지 못하는 사이에 차근차근 쌓여 왔던 저성장의 조짐과 징후들이 어떤 특정한 계기를 만나 표면화된 것일 뿐이다. 우리에게는 IMF 외환위기, 혹은 뉴 밀레니엄(New Millennium)과 버블붕괴로 기억되는 2000년 전후가 고성장에서 저성장으로 넘어가는 분수령이었다고 보여진다.

제대로 간판 걸고 장사하는 기업이라면 신사업팀, 미래전략팀, 혹은 무슨 무슨 태스크포스 등의 이름으로 성장을 고민하는 전담부서 한 두 개는 가지고 있을 것이다. 글로벌 진출, 경쟁기업 인수 합병, 차세대 미래기술 선점 등 놀랍고도 눈부신 성과도 간혹 눈에 띈다. 그러나 아직까지도 성장에 대한 갈증은 여전하다. 성장 문제에 끌려 다니다 이미 문을 닫은 기업도 다수거니와 살아남은 기업들도 여전히 성장에 목말라 있다. 오아시스다 싶으면 신기루일 공산이 크고 요행히 진짜 오아시스를 만난다 해도 조만간 바닥을 내비치기 십상이다. 기존의 성장 공식(公式)은 더 이상 통하지 않게 되었고 새로운 공식은 요원하다. 아니 어쩌면 더 이상 '공식' 이 통하지 않게 된 것인지도 모른다.

필자는 정부 산하 국책연구소에서 국가 성장전략을 연구하면서, 또 대기업 계열의 민간연구소에서 신사업 후보군을 물색하면서 국가 혹은 기업이 찾아야 할 성장의 대안과 전략에 대해 고민하게 되었다. 모든 상황에 손쉽게 적용 가능한 성장의 정석(定石)은 아니라 해도 최소한의 참고 자료라도 찾자는 절박한 심정에서 성장에 대한 이런저런 이론과 자료를 살펴보았다. 다행히 우리보다 먼저 성장의 벽을 경험한 선진국의 사례를 중심으로 학계와 민간 컨설팅사 등의 연구 결과를 수집할 수 있었고, 그 중 한국의 상황에도 적용 가능한 시사점을 추려낼 수 있었다.

이번에 발간하는 '기업성장의 숨겨진 공식' 은 성장에 대한 기존의 연구 결과를 필자 나름의 척도와 시각으로 분류하고 재구성한 것이다. 우선 제I부(성장에 대한 시각)에서는 성장의 문제를 어떻게 이해하고 접근해야 하는지에 대해 살펴본다. 제II부(혁신적 성장전략의 모색)에서는 실제 비즈니스 현장에서 구사할 수 있는 구체적인 성장전략을 국내외 유수 기업의 사례를 가지고 9가지로 나누어 설명한다. 마지막으로 제III부(성장관리)에서는 성장의 문제를 일회성 이벤트로 이해할 것이 아니라 일상적 경영관리의 일환으로 다루어야 함을 보인다.

'어느 기업이 무슨 사업을 해서 떼돈을 번다더라' 는 외양 속에는 그렇게 돈을 벌 수 있게끔 하는 장치가 숨어 있다. 이것이 '성장전략' 이다. 그러나 기업의 성장전략은 일반적으로 외부에 잘 드러나지 않게 마련이며, 특히 정보공유를 꺼리는 한국의 상황에서는 더더욱 그러하다. 실제 기업체에서 막상 성장전략을 짜려고 하면 참고할 수 있는 자료가 절대적으로 부족하고 매번 제로베이스에서 새로 기획해야 하는 불편과 비효율이 따르는 까닭이다.

필자는 이 책을 통해 성장이라는 거대 이슈에 접근할 수 있는 일종의 가이드라인을 제시하려 노력하였다. 그러나 애초에 기대하고 목표했던 수준에는 턱없이 모자라고 여러 가지 미흡한 부분이 많음을 인정하지 않을 수 없다. 다만 성장이라는 절체절명(絕體絕命)의 문제에 대해 좀 더 체계적이고 과학적으로 접근하는 데 작은 기여가 되기를 바랄 뿐이다.

2008년 가을

포스리 연구실에서

박용삼

추천의 글

위기(危機)라는 말에는 위험(危險)과 기회(機會)가 함께 녹아 있다. 아무리 어려운 위험이 닥쳐도 머리만 잘 쓰면 그 속에서 새로운 기회를 발견할 수 있다는 말이다. 그런데 위험의 무게와 빈도가 커지면 기회를 발굴하기가 좀처럼 쉽지 않게 된다. 선진국과 개도국 사이에서 너트크래커(Nut-cracker) 함정에 빠진 데다가 전 세계적인 금융한파를 맞은 지금의 한국경제 상황이 바로 그러하다.

한때 우리 정부에서는 '허브' 론이 각광을 받았다. 동북아의 중심이라는 지정학적 위치를 최대한 활용하여 금융산업 혹은 물류산업을 일으켜 새로운 성장을 구가하자는 것이었다. 이미 시효가 다했는지 혹은 여전히 어디선가 진행 중인지는 모르겠으나 아무튼 손에 잡히는 성과가 보이는 것 같지는 않다.

비슷한 시기, 민간기업들은 글로벌과 M&A라는 달콤한 꿈에 도취되어 있었다. 그러나 중국과 동남아시아로 기세 좋게 글로벌 행진을 했으나 현지화의 벽에 부딪쳐 유턴하거나 오도가도 못하게 된 기업들이 부지기수다. M&A를 통해 단시일에 덩치를 키우려 했으나 기대했던 시너지는 온데간데없고 빌린 돈 갚으랴 조직 통합하랴 속앓이를 하는 기업도 드물지 않다.

사실상 성장에는 정답이 없다. 주어진 대내외 환경과 자신의 핵심역량, 지금까지의 성장 경로에 비추어 스스로 길을 찾아가는 수밖에 없다. 한 가지 확실한 것은 판에 박힌 성장공식들을 카피하기보다는 스스로 다양한 옵션을 고안해 내고 창조해야 한다는 것이다. 이러한 의미에서 이번에 출판되는 〈기업성장의 숨겨진 공식〉은 성장에 목마른 우리 기업들에게 좋은 가이드라인이 될 것이다.

이 책은 근래에 보기 드물게 '성장전략' 이라는 한 가지 이슈에 초점을 맞추어 성장에 대한 기본 사고방식부터 혁신적인 성장전략의 사례, 그리고 지속적인 성장관리 방안까지 망라하고 있다. 특히 남다른 발상과 창의적 아이디어로 성장을 일궈낸 국내외 성공사례를 9가지 카테고리로 일목요연하게 정리한 점이 두드러진다. 성장전략에 대한 국내외 학계와 연구기관의 많은 문헌을 참고한 데다 각각의 성장전략에 맞는 최근의 언론보도를 수집하고 소개한 데서 저자의 성실성과 치밀함을 엿볼 수 있다.

저자인 박용삼 박사는 실제로 정부산하 국책연구소(전자통신연구원)에서 우리나라 정보통신 중장기 기술개발 계획 수립에 참여한 바 있고, 현재는 포스코경영연구소에서 포스코그룹의 신사업과 투자 업무를 철강(포스코), 정보통신(포스데이타), 기계(포철산기, 포철기연), 전기(포스콘) 등의 분야에 걸쳐 수년 동안 수행한 바 있다. 〈기업성장의 숨겨진 공식〉도 저자의 활발한 현장 경험에 그 뿌리를 두고 있기 때문에 공허한 이론을 넘어 독자들에게 생생한 공감을 줄 수 있을 것으로 믿는다.

돌이켜보건대 지난 50여 년 간 한국 경제의 경이로운 발전은 정부와 기업이 그때그때의 경제발전 단계에 맞게 최적의 성장전략을 입안하고 뚝심 있게 밀어붙인 결과이다. 대내외적으로 새로운 도전에 직면한 어려운 시기에 〈기업성장의 숨겨진 공식〉이 우리 정부의 성장 마스터플랜 수립과 기업체들의 성장전략 수립에 유용한 도구로 활용될 것으로 기대이며, 성장전략 분야의 지속적인 연구에 좋은 디딤돌이 되기를 바란다.

포스코경영연구소장

김준한

차례

PART 01 성장에 대한 시각

1장 이제는 저성장 시대다

2장 연못을 확장하라

3장 성장문제에 정답은 없다

PART 02 혁신적 성장전략의 모색

4장 말 갈아타기를 통한 성장

CONTENTS

CONTENTS

C O N T E N T S

PART 01

성장에 대한 시각

1장 이제는 저성장 시대다

2장 연못을 확장하라

3장 성장문제에 정답은 없다

CHAPTER 01

이제는 저성장 시대다

좋은 시절은 다 간 걸까?

성자필쇠(盛者必衰), 생자필멸(生者必滅)이다.

화려한 비전과 원대한 야심을 갖고 출발했을지라도
성숙과 쇠퇴의 과정을 피해 갈 수는 없다.
저성장이 일반화되고 있는 것이다.

이제는 저성장 시대다

성장의 역사

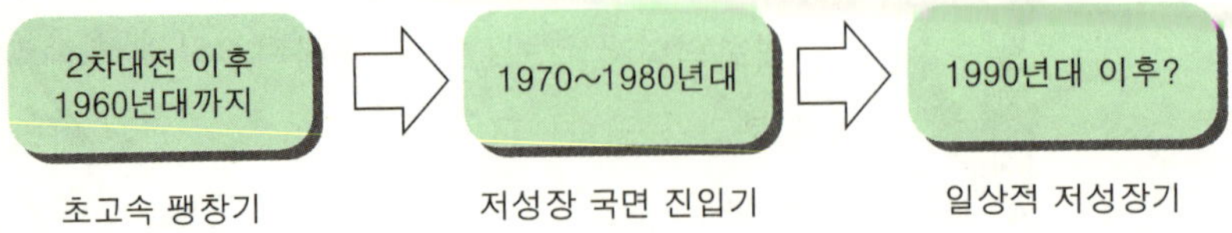

<S&P 500 기업들의 평균 존속기간>

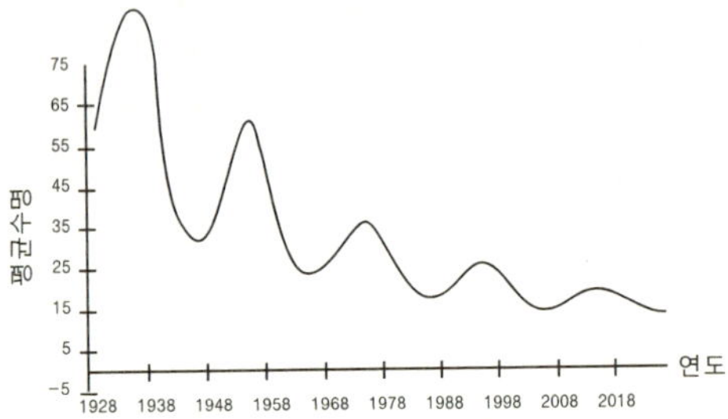

출처: R. Foster and S. Kaplan, Creative Destruction, 2001

2차 대전 이후 현재까지 전세계 주요 기업들의 성장사(成長史)를 대략 3단계로 나누어 볼 수 있다. 우선 1960년대까지는 그야말로 초고속 성장의 시대였다. 깃발만 꽂으면 되는 무주공산(無主空山)의 시대였으며, 선진국을 중심으로 전후(戰後) 복구의 특수(特需)를 타고 자연스럽게 성장할 수 있었던 시기였다.

그 후 1970~1980년대는 저성장의 조짐이 나타나는 시대이다. 특히 중동발 오일쇼크는 성장이 기업 활동의 자연스런 과실이라고 여겼던 많은 기업들에게 충격을 안겨 주었다. 이 시기에는 위험 분산을 목적으로 한 비관련 다각화(Unrelated Diversification)가 기업성장의 대표적인 형태였다.

1990년대 이후는 저성장이 일반화되는 시대이다. 기술변화의 속도가 빨라지고 글로벌 경쟁이 본격화되면서 경영환경의 불확실성이 높아지게 된다. 2000년대 초 IT 버블 붕괴가 극적으로 웅변하듯이 혜성 같이 나타났던 어제의 스타 기업도 단 하루 만에 허무하게 무너질 수 있음을 목도하게 된다.

과거에는 기업 수명을 조사한다는 것이 그리 큰 관심거리가 아니었다. 왜냐하면 열심히 일하기만 하면 성장은 당연한 것이고, 특별한 재앙이 발생하지 않는 한 지속적으로 성장을 이어 갈 수 있다고 생각했기 때문이다. 그러나 1990년대 후반 이후에는 당장의 생존이 기업의 최대 고민거리가 되었다.

전략 컨설팅업체 매킨지(McKinsey)의 리처드 포스터(Richard Foster)의 연구에 따르면 S&P 500대 기업의 평균수명이 급속히 줄어들고 있다. 즉 1962~1998년에 이르는 30여 년 동안 조사대상 기업 1008개 기업 중 오직 160개 정도만 살아남아 생존율은 16%에 불과했다. 100개 중 84개는 30년을 못 채우고 사망했다는 것이다. 사람으로 치면 한창 팔팔한 30대에 요절하는 꼴이다.

저성장에 예외는 없다

저성장의 실태

연구자		연구 결과
짐 콜린스 (2001)	1,435개 기업 (1965~1995년)	9%(126개) 기업만이 10년 이상 경쟁우위 유지
크리스 주크, 제임스 앨런 (2001)	선진국 주요기업 (1988~1998년)	매출 5억 달러 이상, 매출과 수입 연평균 5.5% 이상 성장, TRS가 자본비용을 상회한 기업은 전체의 13%에 불과
에이드리언 슬라이워츠키, 리처드 와이즈 (2003)	미국 상장기업 (1990~2000년)	전체의 7%만이 8년 이상 지속적으로 배출과 영업이익 두자릿수 성장 기록
데이비드 가빈 (2004)	미국기업의 신사업 시도 (1970~1980년)	60%가 실행 6년내 실패 (Dupont, IBM, P&G, 3M, Xerox 등의 경우 조인트벤처는 50%, 독자사업은 44%가 6년내 실패)

주: TRS(총주주수익, Total Return to Shareholders)

현재, 그리고 앞으로 다가올 미래는 한마디로 '초과공급(超過供給)'의 시대로 규정할 수 있다. 시장이 소화할 수 있는 것보다 절대적으로 많은 양의 재화가 생산된다는 것이다. 소비자 입장에서는 더 좋은 품질의 제품을 더 싼 가격에 구입할 수 있어 당장은 불만이 없다. 그러나 기업체 입장에서는 글로벌한 경쟁의 파고를 이겨 내면서 나날이 까다로워지는 소비자들의 입맛을 충족시켜야 하는 어려운 상황에 처하게 되는 것이다.

기업의 '성장'에 대한 다양한 연구결과에 따르면 평균 10% 내외의 기업만이 성공적으로 성장을 유지하고 있다. 세계적인 베스트셀러 《좋은 기업을 넘어 위대한 기업으로(Good to Great)》의 저자 짐 콜린스(Jim Collins)에 의하면 1965~1995년 1435개 기업 중 9%(126개) 만이 10년 이상 경쟁우위를 유지하고 있다. 나머지 91%의 기업들은 경쟁에 뒤처지면서 서서히 몰락의 길을 걷고 있는 것이다.

전략분야 컨설팅업체 베인앤컴퍼니(Bain & Compnay)의 크리스 주크(Chris Zook)와 제임스 앨런(James Allen)에 의하면 매출 5억 달러 이상의 전세계 주요 기업 중 매출과 수입이 연평균 5.5% 이상씩 성장하고 동시에 주주에게는 주가 상승과 배당금의 형태로 일반 이자율 이상의 이득을 안겨 준 기업은 전체의 13%에 불과하다고 한다.

머서컨설팅(Mercer Consulting)의 에이드리언 슬라이워츠키(Adrian Slywotzky)와 리처드 와이즈(Richard Wise)의 연구도 유사한 결과를 보여 준다. 1990~2000년 사이 미국 전체 상장기업 중 매출과 영업이익 측면에서 8년 이상 두 자릿수 성장을 기록한 업체는 7%에 불과했다. 한편 데이비드 가빈(David A. Garvin)은 신사업 프로젝트의 성공 확률을 조사했는데, 1970~1980년대 미국 기업의 신사업 시도 중 60% 이상이 실패한 것으로 나타났다.

초일류 기업도 몰락한다

2000년 이후 세계 거대기업들의 쇠퇴

	쇠퇴원인	결과
XEROX	경쟁심화, 회계부정	2000, 2001년 적자
ENRON	선물 등 고리스트 사업치중, 회계부정	2001년 파산보호 신청
WORLDCOM	과도한 사업확장, 회계부정	2002년 파산보호 신청
K mart	가격 및 광고 등 마케팅 실패	2002년 파산보호 신청
Ford	방만한 사업확장, 고비용, 품질저하	2001, 2002년 적자
at&t	장거리 전화사업의 수익 악화	2002, 2004년 적자
PHILIPS	마케팅 실패, 기술실용화 지연	2001, 2002년 적자
SONY	신제품 출시지연, 반도체 등 투자 실기	2003년 전자부문 적자
GM	경쟁심화, 고비용, 신차 출시 지연	2005년 ¼분기 적자

출처: 한창수外, 거대기업 쇠퇴에서 배우는 교훈, CEO Information, 삼성경제연구소, 2005. 6. 15

우리 귀에 친숙한 초일류 기업들의 최근 성적표를 보자. 제품(Product)의 일상용품(Commodity)화가 가속화되면서 명실공히 세계 경제의 메이저리거(Major Leaguer)라고 할 수 있는 기업들도 2000년 이후 고전을 면치 못했고 이중 몇몇은 이미 역사의 무덤 속으로 사라져 버렸다.

에너지 중개업으로 시작하여 한때 미국을 대표하는 간판 기업의 위치까지 오른 엔론(Enron)은 성장의 속도를 조절하지 못하고 회계부정의 불명예를 안은 채 무너져 갔다. IT 시대의 기린아였던 월드콤(Worldcom)은 환경의 변화를 예견하지 못하고 M&A를 통한 덩치 키우기에 몰두하다가 최정상의 순간에 급전직하했다.

미국식 할인점 모델을 만들었던 K마트는 후발 주자 월마트의 맹렬한 추격에 직면하여 본래의 성장 공식을 망각하고 매장 수 확장에만 몰두하다 사모펀드의 수중에 떨어졌으며, 통신사업을 태동시킨 AT&T는 무선과 인터넷이라는 새로운 신기술 트렌드가 진행되는 와중에 과거의 유선통신만을 움켜쥔 채 역사 속으로 사라져 갔다.

최근에는 미국을 상징하는 자동차 빅3(포드, GM, 크라이슬러)도 일본과 한국 자동차업계의 파상 공세에 직면하여 신용등급이 정크본드 수준으로 추락하는 등 큰 어려움을 겪고 있다.

런던비즈니스스쿨의 개리 하멜(Gary Hamel) 교수의 말대로 "혁신적인 변화를 꾀하지 못하는 기업들은 곧 사람들의 뇌리에서 잊혀지게 되는 것(Company that is not an industry revolutionary is already on the road to insignificance)"이며 한때의 초일류 기업이라고 해도 예외일 수는 없다.

연타석 홈런은 어림없다

포천 50대 리스트 포함 직후의 성장률 하락

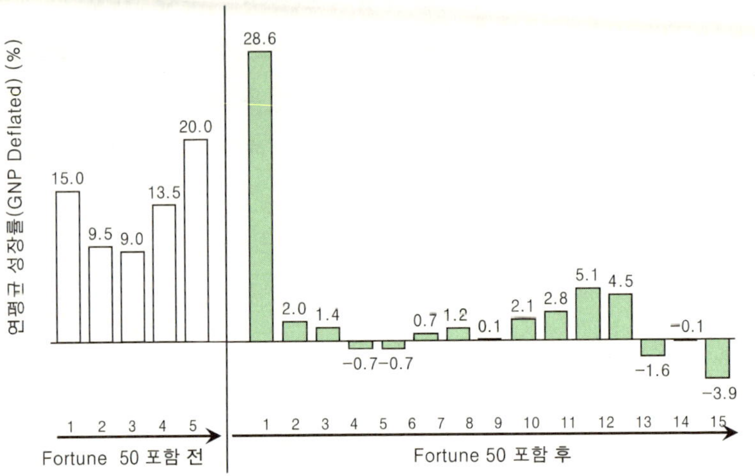

출처: Donald L. Laurie, Yves L. Doz and Claude P. Sheer, "Creating New Growth Platforms," Harvard Business Review, May 2006

지속적으로 성장을 유지하는 것이 얼마나 어려운가에 대한 흥미로운 연구결과가 있다. 전략 컨설팅업체 오이스터 인터내셔널(Oyster International)을 이끌고 있는 로리(Laurie) 등은 1955년 이후 〈포천(Fortune)〉 50대 기업 리스트에 포함된 93개 기업을 대상으로 리스트 포함 전후의 성장률을 비교하였다. 그 결과는 충격적이다.

앞 그림에서 보듯이 〈포천〉 50대 기업 리스트에 포함되기 전 5년 동안 평균 10~20% 내외의 높은 성장률을 기록했던 업체들이 리스트에 포함된 직후부터 급격한 정체를 보이는 것으로 나타났다. 즉 리스트 포함 1년 경과 시점에는 성장률이 28.6%로 뛰어 올랐다가 2년이 되는 시점부터 2% 대 성장에 그치게 되며 4년 차에는 마이너스 성장을 기록하게 되는 것이다. 특히 대규모 M&A를 통해 일시에 〈포천〉 리스트에 포함된 기업들은 더욱 큰 어려움을 겪는 것으로 조사되었다.

물론 모든 기업이 이러한 경로를 밟는 것은 아니겠지만 대다수의 기업이 한때의 화려했던 성장 신화를 이어 가지 못하는 것은 분명하다. 로리는 노벨상 수상자들이 수상 직후에 겪는 실적 저조에 빗대어 기업에 있어서 지속 성장의 어려움을 설명하고 있다. 즉 한창 젊은 시절의 창의적인 아이디어와 세상을 놀라게 했던 화려한 업적을 나이가 들어서까지 지속적으로 이어 가는 것이 어려울 수 밖에 없다는 것이다.

기업도 마찬가지다. 초기에는 굳건한 창업가정신(Entrepreneurship)으로 무장하고 당대를 주도하는 핵심 산업의 변화를 잘 포착하여 성공적으로 무대에 데뷔할 수는 있다. 그러나 초기의 창업정신을 잘 유지한다 해도 시간이 흐르면서 산업이 성숙하고 경쟁이 치열해지면 지속적으로 성장을 유지하는 것이 어렵게 되는 것이다.

슬럼프는 놀랄 일도 아니다

미국 100대 기업의 성장 정체기

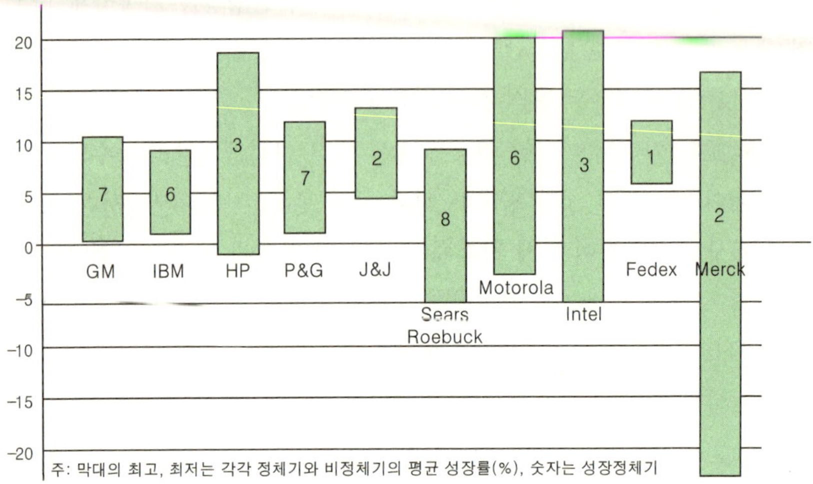

출처: 형민우, 성장의 벽을 돌파하라, LG주간경제, 2005. 4. 20

초원의 제왕(帝王)은 단연코 사자이다. 그러나 '제왕'이라는 이름에 걸맞지 않게 그 실상은 초라하다. 사자는 보통 4~5마리가 힘을 합쳐 사냥을 하는데 사냥 성공률은 30%에도 미치지 못한다고 한다. 사자 1마리를 놓고 보면 10%도 안 되는 저조한 실적인 것이다.

그 결과는 자명하다. 다 자란 어른 사자 10마리 중 9마리는 코끼리나 악어와 싸우다 장렬히 전사하는 것이 아니라 주린 배를 안고 굶어 죽게 된다! 제왕의 뒷모습치고는 씁쓸하다 못해 어이없기까지 하다.

미국 경제계의 '제왕'이라고 해도 손색없는 GM, IBM, HP, P&G, J&J 등의 기업들도 매년 승승장구하는 것은 아니다. 이들 기업들도 내부 사정과 외부 여건의 변화에 따라 때로는 제로 성장, 또 때로는 마이너스 성장을 기록하고 있다. 그나마 슬럼프를 이겨낼 수 있는 체질과 체력을 갖추었기에 망정이지 그렇지 못한 많은 기업들은 한 번의 슬럼프가 곧 폐업으로 이어지는 경우도 부지기수이다.

〈포천〉 선정 미국 상위 500대 기업의 평균 수명은 40년에 불과하고 〈니혼게이자이 신문〉 조사에 따르면 메이지 유신 이후 100여년 동안 일본 100대 기업의 평균 수명은 약 30년에 그쳤다. 대한상공회의소 조사에 따르면 2005년 말 기준 국내전체 상장기업(거래소 686개 + 코스닥 934개)의 평균 연령은 23.8세에 불과한 실정이다.

미국 100대 기업 중 1995~2004년의 매출 자료 입수가 가능한 79개 기업을 대상으로 한 분석에 따르면, 평균 성장 정체기간은 약 3.5년, 매출 마이너스 성장 기간은 약 1.7년에 이른다. 앞 그림에서 보면 시어스로벅(Sears Roebuck)의 경우는 8년 동안 성장 정체를 겪고 마이너스 성장을 기록한 바 있으며, 모토롤라(Motorola)나 인텔(Intel)의 경우도 그 정도는 상이하지만 마찬가지 슬럼프를 겪은 바 있다. 생명공학업계의 스타 기업인 머크(Merck)도 무려 20%가 넘는 마이너스 성장을 경험한 바 있다.

비용 절감만으로는 안 된다

비용 절감의 한계

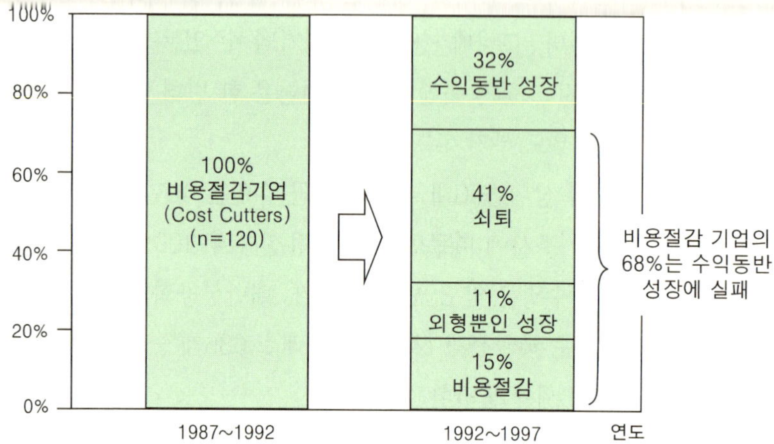

출처: Mercer Management Consulting, Looking from the outside in: Achieving value growth in asset-intensive industries, 1999

저성장의 난관에 직면하여 대부분의 기업들이 현실적으로 가장 먼저 떠올리게 되는 '손에 잡히는' 대안은 구조조정과 인력 합리화이다. 즉 군살을 잘라냄으로써 당장의 비용을 절감하겠다는 것이다. 성장 대안을 마련하라는 투자자들의 거센 요구를 달래는 데에도 비용 절감은 효과적이다. 국내에서도 1997년 IMF 외환위기를 전후하여 금융권에서 시작되어 거의 모든 기업들로 유행처럼 번졌던 구조조정 광풍이 이를 잘 보여 준다.

이처럼 비용절감을 통해 수익을 개선하는 것(Bottom-line Growth)은 기업 운영에 있어서 중요한 일임에 분명하다. 그리고 비수익 부문을 손질하고 여기서 확보된 재원을 신규 성장부문에 투입하는 목적이라면 더더욱 필요한 조치이다. 그러나 단순히 재무적 실적 개선을 위해 '허리띠를 졸라매는 것' 이라면 문제가 있다. 무리한 다이어트가 빈혈과 영양실조로 이어질 수 있듯이 자칫 미래의 성장 잠재력까지 훼손할 수 있기 때문이다.

머서 컨설팅(Mercer Consulting)이 미국 주요기업 120개 사를 대상으로 조사한 결과를 보자. 비용절감을 통해 낭비요인을 제거하고 전열을 가다듬은 후 내실있는 성장(Profitable Growth)을 달성한 경우는 전체의 32%에 불과했다. 나머지 68%는 의미있는 성장을 달성하는 데 실패했으며, 그 후 사세가 위축되거나(41%), 외형뿐인 성장을 하거나(11%), 여전히 비용에만 집착하는(15%) 모습을 보이고 있다.

비용절감이 의미를 가지려면 단순한 인건비나 간접비 절감에 그치는 것이 아니라 기존의 생산방식과 프로세스를 획기적으로 혁신하고 이를 토대로 새로운 경쟁우위를 만들어 낼 수 있어야 한다. 그럴 수 없다면 외형성장(Top-line Growth)의 정공법을 택할 수밖에 없다.

만병통치약은 없다

글로벌화와 M&A의 성적표

<주요 기업의 글로벌 실적 추이>

기업명	글로벌 사업 성장률	
	1992~1996	1996~2000
IBM	4%	2%
GE	22%	16%
인텔	44%	13%
다우 케이컬	5%	6%
P&G	5%	3%
모토롤라	25%	13%
휴렛패커드	23%	6%
제록스	4%	-1%

<M&A 성과>

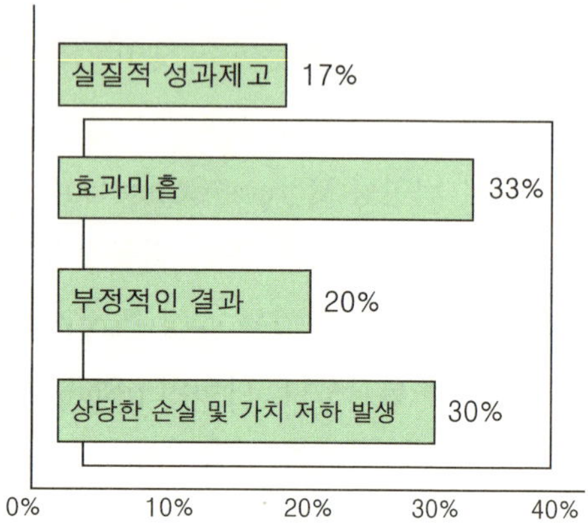

출처: Hoovers, Company annual report / Mercer Management Consulting research, 1999

내수 성장이 정체될 때 자연스레 떠오르는 대안은 해외 진출이다. 그 내용에 있어서도 과거에는 국내에서 생산된 제품을 해외에 내다 파는 '국제화(Internationalization)' 수준이었다면 이제 전세계 최적의 입지에서 생산하고 판매하는 '글로벌화(Globalization)' 체제로까지 발전하고 있다.

그러나 우리보다 글로벌 진출이 훨씬 더 빨랐던 선진 기업들의 실적을 보면 글로벌화가 능사가 아님을 알 수 있다. IBM, GE, 인텔(Intel) 등 대표적인 글로벌 기업들의 해외 매출 실적은 세계 경기와 현지 여건, 경쟁 강도 등에 따라 부침을 겪어 왔다. 특히 인텔은 1990년대 상반기 44%에 비해 하반기에 13%로 글로벌 실적이 현저히 떨어졌고, 모토롤라(Motorola)도 상반기 25%에 비해 하반기에는 13%로 절반 가까이 성장세가 둔화되었다. HP도 23%에서 6%로 급격한 실적 저하를 경험한 바 있다.

한때 우리 기업들도 중국이 제2의 내수시장이 될 거라고 확신하면서 앞다투어 중국행을 서둘렀던 적이 있었다. 그러나 상당 수의 기업들이 중국 정부의 까다로운 규제, 현지화의 어려움, 중국 후발기업들의 추격과 경쟁 격화 등으로 어려움을 겪고 있다. 이 중 일부는 중국을 포기하고 또 다른 엘도라도(El Dorado)를 찾아 동남아, 인도 등을 기웃거리고 있다. 무조건적인 글로벌 진출이 정답은 아니라는 얘기다.

M&A는 어떤가? 머서(Mercer) 컨설팅의 조사에 의하면 1990~1995년 사이에 발생한 M&A 중 거래 금액이 5억 달러 이상인 150여건을 분석해 보면 실질적인 성과 제고가 있었던 경우는 전체의 17%에 불과했다. 나머지는 효과가 기대에 미치지 못했거나(33%), 부정적인 결과를 초래했거나(20%), 혹은 상당한 손실이 발생(30%)했다.

최근 독일의 다임러벤츠(Daimler-Benz)가 미국의 크라이슬러(Chrysler)를 합병 9년 만에 재매각한 것도 M&A를 통한 효율제고와 시너지 창출이 쉽지 않음을 입증하는 사례이다.

국내 사정은 어떠한가?

국내 10대 그룹 변천사

	1964	1974	1985	1995	2007
1	삼성(제당,방직)	락희(무역)	삼성(가전)	현대(자동차,조선)	삼성(전자)
2	삼호(방직)	삼성(무역)	현대(건설)	삼성(전자)	현대차(자동차)
3	삼양(방직)	현대(건설)	럭키금성(가전)	대우(조선,중공업)	SK(정유,통신)
4	개풍(탄광,시멘트)	한국화약(화약)	대우(섬유,무역)	LG(정유,통신)	LG(소비재,통신,가전)
5	동아(제분,방직)	동국(섬유)	선경(섬유,정유)	선경(정유,통신)	POSCO(철강)
6	락희(화학,무역)	대한(방직,전선)	쌍용(시멘트)	쌍용(시멘트)	롯데(유통,식음료)
7	대한(방직,전선)	효성(섬유)	한국화약(화약)	한진(운송)	KT(통신)
8	동양(제과,시멘트)	신동아(건설)	한진(운송)	기아(자동차)	GS(화학,정유,유통)
9	화신(유통)	선경(섬유)	효성(섬유)	한화(화약)	한진(운송)
10	한국유리(유리)	한일합섬(섬유)	대림(건설)	롯데(유통,식음료)	현대중(조선,기계)

주: 순위는 총자산 기준, ( )는 주력분야, 공기업 제외

출처: 윤석만, Creating Another Success Story: Pride of the Steel, 2007. 3. 29

국내의 사정도 크게 다르지 않다. 위 그림은 총자산 기준으로 국내 10대 그룹의 변천을 보여 준다. 1964년의 10대 그룹에 속한 업체 중 아직까지 10대 그룹 리스트에 이름을 올리고 있는 기업은 삼성과 LG 정도이다. 나머지 그룹들은 우리의 기억 속에서 이미 잊혀졌거나 혹은 사세(社勢)가 대폭 위축된 채 간신히 명맥을 유지하

고 있을 뿐이다. 그나마 내부의 주주 구성 상황을 들여다보면 비록 간판은 유지했다고 해도 여러 번 주인이 바뀐 기업도 많다.

한 시대를 지배하는 주도적 산업은 변하게 마련이고 이것이 개별 기업은 물론이고 산업 전체의 명암을 결정하게 된다. 위 그림에서 보듯이 1960~1970년대에는 삼성, 삼호, 삼양, 동아, 대한 등의 업체들을 중심으로 방직산업이 주도하던 시대였다. 수출의 교두보 역할을 하는 무역상사들도 더불어 성장하였다.

그러던 것이 1980년대에는 가전과 건설이 부상하게 되고 섬유는 다소 퇴조하는 모습을 보인다. 산업의 세대교체라는 자연스러운 흐름 속에서 망하는 기업과 흥하는 기업의 명암이 갈리게 된다.

2000년대 들어서는 전자, 통신 등의 IT산업과 정유, 자동차, 조선, 철강 등의 중후장대형 산업이 경제를 견인하고 있다. 특히 반도체, 휴대폰, LCD로 대표되는 IT산업은 적어도 현재까지는 우리 경제의 주전 공격수 역할을 하고 있다. 그러나 기술발전 속도가 워낙 빠르고 글로벌 경쟁이 가열되고 있기 때문에 한치 앞의 운명을 예단할 수 없는 상황이다.

동태적인 산업발전의 흐름을 간파하지 못하고 '오늘과 같은 내일'이 무한히 반복될 것이라는 망상에 사로잡혔던 기업들은 산업의 부침과 명운(命運)을 같이할 수밖에 없다. 오직 새롭게 부상하는 산업으로 계속해서 변신하거나 혹은 기존 산업 내에서 새로운 부가가치를 지속적으로 만들어 낸 기업만이 살아남을 수 있는 것이다.

성장의 싹이 시들고 있다

국내 상장기업의 수익성과 성장성 변화

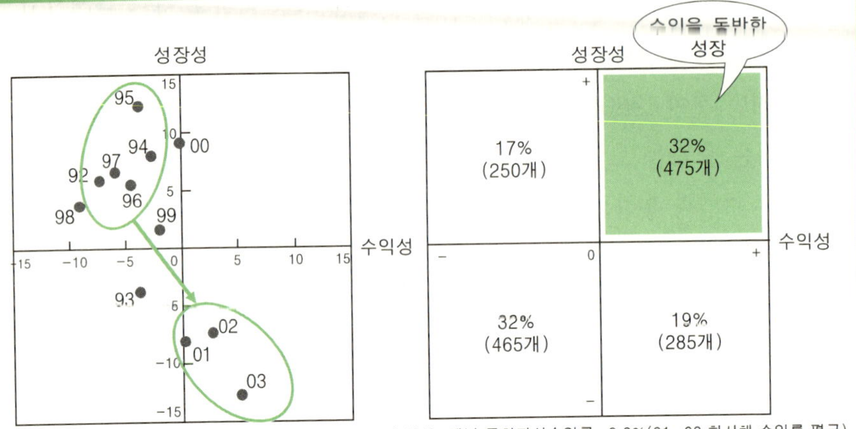

수익성=매년 투하자산수익률−매년 회사채 수익률
성장성=매년 매출액성장률−매년 명목 GDP 성장률

수익성=매년 투하자산수익률−6.3%(01−03 회사채 수익률 평균)
성장성=매년 매출액성장률−7.6%(01−03 명목 GDP 성장률 평균)

주: 투하자산수익률=영업이익/(차입금+자기자본)

출처: 박상수, 수익중시 경영에서 Profitable Growth 경영으로, LG 주간경제, 2004. 10. 27

우리나라 상장사들의 수익성과 성장성 변화 추이를 보자. 위의 왼쪽 그림에서 보면 금융권을 제외한 1,475개 상장사의 경우 1997년 외환위기 이전에는 수익성을 도외시한 채 외형 확장만을 추구했음을 알 수 있다. 우리나라 경영 여건상 당시로서는 불가피한 측면이 없지 않았겠으나 결과론적으로 볼 때 전형적인 대마불사(大馬不

死)의 전략이었다.

그러다 외환위기를 거치면서 수익성, 즉 캐시플로우(Cash Flow)에 과도하게 집착하게 된다. 당장 발등에 불을 꺼야 하는 절체절명의 상황에서 미래의 성장을 돌볼 여력이 없었던 것이다. 그 결과 전반적인 성장성이 크게 훼손되었으며 이것은 아직까지도 우리 경제에 부담으로 작용하고 있다.

주주가치경영 자체가 잘못되었다고 말할 수는 없다. 그러나 자본시장이 발달하고 시장의 통제 메커니즘이 정립된 후에야 제대로 작동하는 시스템을 너무 성급하게 무조건적으로 차용한 결과, 성장 동력이 훼손되는 대가를 치르고 있는 것이다. 심하게 말하면 미국식 주주가치 경영이 한국에 온 후, 빨리 시작해서 빨리 승부를 내는 '카우보이식 경영' 혹은 '패스트푸드 경영'으로 변질된 것이다.

이제 외형과 내실을 동시에 추구하는 '수익을 동반한 성장(Profitable Growth)'이 필요한 때이다. 앞의 오른쪽 그림에서 보면 2004년을 기준으로 시장에서 평균 이상의 수익성과 성장성을 기록한 업체는 전체의 32%에 불과하다(수익성과 성장성 모두 10%를 상회하는 기업은 전체의 22%, 20%를 상회하는 기업은 6%에 불과함). 나머지 68%는 지속 성장에 커다란 위험을 안고 있는 것이다. 특히 전체의 49%(17%+32%)의 기업은 모두 심각한 저성장의 덫에 빠져 있음을 알 수 있다.

저성장 시대 CEO의 고민은 깊어 간다

저성장의 토로

"성장하지 않으면 안된다는 사실은 우리도 안다. 그러나 우리 업종은 이미 포화상태에 도달했다. 이런 상태에서는 값비싼 비용이 드는 경쟁을 통해 점유율을 높여야만 성장이 가능하다.

이윤율이 이미 떨어지기 시작했다. 다른 기업을 인수하려 해도 요즘은 가격이 워낙 높아 비경제적이다. 제휴관계도 제대로 돌아가지 않는다. 신흥시장으로 떠오르는 해외로 진출하기에는 리스크가 너무 크다.

우리는 허리띠를 졸라맨 채 비용을 절감하고 현금을 비축하기 위해 안간힘을 다했으며, 생산시설을 합리화하는데 치중했다. 직원들은 이제 모두 비용절감에는 전문가가 되었지만, 그들이 회사를 성장시키는 방법을 알고 있는지에 대해서는 회의가 든다.

결국 우리는 좌절감에 빠져 어떻게 해야 할지를 모르고 있다."

–성장에 좌절하는 익명의 CEO

미지(未知)의 대양을 헤쳐 나가야 하는 선장에게는 하급 선원들이 모르는(혹은 몰라야 하는) 여러가지 고민들이 많을 것이다. 우리나라 CEO들의 사업상 가장 큰 고민거리는 신사업을 통한 새로운 성장동력 발굴(55.6%)로 조사되었다. 그 밖에 핵심인재 확보 및 양성(30.3%), 제품 · 서비스 품질 개선(7.4%), 해외시장 개척

(2.6%), 노사문제 안정화(1.5%) 등도 중요한 문제이긴 하지만 역시 기업의 존폐를 좌우하는 성장이 가장 큰 이슈인 것이다(조선일보 · 삼성경제연구소 공동 설문조사, 2007. 8).

만일 당신 회사의 중간 관리자에게 비용을 10% 줄이라고 하면 그는 자신이 무엇을 어떻게 해야 할지 정확히 알 것이다. 그러나 만일 10% 성장하라고 한다면 그는 그야말로 속수무책일 수밖에 없다. 저성장의 시대는 이제 예외가 아니라 보편적인 현상이 되어 버렸다. 앞 그림에서처럼 저성장의 딜레마에 빠진 CEO들의 탄식을 보면 공감되는 바가 적지 않다.

저성장의 문제는 한마디로 내우외환(內憂外患)의 이슈이다. 내수 시장은 정체인데 경쟁은 갈수록 치열해지고 있다. 중국 등 개도국의 추격은 더욱 거세어지면서 넛크래커(Nut Cracker), 혹은 샌드위치 국면을 만들고 있다. 인수합병으로 눈을 돌려도 적당한 매물도 없을 뿐더러 M&A 프리미엄은 천정부지로 치솟고 있다. 글로벌 시장을 개척하려 해도 현지화의 어려움으로 오히려 더 큰 리스크를 불러올 수 있다.

이러한 상황에서 선택의 길은 두 가지 중 하나이다. 이대로 주저앉든가 혹은 새로운 성장의 돌파구를 여는 것이다. 다음의 2장 이후에서는 견고하게만 보이는 '성장의 문'을 여는 방법들을 하나 하나씩 살펴보기로 한다.

MS, 잇단 도전에 '사면초가' 신제품 초기출시, 윈도보안 등 대응 고심

세계 최대 정보기술(IT) 업체인 마이크로소프트(MS)가 사면초가다. 컴퓨터 운영체제(OS)와 인터넷 브라우저는 물론 인터넷 전화(VoIP), 사진편집 프로그램 등 소프트웨어 분야에서도 후발업체들이 잇따라 도전장을 던지며 아성을 공략해 오고 있기 때문이다. 이들은 특히 소스코드(설계도)를 무료로 공개하는 오픈소스 업체들이어서 잠재적인 파괴력이 상당해 MS를 긴장시키고 있다. 여기에 윈도의 취약한 보안문제, 홈네트워크와 모바일 SW 등 차세대 시장의 불확실성도 여전해 MS의 발목을 잡고 있다. 이를 두고 영국 BBC뉴스 인터넷판은 "MS가 지난 1990년대의 IBM처럼 공격받기 쉬운 취약한 상황에 몰려 있다"고 최근 보도했다.

현재 MS에 가장 큰 위협세력은 리눅스 등 오픈소스 소프트웨어업체들이다. BBC뉴스가 "유행에 둔감하기로 유명한 독일 뮌헨 공무원들조차 컴퓨터 OS를 리눅스로 바꾸고 있다"고 지적할 정도다. 영국 정부도 앞으로 3년간 공공부문의 오픈소스 SW 사용 비율을 75%까지 끌어올린다는 계획이다. (중략)

MS의 아성인 인터넷 브라우저 시장에서는 이미 위협이 가시화되고 있다. 미 웹사이드스토리에 따르면 미 모질라사의 브라우저 '파이어폭스'는 작년 10월 3%였던 미국시장 점유율을 지난 4월에 6.8%로 끌어올렸다. 반면 MS 익스플로러의 점유율은 작년 6월 95%에서 최근 89%로 떨어졌다. (후략)

출처: 한국경제신문, 2005. 6. 13자

정보화 시대를 사실상 지배하는 마이크로소프트도 저성장의 함정을 피해 갈 수는 없다. 마이크로소프트의 모든 사업 분야에 대해 경쟁업체들의 추격이 거세지고 있는 것이다.

델, 중국에서는 안 통하네
눈으로 보고 구입 선호, 온라인 판매 부진

전화와 인터넷 직접 판매 방식으로 미국 PC 시장을 평정한 델이 아시아에서 암초를 만났다. 이 회사의 판매 노하우가 아시아 최대 성장 시장인 중국에서 전혀 먹혀들지 않고 있기 때문이다. 리서치업체 IDC의 최근 조사에 따르면 일본을 뺀 델의 3분기 아시아 시장 점유율은 7.8%에 그쳤다. 전분기보다 1.0%포인트 줄어든 것이다. 급성장 중인 중국 지방 시장을 레노보와 휴렛패커드(HP) 같은 경쟁사들에 선점당한 영향이 컸다. (중략)

비즈니스위크 최신호(27일자)는 "중국에서 델은 마이클 델 CEO가 지난 4월까지만해도 '우리 상품과 서비스에 대해 굉장한 수요가 있다' 고 자신했는데 최근 시장 판세 변화를 전혀 좇아가지 못하고 있다"고 지적했다. (중략)

중국 지방 소비자들은 물건을 직접 보고 고르는 것을 선호해 전화나 인터넷으로 주문을 받는 델의 사업 방식이 통하지 않는다고 비즈니스위크는 지적했다. 반면 델과 상반되는 전략을 쓰고 있는 1위 토종업체 레노보는 전국에 4800개 매장을 개설, 3분기에 20.4%의 점유율을 기록해 대조를 보였다.

지방 소비자들이 신용카드를 거의 쓰지 않는다는 것도 델의 큰 걸림돌이다. 아메리칸익스프레스카드사 자료에 따르면 중국 소비지출액 중 카드 결제가 차지하는 비중은 약 3%로 30% 안팎인 선진국에 비해 현저히 낮다.

출처: 한국경제신문, 2005. 10. 29자

중국에서 고전하는 델(Dell)의 사례는 글로벌 성장의 어려움과 함께 글로컬라이제이션(Glocalization), 즉 '현지화(Localization)를 동반한 글로벌화(Globalization)' 의 중요성을 일깨워 준다.

성장의 열쇠

1. 저성장이 일반화되고 있다.
2. 선진 초일류 기업도 저성장의 늪에 빠질 수 있다.
3. 글로벌화와 M&A가 만병통치약은 아니다.
4. IMF 외환위기 후 국내 기업의 성장 잠재력이 크게 약화되었다.

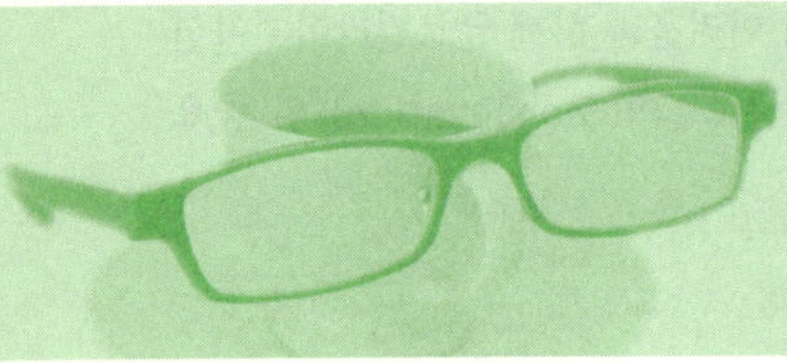

CHAPTER 02

연못을 확장하라

시장점유율이 족쇄로 느껴질 때는?

익숙함과의 결별이 필요하다.

현재 시장에서의 점유율 확대도 중요하다.
그러나 더욱 큰 도약을 위해서는
미지의 영역으로 시야를 넓혀야 한다.

성장 문제를 피해 갈 수는 없다

미국 100대 기업의 성과 분석(1984~1993년)

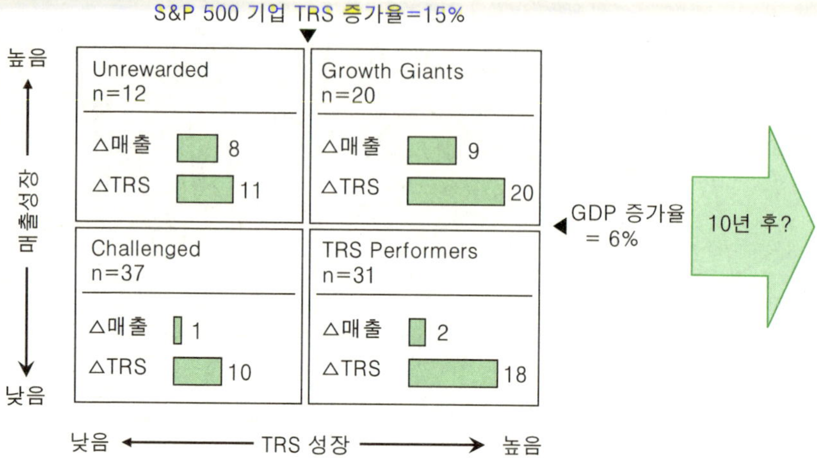

출처: Sven Smit, C.M. Thompson and S.P. Viguerie, "The do-or-die struggle for growth," The Mckinsey Quarterly, No.3, 2005

외형적인 확장이 없더라도 내실을 강화하고 수익을 높이기만 한다면 괜찮지 않을까? 거둬들인 수익을 가지고 종업원들에게 흡족할 만큼 인센티브도 주고 주주들에게 넉넉히 배당금도 챙겨 준다면 무엇이 문제인가? 무분별하게 외형 확대를 꾀하다 밑 빠진

독에 물 붓기 식으로 자금만 축내기보다는 집안 살림에 더 신경쓰는 게 낫지 않을까?

일견 맞는 말이다. 그리고 대다수의 '월급 사장'들은 흔히 수익 극대화를 통해 주주들을 만족시켜야 한다는 논리에 급급한 것이 사실이다. 문제는 '장사 하루 이틀 할 것'이 아니라는 데 있다. 즉 외형 확대(Top-line Growth) 없이 '마른수건 다시 짜기' 식의 수익 극대화(Bottom-line Growth)에는 한계가 있다는 말이다.

기업을 경영하는 데 있어 현재의 수익과 미래의 성장 사이에 최적 포인트를 잡는 것은 쉽지 않은 일이다. 상황이 좋은 경우라면 두 가지 지표간에 양의 상관관계가 성립할 수도 있다. 즉 한가지 지표가 자동적으로 다른 지표의 성과를 보장할 수 있다. 그러나 반대의 상황이라면 선택의 딜레마에 봉착하게 된다.

1984년 매출과 시장가치 기준 미국의 상위 100대 기업을 대상으로 이후 10년(1984~1993년) 동안의 매출과 TRS(총주주수익: Total Return to Shareholders)의 연평균 성장률을 살펴보았다.

당장의 수익 보다는 성장에만 과도하게 몰두한 기업들(Unrewarded)은 매출은 8% 증가했으나 주주수익은 11% 증가에 그쳤다. 주주수익 제고에만 집중한 기업들(TRS Performers)은 매출은 제자리 걸음을 한 반면 주주들에게는 연평균 최대 18%에 이르는 수익 증가를 안겨 주었다. 마지막으로 성장과 주주수익을 모두 중시한 기업들(Growth Giants)은 매출은 9%, 주주수익은 20% 증가하였다. 그로부터 10년 후 이들 기업은 어떤 모습으로 변했을까?

성장만이 생존을 담보한다

10년 후 성과

Unrewarded	Growth giant
8% 파산 58% S&P500 상회	5% 파산 65% S&P500 상회
Challenged	**TRS performers**
32% 파산 35% S&P500 상회	32% 파산 10% S&P500 상회

높은 주가 상승이 기업 생존을 보장하지는 못함

출처: Sven Smit, C.M. Thompson and S.P. Viguerie, "The do-or-die struggle for growth," The Mckinsey Quarterly, No.3, 2005

앞에서 살펴보았듯이 1984~1993년 사이 성장과 주주수익을 기준으로 4개로 구분한 기업군(群)들, 즉 성장과 주주수익을 모두 챙긴 기업들(Growth giant), 주주수익에만 매진한 기업들(TRS performers), 실속 없이 성장에만 전념한 기업들(Unrewarded), 그리고 두 마리 토끼를 모두 놓친 기업들(Challenged)의 10

년 후(2003년 말) 성과를 살펴보면 기업 경영에 있어 성장의 의미가 자명해진다.

주주수익률이 얼마가 되었든 간에 성장을 도외시한 기업(Challenged, TRS Performers)의 32%가 파산했다. 반면 성장에 집중한 기업들의 파산율은 주주수익까지 높았던 경우(Growth Giants)는 5%, 주주수익은 낮았던 경우(Unrewarded)도 8%에 불과했다. 또한 이들 기업들의 과반수 이상이 S&P 500대 기업의 평균실적을 상회하는 높은 성과를 보였다.

이러한 결과는 기업의 생존과 꾸준한 실적 향상에 있어 외형 성장의 중요성을 재확인해 준다. 즉 높은 주가상승률은 당장은 주주들로부터 갈채를 받을 수 있을지 몰라도 기업의 생존을 보장해 주지는 못함을 알 수 있다. 자본주의 체제 하에서 기업의 주인이 주주임은 부정할 수 없는 사실이다. 그러나 그들은 언제라도 수익이 더 높은 곳으로 미련없이 떠날 수 있는 '비정한 주인'인 것이다.

결국 기업에 있어 가장 중요한 것은 지속적인 성장 동력 발굴을 통해 외형을 확대(Top-line growth)해 나가는 것이다. 그리고 이를 위해 가장 먼저 시작해야 할 일은 눈앞에 놓인 기존 시장에서의 점유율 늘리기에 집착할 것이 아니라 향후 5~10년간 지속성장이 가능할 만한 큰 시장을 목표로 설정하고 이를 단계적으로 공략하는 일, 즉 '연못을 넓히는(Broadening the Pond)' 일이다.

연못을 넓히는 것이 관건이다

연못 확장의 의미

자동차 회사의 연못은?

자동차 구매자?
차량 소유자의 모든 욕구?

콜라회사의 연못은?

콜라시장? 청량음료시장?
위 속으로 들어가는 모든 액체?

- 크라이슬러(Chrysler)의 미니밴(Minivan) → 포화상태였던 자동차 산업에 새로운 제품 카테고리 창출
- GE's 10X운동 → 목표 시장을 10배 더 넓게 정의함으로써 시장 점유율을 인위적으로 1/10로 떨어뜨림

경쟁 상황에서 떠올리게 되는 가장 대표적인 성과 척도는 시장점유율(Market Share)이다. 매출과 직결되는 척도일 뿐만 아니라 시장에서의 실질적인 지배력을 반영하기 때문이다. 급기야 경쟁업체간 자존심 문제까지 얽히다 보면 자연스레 1~2%의 시장점유율 추가 확보에 열을 올릴 수 밖에 없다.

그러나 경쟁의 궁극적인 목적은 적을 밟고 일어서는 것이 아니라 자신의 수익을 극대화하는 것임을 기억하자. 그렇게 본다면 작은 우물에서 아등바등 싸우기보다는 더 큰 대양(大洋)을 목표로 삼는 것이 중요하다. '연못 확장'의 의미는 여기에 있다. 현재 100억 달러 규모의 시장에서 40%를 차지하는 것보다는 점유율이 4%가 되는 1,000억 달러 시장을 개척하고 여기에서 새로운 과실을 수확해야 한다. 일례로 레스토랑을 단지 '음식'을 판매하는 공간으로 생각하느냐, 아니면 음식을 포함한 '즐거움'을 제공하는 공간으로도 생각하느냐에 따라 이후의 성장 경로가 달라질 수 있는 것이다.

자동차 회사의 1차 타깃은 당연히 잠재적 차량 구매자이다. 그런데 도로 위를 운행하는 모든 차량 운전자들로 시야를 옮기면 텔레매틱스(Telematics)라는 훨씬 더 큰 새로운 시장을 발견할 수 있다. 코카콜라나 펩시콜라 같은 콜라 회사도 자신의 시장을 콜라에만 국한할 이유는 없다. 고객의 위(胃) 속으로 흘러 들어가는 모든 액체 (쥬스, 생수, 커피, 심지어 알코올까지)가 새로운 시장이 될 수 있는 것이다.

1980년대 자동차 시장이 포화상태에 접어들었다고 했을 때 크라이슬러는 승용차와 상용차의 기능을 결합한 새로운 미니밴(Minivan) 시장을 창출한 바 있다. GE는 기존의 시장점유율에 만족하기보다는 현재보다 10배 이상 넓게 새로운 시장을 설정함으로써 지속적으로 성장 목표를 넓혀가고 있다.

무엇을 점유할 것인가?

점유율 개념의 재해석

로베르토 고이주에타

인간의 1일 수분 필요량 64온스
이중 코카콜라 판매량은 1인당 2온스(80년대 초)

위속 점유율(Stomach share)
3%

남중수 사장

Have a good time!
KTF

아무리 헤비 유저라도
하루 휴대폰 이용시간은 1시간

시간점유율(Time share)
4%

출처: 각종 매체자료

콜라 회사의 입장에서 생각해 보자. 아무리 콜라를 좋아하고 즐기는 사람이라 할지라도 한 사람이 하루에 마실 수 있는 콜라의 양에는 한계가 있다.

당대의 최고 유명 배우와 스포츠 스타들을 총동원하여 대대적인 판촉과 마케팅을 전개한다 해도 기존 고객들의 콜라 소비량을 획기적으로 늘리지는 못할 것이다. 현재 콜라를 별로 마시지 않는 비(非)고객들은 어떨까? 이 역시 비흡연자에게 담배를 권하는 것 만큼 쉽지 않을 것이다.

결국 목표 시장을 콜라에만 국한한다면 콜라 소비 인구가 갑자기 폭발적으로 늘어나지 않는 한 개척할 수 있는 시장은 제한적일 수밖에 없다. 코카콜라의 고이주에타(Roberto Goizuetta) 회장은 생수를 포함하여 인간의 위속으로 흘러 들어가는 모든 액체를 목표 시장으로 정의했다.

하루에 인간이 필요로 하는 수분은 64온스인데 코카콜라 판매량은 겨우 1인당 2온스, 그리고 이때 코카콜라의 '위속 점유율(Stomach share)'은 3%에 불과하게 된다. 나머지 97%는 새롭게 도전해야 할 미개척 영역인 것이다(실제로 코카콜라는 와인 비즈니스에 진출한 적도 있고, 최근에는 각종 웰빙음료 사업도 전개하고 있다).

한때 새로운 노다지로 각광받았던 통신사업, 특히 무선통신의 경우도 상황이 다르지 않다. 현재 우리나라 무선통신 가입자는 4300만명이며 인구 대비 전세계 최고 수준이다. 아이부터 어른까지 웬만한 사람들은 모두 무선통신 가입자들인 것이다.

이렇듯 국내 휴대폰 가입자가 포화상태에 다다른 상황에서 이동통신사들은 하루 24시간 전체를 새로운 목표로 설정했다. 아무리 휴대폰을 많이 쓰는 헤비 유저라도 하루 사용시간을 모두 합치면 1시간 남짓, 전체 24시간의 4%를 넘지 않는다. 이 경우 '시간점유율(Time share)'은 고작 4%에 불과하게 되며 나머지 96%(23시간)는 새로이 개척해야 하는 신천지가 되는 것이다.

서비스 범위를 확장하라

UPS, 운송에서 물류로 연못확장

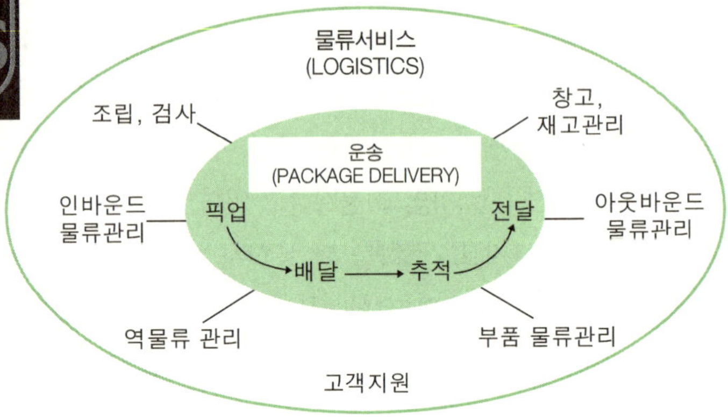

출처: Mohanbir Sawhney, Sridhar Balasubramanian and Vish V. Krishnana, "Creating Growth with Services," MIT Sloan Management Review, 2004 Winter

1907년에 설립된 UPS(United Parcel Service, Inc.)는 창립 당시에는 자전거를 이용하여 전보 등을 전달하는 평범한 메신저(Messenger) 서비스업체였다. 그러다 1918년에 처음으로 메시지 외에 물품을 배달하기 시작하면서 본격적인 운송업체로 성장하게 된다.

사실상 운송업의 비즈니스 모델은 매우 단순하다. 어떤 운송수단(자동차, 배, 비행기 등)으로 얼마나 빨리, 그리고 얼마나 안전하게 배달하느냐의 차이는 있겠으나 기본적으로 고객이 원하는 물품을 픽업하고 정해진 장소로 배달하는 것이 요체이다. 그렇기 때문에 경쟁이 치열해 질 수밖에 없고 시장도 곧 포화상태에 달하게 된다.

이러한 포화 상태에 직면해서 UPS는 단순 물품 배달을 훨씬 뛰어넘는 새로운 비즈니스를 구상하게 되었다. 즉 포드(Ford), 나이키(Nike), 내셔널세미컨덕터(National Semiconductor Corp.) 등 주요 고객사의 다양한 물류 활동들을 대행해 주는 종합물류기업(3PL: 3rd Party Logistics)으로 변신한 것이다.

현재 종업원 42만5000명, 화물운송 차량 2만 8100대(트렉터 6300대, 트레일러 2만1800대), 소화물 배달 차량 9만3600대, 항공기 268대를 보유하고 있는 UPS는 2007년 매출 497억 달러 (미국내 배송 62%, 국제 배송 21%, 서플라이체인 및 화물운송 17%), 순익 44억 달러를 기록하고 있다.

UPS의 CEO인 마이클 에스큐(Michael L. Eskew)는 UPS의 강점을 언급하면서 "한 사람 목만 조를 것"을 강조했다. 예컨대 한 기업이 물건을 해외에 보낼 때 화물, 창고, 수출금융, 통관 대행업자들과 일일이 상대하는 대신 UPS하고만 거래하면 모든 것을 해결해 주겠다는 것이다. 고객들은 기존의 번거로움을 피함으로써 돈과 시간을 절약할 수 있어 좋고, UPS는 고객들의 지갑에서 더 많은 돈을 빼올 수 있어서 좋은 것이다.

니치는 생각보다 클 수 있다

월마트, 틈새를 파고드는 연못 확장

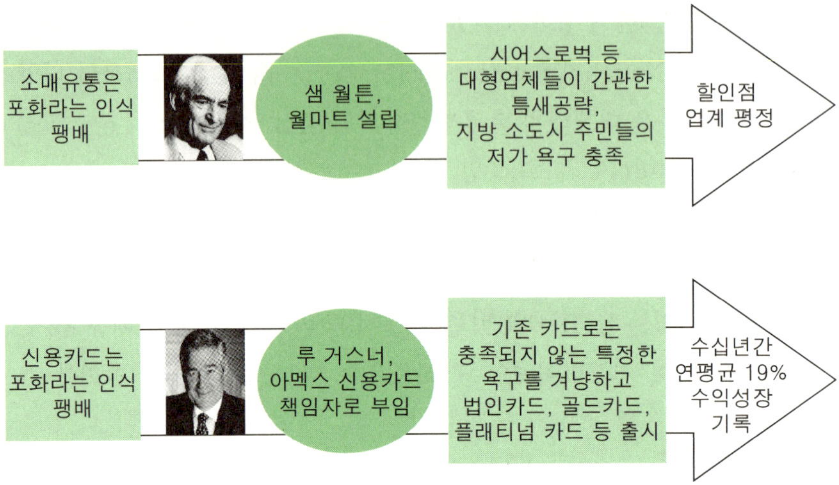

소비자들의 충족되지 않는 욕구(Unmet needs)를 포착하여 틈새(Niche)를 파고드는 것도 연못을 넓히는 훌륭한 방안이다. 특히 그 틈새가 향후 확장 여지가 큰 잠재력을 보유하고 있다면 더 말할 나위가 없다.

자동차의 나라 미국에는 자동차만큼 많은 수의 교통사고 변호사들이

활동하고 있다. 이들 중 대다수는 규모가 큰 자동차 사고 시장에서 치열하게 경쟁하고 있다. 그런데 일부 변호사들은 시장 규모는 작으나 상대적으로 경쟁이 덜한 오토바이 사고 시장에 집중하여 훨씬 더 짭짤한 수익을 올리고 있는 것이다.

2007년 매출 순위 전세계 최고 기업인 월마트도 창립 당시에는 니치에서 출발한 케이스이다. 월마트의 창립자 샘 월튼(Sam Walton)은 1962년 아칸소 주(州)에 있는 작은 도시 로저스에 첫 번째 점포를 열었다. 그로부터 2년 뒤 인구 6000명의 아칸소 주 해리슨에 두 번째 점포를 열었으며 그 뒤에도 인근의 소도시만을 집중 공략했다.

당시의 1위 업체 K마트가 5만 명 이하 소도시에는 진출하지 않는다는 원칙을 고수한 반면, 후발업체였던 월마트는 5000명 전후의 소도시에 점포를 열어 그 지역을 완전히 석권하는 니치전략을 구사했던 것이다.

월마트는 2007년 3500억 달러(전년 대비 11.7% 증가) 상당의 매출을 기록했다. 전세계 GDP 기준 국가 랭킹 27위 그리스(3563억 달러)와 28위 덴마크(3107억 달러)의 국가 GDP에 맞먹는 규모이다. 전체 매출 중 77.9%는 미국에서, 나머지 22.1%는 해외에서 거둬들이고 있다.

한편 IBM을 회생시킨 인물로 잘 알려진 루 거스너(Lou Gerstner)도 아메리칸 익스프레스(American Express) 신용카드 사업부에 재직할 당시 법인카드, 골드카드, 플래티넘카드 등을 출시하며 새로운 니치 시장을 개척한 바 있다.

글로벌 영토를 개척하라

보다폰, 글로벌 연못 확장

진출 국가	지분 (%)	가입자 (지분비례, 천명)
독일	100.0	30,818
이탈리아	76.9	21,034
스페인	100.0	14,893
영국	100.0	17,411
기타 유럽(그리스,아일랜드,네덜란드,포르투갈 등)	–	17,000
동유럽(체코,헝가리,폴란드,루마니아,터키)	–	28,975
중동,아프리카(이집트,케냐,남아공)	–	21,263
아시아 태평양(호주,피지,뉴질랜드)	–	5,750
미국	45.0	27,322
중국	3.3	10,337
프랑스	44.0	7,876
인도	9.99	3,714
Total	–	206,393

출처: Vodafone, Annual Report, 2007. 3

영국의 이동통신사업자 보다폰(Vodafone)은 새로운 지역과 서비스(포털과 인터넷 서비스)로 급속히 영역을 확대하여 성공한 케이스이다.

보다폰은 1990년대 후반 영국 이동통신 시장이 포화상태에 이르자 적극적인 해외 M&A 전략을 구사했다. 1999년 미국의 에어터치(Air-

Touch)와 620억 달러 규모의 합병을 성사시켜 세계 최대의 이동통신사가 되었고, 그 다음 해에는 독일의 자존심인 만네스만(Mannesman)을 1,800억 달러에 인수했다. 그 후에도 2001년 아일랜드, 2005년 체코와 루마니아, 2006년 터키 등으로 영토를 확장했다.

보다폰은 2006년 현재 5대륙 26개국에서 이동통신 서비스를 제공하고 있으며, 전체 매출의 82.8%를 해외에서 달성하고 있다(2007년 매출은 355억 파운드). 그 구성을 보면 독일 17.1%, 영국 16.3%, 스페인 14.1%, 이탈리아 13.5%, 동유럽 7.9%, 중동 · 아프리카 · 아시아 8.2% 등이다(성장을 위한 연못 확장이 필수적이기는 하나 반드시 수익을 동반하는 것은 아니다. 2006년 5월 보다폰은 당분간 인수합병을 통한 외형확대 전략을 중지하고 비용절감을 통해 수익률을 높이겠다고 발표했다).

보다폰을 필두로 지구촌 전역이 '통신 대전'에 휩싸이고 있다. 오렌지(프랑스)의 해외매출 비중도 58.5%에 달하며, 허치슨(홍콩)은 80.0%, 텔레포니카(스페인)는 46.5%, 텔레노어(노르웨이)도 66.9% 수준이다.

싱텔(싱가포르), 허치슨(홍콩) 등 중견 통신회사들도 일찍부터 글로벌로 진출했다. 일례로 싱텔의 국내 이동전화 가입자는 2006년 말 기준으로 162만 명에 불과하지만 아시아 지역 고객이 9000만 명을 넘고 있다. 인구 400만 명의 싱가포르 국내 시장은 한계가 있기 때문에 필연적으로 글로벌 진출에 사활을 걸고 있는 것이다.

누구에게 무엇을 팔 것인가?

제품 · 시장 매트릭스를 통한 성장궤도 분석

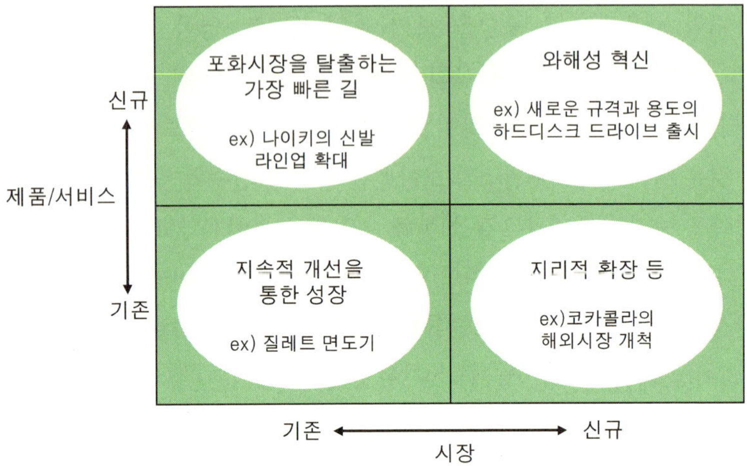

출처: Ram Ram & Noel Tichy, Every Business is a Growth Business, 1998

연못 확장을 위해서는 '누구에게 무엇을 팔 것인가' 라는 비즈니스의 가장 기본이 되는 문제를 되짚어 볼 필요가 있다. 고객을 기존고객과 신규고객으로, 수요(제품과 서비스)를 기존수요와 신규수요로 구분해 보면 한 기업이 택할 수 있는 성장경로(Growth Trajectory)가 명확해 진다.

1. 기존 고객에게 기존 제품 · 서비스를 판매(가격 및 품질 정책을 통해 현상을 유지): 지칠 줄 모르고 쉴 틈 없이 등장하는 경쟁자들을 제압할 수만 있다면 현재의 비즈니스에 충실한 것도 훌륭한 성장전략이다. 면도기를 주력으로 하면서 지속적으로 성능 개선을 추구해 온 질레트가 대표적인 사례이다.
2. 기존 고객에게 새로운 제품 · 서비스를 판매(제품 · 서비스 라인업을 추가): 스포츠용품계의 지존 나이키는 러닝화에서 시작해서 테니스, 농구, 축구, 골프화를 거쳐 이제 거의 모든 스포츠 용품으로 영역을 확장해 왔다.
3. 기존의 제품 · 서비스를 새로운 고객에게 판매(국내 타 지역, 혹은 해외 시장으로 진출): 최근에는 웰빙 음료와 프리미엄 커피 등으로 영역을 확장하고 있으나 코카콜라의 주력은 역시 콜라이다. 글로벌 영토 개척을 위한 꾸준한 노력의 결과 이제 전세계 어느 오지를 가도 코카콜라의 빨간색 로고를 발견하는 것이 어렵지 않다.
4. 새로운 제품 · 서비스를 새로운 고객에게 판매(고수익 고위험의 성장 경로): 기존의 비즈니스 기반이 없는 신규 진입자들이 선택하기에 적합한 성장경로이다. 하버드대학의 크리스텐센(C. Christensen) 교수가 소개한 와해성 혁신기업들(Disruptive Innovators)이 여기에 해당한다(와해성 혁신을 통한 성장전략에 대해서는 뒤의 9장에서 자세히 다룰 것이다).

GE의 영토확장은 계속된다

GE의 성장궤적

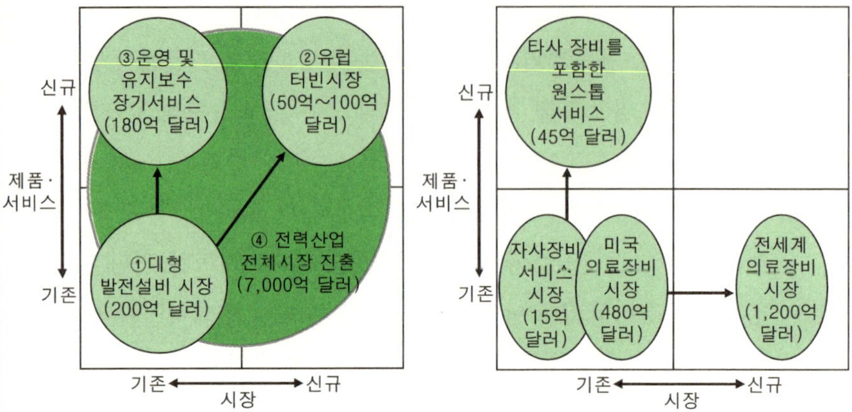

출처: Ram Charan & Noel Tichy, Every Business is a Growth Business, 1998

잭 웰치 이후 지금까지 GE가 택한 성장경로도 기본적으로 앞에서 살펴본 제품 · 고객의 성장궤적 분석틀을 이용해서 설명될 수 있다.

위의 왼쪽 그림에서 보듯이 GE 파워시스템은 ① 200억 달러 규모의 미국내 대형 발전설비 시장에서 출발하여 ② 1994년 이탈리아 누오보 피그노네(Nuovo Pignone)를 인수하며 유럽의 터빈 시장에 진출한다. 이로써 50억~100억 달러 규모의 신규 시장을 개척한 것이다. ③ 1996년에는 시설물 전체를 운영, 유지보수하는 서비스 부문에 진출하여 180억 달러 상당의 추가 시장에 진출하게 된다. ④ 여기서 그치지 않고 1998년에는 발전 이외의 인접사업에 속하는 기업들을 인수함으로써 전력산업 전체로 시장 범위를 넓히게 된다. 그 결과 목표 시장을 7000억 달러 규모로까지 확대하게 된다.

GE 메디칼시스템 (현재 GE Healthcare)의 경우도 처음에는 미국 내 의료장비 판매에서 유지보수 서비스 시장(15억 달러 규모)으로 진출했으나, 나중에는 제조사에 관계없이 모든 의료장비에 대한 서비스 시장(45억 달러 규모)으로 연못을 확장한 바 있다.

GE의 성장엔진 모색은 여전히 진행형이다. 제프리 이멜트(Jeffrey R. Immelt) GE 회장은 2001년 9 · 11 테러가 발생하기 불과 4일 전에 잭 웰치로부터 CEO 자리를 이어받았다. 그는 테러 여파에 이은 엔론 스캔들과 닷컴 버블 붕괴라는 악재를 '조용한 성장'을 추진함으로써 극복할 수 있었다.

특히 신흥시장으로 영토를 확장하고 에너지, 환경, 의료, 보안사업 등 미래 성장분야로 과감히 진출한 것이 주효했다. 그 후 6년여의 시간이 흐르는 동안 GE의 이익은 매년 11%씩 증가했다. 2004년부터는 M&A에 의존하지 않는 자체(Organic) 매출도 연간 8% 이상씩 성장하고 있다.

SK텔, 이통 본고장에 도전장
현지법인 '힐리오' 어제부터 서비스

SK텔레콤은 미국 현지법인인 힐리오(Helio)가 미국 전역을 대상으로 이동통신 상용 서비스를 시작했다고 발표했다. 힐리오(자본금 4억4000만 달러)는 SK텔레콤과 미국 유선통신업체인 어스링크가 지난해 1월 50%씩 출자해 설립한 합작회사다.

힐리오는 미국 2, 3위 이동통신 사업자인 버라이즌 와이어리스와 스프린트 넥스텔로부터 CDMA 네트워크를 빌리는 망임대(MVNO) 방식으로 음성전화는 물론 모바일 블로그 등 무선인터넷 서비스를 제공한다. 초기 타깃은 미국 교민과 대학생층이다. 힐리오는 이달 중 프라이스 일렉트로닉스, 선코스트 등 전자소매점 위주로 1000여개 판매점을 확보하고 연말까지 이를 3000개로 늘릴 계획이다. 또 200만 교민사회를 파고들고 100여개 대학에서 가입자 유치 활동을 벌일 예정이다. 2009년 가입자 330만 명, 매출 24억 달러 달성을 목표로 세웠다.

힐리오는 특히 6800여만 명의 유선 블로그 사용자를 보유한 미국 마이스페이스와 손잡고 힐리오 무선인터넷을 통해 '모바일 블로그 마이스페이스'를 독점 서비스하기로 했다. 또 한국어, 영어 겸용 CDMA 휴대폰 2종을 내놓고 연내 3종을 추가할 예정이다. (후략)

출처: 한국경제신문, 2006. 5. 3자

CDMA 종주국임에도 불구하고 우리나라 이동통신업체의 해외 진출은 미흡한 실정이다. 베트남이나 몽골 등 일부 진출 사례가 있기는 하지만 시장 규모 등을 감안할 때 아직은 미미하다. SK텔레콤의 미국 시장 진출은 국내에서 이미 검증된 서비스를 가지고 새로운 해외 시장을 개척한다는 점에서 의미가 크다.

나는 멀티플렉스로 월드컵 축구 응원간다
한국 스위스戰 매진사태, CJ CGV · 메가박스 등 이벤트 대박

대형 스크린에서 월드컵 경기를 관람하는 이벤트를 펼치는 3대 멀티플렉스에 관객들이 몰려들면서 영화관이 새로운 응원장소로 부상하고 있다. 한국이 토고, 프랑스와 치른 축구경기 당일 좌석이 매진된 데 이어 오는 24일 새벽 4시 한국과 스위스 경기 때 극장 좌석도 일찌감치 동났다.

전국 243개 스크린에서 월드컵응원 이벤트를 펼치는 CJ CGV는 지난 21일 참가신청을 받은 결과 관객들이 폭주하면서 서버가 일시 중단되는 소동이 빚어졌다. 이로써 CGV는 스위스전 때 5만여 명이 전국 체인점에 올 것으로 보고 있다. 월드컵응원 이벤트가 성공적이라고 판단한 CGV는 한국이 16강에 진출할 경우에도 이 행사를 계속 펼치기로 했다.

서울 삼성동 메가박스의 인기는 더욱 높다. 스위스전 경기 때 응원참가 신청자가 폭주하면서 무려 130 대 1의 경쟁률을 나타냈다. 이 극장은 다른 극장들과 달리 경기 전 영화 한 편을 무료로 보여주는 이벤트를 펼치고 있다. 롯데시네마도 스위스전 경기 때 응원이벤트가 펼쳐지는 전국 30개 스크린 좌석이 모두 매진된 상태다. (후략)

출처: 한국경제신문, 2006. 6. 23자

영화관에서 영화만 보라는 법은 없다. 멀티플렉스 영화관간의 경쟁이 격화되면서 이미 구축된 인프라를 활용하여, 새로운 제품 · 서비스를 만들어 낼 수 있다. 월드컵 열기를 틈탄 멀티플렉스 영화관들의 축구경기 중계 서비스는 기존 고객, 나아가 영화보다는 축구에 관심이 많은 신규 고객까지 끌어들이는 효과가 있다.

성장의 열쇠

1. 성장을 도외시한 수익 제고는 기업의 생존을 보장하지 못한다.
2. 시장점유율에 대한 과도한 집착과 소모적 경쟁에서 벗어나야 한다.
3. 연못, 즉 목표 시장을 넓히는 것이 핵심이다.
4. 새로운 고객과 새로운 수요를 끊임없이 찾아나서야 한다.

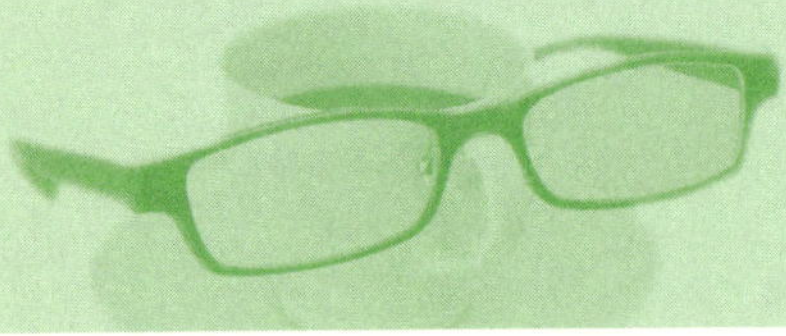

CHAPTER 03

성장 문제에 정답은 없다

과거의 정석이 통하지 않는 까닭은?

회의(會議)를 거듭할수록 회의(懷疑)만 쌓여 간다.

기업이 직면한 성장의 문제에는 잘 정리된 모범 답안이 없다.
고도의 분석기법도 통하지 않는다.
그렇다고 마냥 고민만 하고 있을 수는 없지 않은가?

기업에게 성장은 산소와 같다

성장의 필요성

성장 = O_2

성장은 순수한 산소와 같다. 성장을 통해 기업은 열정에 충만하게 되고 종업원들은 자아발전의 기회를 발견하게 된다. 그들에게는 더 많은 찬스가 주어질 것이고 더 열심히 더 스마트하게 일하게 될 것이다. 이런 과정을 통해 성장은 재무적인 차원을 넘어 조직문화의 핵심적인 부분이 된다.

(Growth is pure oxygen. It creates a vital enthusiastic corporation where people see genuine personal opportunity. They take bigger chances. They work harder and smarter. In that way growth is more than our single most important financial driver: it' s an essential part of our corporate culture.)

– 웨인 캘러웨이, 펩시콜라 전임 회장

시대와 체제에 관계없이 기업을 경영하는 궁극적인 목적은 결국 '성장(成長)'이다. 특히 주주자본주의 시대에 제로 성장은 용납될 수 없거니와 하루가 다르게 거세어지는 경쟁의 파도 속에서 성장을 멈춘 기업을 기다리는 것은 확실한 도태뿐이다.

전세계적으로 하루에도 수백, 수천 개의 기업들이 창업가의 비상한 재능과 탁월한 열정속에서 새롭게 출발한다. 그러나 이중에서 얼마만큼이 지속적인 성공을 이어갈 수 있을까? 기업 경영에 있어 이제 '저성장(低成長)'이라는 말은 일시적인 불운이나 재앙이라기보다는 보편적인 숙명으로 받아들여지고 있다.

그러나 아무리 저성장 시대라고 해도 성장을 외면하고 피해갈 수는 없다. 펩시콜라의 전임 CEO였던 웨인 캘러웨이(Wayne Calloway)의 말대로 기업은 성장을 통해 투자를 유치하고 인재를 끌어들이며 조직에 활력을 불어넣을 수 있다. 어제와 다른 오늘, 오늘과 다른 내일을 만들어가는 기폭제가 바로 성장인 것이다.

어느 순간 성장이 멈춘 기업에는 어떤 일들이 벌어질까? 우선 투자자들은 더 좋은 투자처를 찾아 매몰차게 발길을 돌릴 것이다. 투자의 제1원칙은 자본 증식이다. 오늘 투자한 1달러가 내일 더 크게 자라날 전망이 없다면 투자를 지속할 이유가 없다.

종업원들은 더 좋은 직장을 찾아 미련없이 사직서를 던질 것이고 조직 내에서는 서로에 대한 비난과 책임 추궁이 끊이지 않을 것이다. 과거에는 조직이 굴러가는 과정에서 자연스럽고 불가피하게 받아들여졌던 사소한 마찰과 의견 충돌이 이제 조직의 근간을 위태롭게 할 정도로 심각한 것으로 느껴질 것이다.

GE의 전임 CEO였던 잭 웰치(Jack Welch)의 말처럼 "사업에서 외견상 발견되는 수 많은 모순들은 오직 더욱 큰 비전, 즉 성장 앞에서만 해소될 수 있는 것"이다.

성장에 대한 인식부터 바꿔라

성장을 위한 2가지 시각

1. 성장은 사고방식이다.

성장은 한 기업의 리더십이 만들어내는 정신상태

▼

리더가 성장에 대한 명확한 관점을 수립하고, 이것이 회사의 가장 기본적인 유전자정보(Genetic code)가 되도록 하는것이 필수

2. 비즈니스를 바깥쪽에서 들여다보아라.

Inside-out 사고

어떻게 하면 지금 파는 물건을 더 많이 팔 수 있을까 ?

▼

Outside-in 사고

어떻게 하면 고객의 욕구를 포착·창출하고 충족시킬 수 있을까?

출처:Ram Charan & Noel Tichy, Every Business is a Growth Business, 1998

성장에 대한 시각 전환이 필요하다. 기업 구성원들의 시각이 늘 안쪽을 향해 있고, 어제와 똑같은 업무를 처리하느라 모든 에너지를 소진하고 있다면 성장은 요원하다. 성장은 직급 여하를 막론하고 모든 구성원들이 추구해야 하는 '상상력과 창의력의 산물' 이라는 데 대한 사고방식(Mentality)의 전환과 합의가 필요하다.

미국이 베트남에서 패퇴한 가장 큰 이유는 당시 미군 장성들이 생각하는 전쟁의 목적이 모두 제각각이었기 때문이라는 얘기가 전해진다. 성장의 문제도 마찬가지다. 조직의 DNA에 성장이 각인되도록 하는 것이 중요하다.

조직의 안쪽에서 바깥을 보는 시각(Inside-out View)은 시장 수요를 고정된 것으로 보고 비용을 줄이고 점유율을 늘리는 데 노력을 집중한다. 기존 사업의 테두리 내에서 매출과 이익을 늘리는 데 있어 이러한 시각이 중요함은 두말할 나위가 없다. 그러나 곧 한계에 직면하게 되고 무력감에 빠지게 된다. 새로운 도약을 위해서는 새로운 관점이 필요하다.

바깥에서 안쪽을 보는 시각(Outside-in View)은 모든 것을 고객과 시장의 관점에서 파악하고 소비자들의 지갑에서 더 많은 돈을 빼내기 위해, 즉 '지갑점유율(Wallet Share)' 을 높이기 위해 노력한다. 기존의 관행과 사고의 틀을 벗고 좀더 객관적이고 유연하게 사고하라는 것이다.

전세계에서 가장 혁신적인 기업이라고 알려진 3M의 비밀은 종업원의 창의력을 끊임없이 북돋우는 '15% 룰' 이라고 한다. 즉 당장의 업무와 직접적으로 관련이 없는 연구 주제에 전체 근무 시간의 15%까지를 할당할 수 있도록 배려한다는 것이다.

반면 TPS(Toyota Production System) 류(類)의 인사이드-아웃 시각은 어떠한가? 생산 및 재고 관리에 있어 TPS가 훌륭한 기법임에는 틀림이 없으나 장기적 성장의 관점에서 본다면 이는 '현재를 지키기 위해 미래를 도둑질'하는 것일 수 있다.

포화 산업은 없다

산업 평균 대비 기업 성장률

	산업 평균 성장률 (1991~1996년)		일부 기업 성장률 (1991~1996년)
철강	2%	<	21% (뉴코어)
시계	2%	<	29% (스와치)
커피	3%	<	109% (스타벅스)
소매유통	5%	<	19% (홈디포)
음료	6%	<	24% (코카콜라)
항공	6%	<	31% (사우스웨스트 항공)
오락	9%	<	24% (월트디즈니)
금융서비스	9%	<	38% (슈왑)
산업재	3%	<	19% (GE)

출처: Mercer Management Consulting, Looking from the outside in: Achieving value growth in asset-intensive industries, 1999

성장에 대한 흔한 오해 중 하나는 성장은 소위 '첨단 산업(High-tech Industry)'이 주도해야 한다는 것이다. 물론 전혀 틀린 말은 아니다. 그러나 모든 기업들이 현재의 업태와 역량, 조직 및 문화적 특성에 관계없이 첨단산업에 뛰어들 필요는 없다.

소위 한물간 산업에서도 관련업계 혹은 시장에 대한 전통적인 통념을 뛰어넘을 수만 있다면 얼마든지 성장할 수 있다. "성장은 모든 기업, 모든 산업, 모든 경제 사이클하에서도 가능한 것이다(Superior growth is within reach for all companies, in all industries, and in all phases of the economic cycle)" (Graeme K. Deans & Fritz Kroeger, 2004).

예를 들어 신발산업을 사양산업(Sun-set Industry)이라고 경시한다면 나이키(Nike)나 아디다스(Adidas) 같은 성장 신화는 어디서 나왔겠는가? 자동차 산업은 이미 25년 전부터 포화산업(Mature Industry)이라고 했으나 SUV(Sports Utility Vehicle) 같은 레저용 자동차의 개발로 지속적으로 시장을 넓혀 갈 수 있었다. 홈디포(Home Depot)나 서킷시티(Circuit City)도 이미 포화 상태라고 했던 전문 유통시장에 뛰어들어 성공하고 있다.

앞 그림은 동일 기간 산업 성장률 대비 특정기업의 성장률을 대비해서 보여주고 있다. 우리가 잘 알고 있는 초우량 기업들 중 상당수는 얼핏 평범해 보이는 전통산업 내에서 지속적인 성장을 일궈냈다. 미국의 미니밀(Mini-mill) 철강업체 뉴코어(Nucor)는 베들레헴(Bethelehem steel) 같은 미국 철강업계의 전통적 강자들이 속속 도산하는 가운데에서도 전체 산업대비 19%가 넘는 성장을 구가한 바 있다.

스타벅스(Starbucks)도 새로운 프리미엄 커피 시장을 창출함으로써 평균 대비 106% 이상의 성장을 달성했다. 또한 사우스웨스트(Southwest) 항공은 항공서비스 시장에서 평균 대비 25%, 찰스슈왑(Charles Schwab)은 증권거래 시장에서 평균 대비 29% 이상의 높은 성장을 달성한 바 있다.

저마다의 꿈도 소중하다

M&A 동상이몽

대한통운의 주인은 바로 나

업체	2006년 그룹매출	현금보유 능력	시너지 창출 방안
GS	24조4200억 원	6조1000억 원	그룹 성장동력으로 육성
농협	24조 원	1조6600억 원	물류를 신성장 사업으로 육성
현대중공업	16조5100억 원	10조600억 원	막대한 자체 물류수요 충족
LS	8조4000억 원	1조1800억 원	국내 최대 물류기업으로 성장
한진	8조3000억 원	2조6400억 원	종합물류기업 건설
금호	7조4700억 원	9500억 원	육상과 공중물류 역량간 시너지
CJ	6조2600억 원	3800억 원	세계적 물류기업으로 육성
효성	5조8500억 원	5100억 원	물류를 신사업 분야로 육성
STX	4조8100억 원	2조6900억 원	육상과 해상물류 연계

출처: 매일경제, 2007. 12. 18자 일부 보완

M&A는 성장을 위한 대표적인 수단이다(M&A를 통한 성장전략은 12장에서 자세히 다루겠다). 그리고 이 M&A의 성공 여부는 인수기업과 피인수기업간 시너지 여하에 달려있다.

대한통운은 2007년 현재 매출 1조3000억 원에 달하는 우리나라 제1의 거대 물류업체이다. 역세권 주변의 수많은 부동산과 리비아 대규모 토목공사 경험 등 유무형 자산이 풍부한 알짜배기 기업이다. '대한통운이 누구에게 가느냐에 따라 향후 수년 뒤 재계 서열이 확 바뀔 것'이라는 말도 공공연하다.

앞 표는 2007년 12월 현재 대한통운에 인수의향서를 제출한 업체들과 이들이 인수를 통해 얻고자 하는 시너지 유형을 보여준다(시너지 창출 방안은 각사 발표 자료). 우선 금호, 한진, CJ, STX 등은 기존에 자체적으로 영위하던 물류사업과의 '사업시너지'를 극대화하겠다는 목적이다. 물류는 규모가 커질수록 유리해 지는 '규모의 경제(Economies of scale)' 효과가 큰 네트워크 사업이다. 따라서 이들 기업들은 대한통운 인수를 통해 DHL이나 UPS에 맞먹는 글로벌 물류기업으로의 성장을 꿈꾸고 있는 것이다.

현대중공업, GS그룹, LS그룹, 효성 등은 사내 유보현금을 활용하여 물류를 새로운 성장사업으로 육성하겠다는 의지가 엿보이며 이 또한 각사가 처한 입장 여하에 따라 충분히 고려해 볼 수 있는 성장전략이다. 농협은 우리나라 농수산물 유통에 있어서 고질적인 병폐인 중복, 고마진의 문제를 해결하기 위해 대한통운 인수전에 뛰어들었다는 독특한 명분을 갖고 있다.

이중 어떤 것이 맞고 어떤 것이 틀리다고 얘기할 수는 없다. 목적과 방향은 다르지만 인수 희망업체들 모두 저마다의 성장을 머리에 그리고 있기 때문이다. 성장문제에 정답이 없음을 말해 주는 좋은 사례라고 하겠다(2008년 2월, 대한통운은 결국 금호아시아나 그룹에 인수된다. 인수대금은 4조1000억 원).

개론만으로는 안 된다

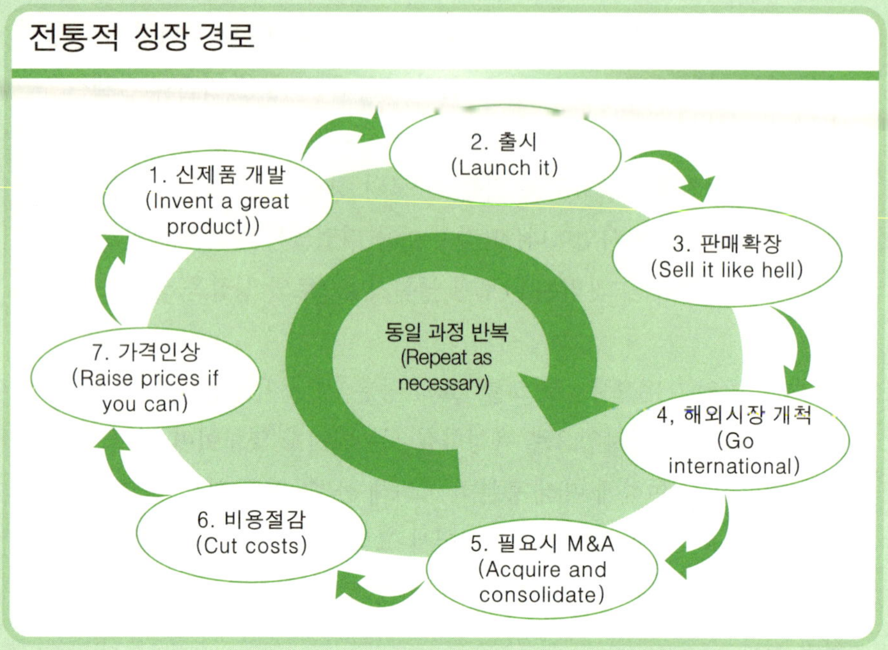

고품질의 경쟁력 있는 제품을 개발하여 처음에는 내수시장을 공략하고 어느 정도 한계가 보이면 해외시장에 진출한다. 필요시 M&A를 시도하고 경쟁이 격화되면 최대한 비용을 낮추고 전략적으로 가격을 설정한다. 더 이상 마진 확대가 어렵다고 판단되면 더욱 개선된 성능의 신제품을 출시한다.

이는 오랜 시기를 통해 검증된 전형적인 성장의 처방전이다. 모두 동일한 순서를 따르는 것은 아니라고 해도 대부분의 기업들이 신제품 개발, 내수시장 확보, 해외시장 공략, 원가절감 등의 방법을 가지고 경쟁을 해왔고 성장을 해 왔다. 그리고 그때그때의 경제상황에 따라 특정 전략이 각광을 받기도 하였다.

우리나라의 경우 IMF 외환위기 이후 극한적인 구조조정과 비용절감을 통한 수익성 회복이 최대 화두였다면, 지금은 글로벌 시장 개척을 통한 영역 확대에 더 큰 무게가 실리고 있다.

이러한 전략과 처방이 틀렸다고는 할 수 없다. 그러나 저성장이 보편화된 글로벌 과잉공급(Global Over-capacity)의 시대에는 이러한 순환고리가 곳곳에서 장애에 부딪히게 된다. 신제품 개발이 예상보다 지지부진할 수도 있고, 경쟁자들이 한발 앞서 신제품을 출시할 수도 있으며, 내수시장이 예상외로 작을 수도 있고, 해외 진출에 난관이 따를 수도 있다. 마땅한 M&A 대상도 찾기가 어렵고 원가우위를 지켜 내는 것도 힘겨울 수 있는 것이다.

한마디로 정해진 성장 공식이 더 이상 통하지 않게 된 상황에서 각 기업은 자신의 여건과 목적에 가장 잘 부합하는 성장 공식을 따로 만들어 써야 한다. 그리고 이때 중요한 것은 개론(槪論) 보다는 각론(各論), 즉 자사의 실정에 정교히 들어맞는 구체성을 띤 성장 가이드라인이다.

성장의 차원을 넓혀라

스트레치 성장 모형

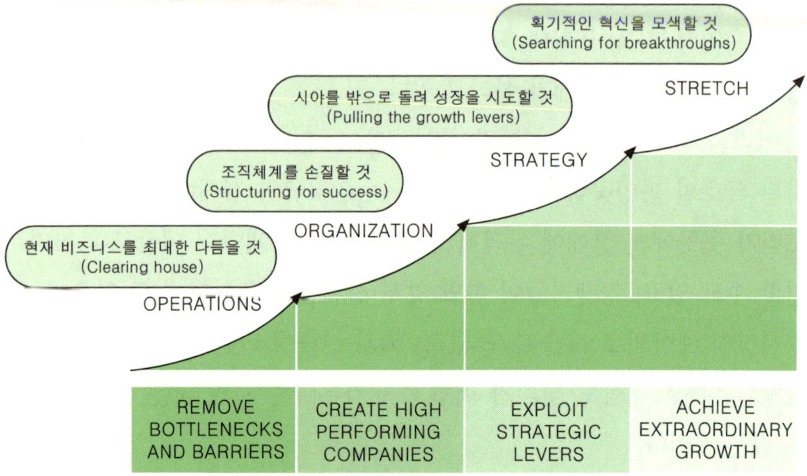

출처: Graeme K. Deans and Fritz Kroeger, Growing to new heights, AT Kearney Executive Agenda, 2004

컨설팅업체 AT 커니(AT Kearney)의 그래미 딘스(Graeme Deans)와 프리츠 크리거(Fritz Kroeger)는 14년간 2만9000개 기업의 행태를 관찰한 결과 기업이 성장을 추구하는 4가지 차원을 정형화했다.

위 그림에서 보듯이 성공적인 기업들은 어느 하나에 치우침 없이 이러한 4가지 성장 옵션을 동시에 고려한다고 한다. 물론 해당 산업의 특성(경쟁 강도와 밸류체인상의 협상력, 수명주기 등)과 개별 업체가 처한 상황에 따른 융통성이 필요하다. 그러나 성장이라는 문제를 보는 시각과 접근법을 폭넓게 가져가야 한다는 메시지는 확실하다.

1. 운영 차원(Operations): 서플라이 체인 관리, 제품과 서비스 품질 제고, 신제품 개발, 납기 개선, 고객 서비스 개선, 세일즈 역량 제고, 가격전략 등을 통한 성장(기업 성장경로의 60% 이상 설명)
2. 조직 차원(Organization): 하부조직간 갈등과 장벽 제거, 의사결정 프로세스 개선, 보상체계 개선 등을 통한 성장(기업 성장경로의 25% 설명)
3. 전략 차원(Strategy): 밸류체인 재검토, 고객의 니즈와 행태 변화 고찰, 유통채널 점검, 주 사업대상 지역 재검토, 제품 포트폴리오 개선, M&A 전략 활용 등 현재의 핵심 비즈니스 내에서의 성장
4. 스트레치 차원(Stretch): 창의성과 혁신을 통해 기존의 사업구조와 기술 수준에 있어 획기적인 변혁을 통한 성장

4가지 성장 차원간 다소 중첩되는 부분도 있을 수 있겠으나 대체적으로 운영과 조직개선을 통한 성장은 주로 재무적 성장(Bottom-line growth)에, 전략과 스트레치를 통한 성장은 외형 성장(Top-line growth)에 보다 부합하는 개념이라고 하겠다.

정답은 만들어 가는 것이다

맥도널드의 신사업 분야?

?

냉동식품

사진현상

테마파크

출처: Constantinos C. Markides, "To diversify or not to diversify," Harvard Business Review, Nov-Dec, Vol.75, pp.93-99, 1997

맥도널드(McDonald)는 세계 최대의 햄버거 체인으로 코카콜라와 더불어 세계화의 상징처럼 여겨지는 업체이다. 1990년 모스크바, 1992년 베이징에 맥도널드 첫 매장이 오픈했다는 사실이 곧 공산주의의 붕괴가 임박했음을 의미할 정도였다.

맥도널드는 현재 전세계 2만4500개 매장에 160만 명의 종업원을 거느리고 있으며, 2007년 매출이 230억 달러(유럽과 미국 매출이 각각 39.2%, 34.7%), 순익은 24억 달러에 달하는 거대기업이다.

만약 이런 맥도널드가 신사업에 진출한다면 어느 분야가 가장 적합할까? 런던비즈니스스쿨 (London Business School)의 최고경영자 과정 (Executive Education Program)에서 실제 경영자들을 대상으로 맥도널드의 신사업 분야로 냉동식품, 사진현상, 테마파크 중 하나를 고르라는 질문을 던진 바 있다. 여러분이라면 어떤 대답을 하겠는가?

결과는 테마파크 40%, 냉동식품 30%, 사진현상 30%이었다. 응답자들의 국적과 소속 업종, 전공 분야 등에 따른 편차를 감안한다면 사실상 세 분야 모두 타당성이 있다는 의미로 읽힌다. 테마파크 분야는 어린이들에게 즐거움을 준다는 의미에서 햄버거와 연관성이 있고, 냉동식품 분야는 전세계 매장에 공급되는 햄버거 재료들의 신선도를 관리해 왔다는 측면에서 맥도널드의 역량이 입증된다. 사진현상은 전세계 주요 도시의 요소요소에 매장을 갖고 있다는 점에서 높은 접근성이 큰 이점이다.

사실 세 가지 사업을 모두 해보기 전에는 아무도 정답은 모른다. 높은 브랜드 인지도, 표준화된 품질관리, 공급체인 관리 역량, 입지 선점 능력 등은 맥도널드의 잘 알려진 강점들이다. 이 중 어느 것에 무게를 두고 어떻게 미래를 설계하느냐에 따라 맥도널드에 가장 적합한 신사업 분야가 결정될 것이다. 그리고 이것은 전적으로 맥도널드 경영진의 판단(그리고 책임)에 달려있다.

운신의 폭을 넓혀라

삼성전자의 성장전략 변화

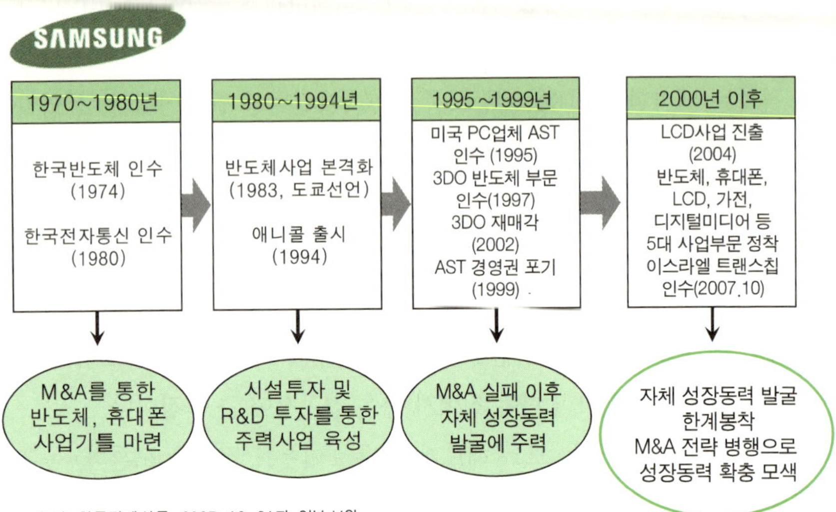

출처: 한국경제신문, 2007. 10. 31자 일부 보완

특정 성장전략에 스스로를 구속할 이유는 없다. 특히 자체 성장(Organic Growth)과 M&A 등 구체적인 성장 수단 선택에 있어서는 의사결정 당시 주변 상황과 내부 여건에 따른 전략적 유연성과 융통성이 필수적이다. 삼성의 사례가 이를 잘 보여준다.

현재 삼성의 사업기반은 1974년 한국반도체와 1980년 한국전자통신

인수를 통해 만들어 졌다. M&A로 성장의 싹을 키웠다는 말이다. 그러나 1995년 미국의 PC업체 AST를 인수했다가 핵심 연구인력이 대거 이탈하는 바람에 낭패를 본 이후 M&A를 기피하고 자체 성장 전략에 매달려 왔다. 국내외 스타급 인재 영입에 사활을 걸었고 독자적으로 반도체 등 주력 사업의 설비 투자와 연구개발(R&D)에 매년 조(兆) 단위의 자금을 쏟아 부었다. 그 결과 삼성은 반도체, 휴대폰, LCD 등에서 세계 최고기업으로 성장할 수 있었다.

삼성의 이런 전략은 3~4년 간 적잖은 성과를 거뒀다. 간판기업인 삼성전자는 2004년 12조 원의 이익을 거두며 승승장구했다. 문제는 최근 상황이 급변했다는 데 있다. 반도체 호황이 주춤하고 경쟁이 격화되면서 실적이 내리막길을 걸었다.

그룹 전체의 외형 성장도 제자리걸음이다. 실제 삼성그룹 전체 매출은 10년 전인 1987년(13조5000억 원)에 비해 10배 이상 늘었지만 2004년 이후에는 135조~140조 원대를 벗어나지 못하며 정체상태에 놓여 있다. 독자 기술 개발을 통한 신수종 사업 발굴도 5년째 답보상태다.

결국 삼성은 '자금+기술'을 통한 자체 동력만으로는 성장의 한계를 넘어설 수 없다는 판단에 따라 M&A를 새로운 성장 전략으로 채택한 것이다. 성장의 수단을 다변화한다는 점에서 바람직한 조치로 여겨진다. 단 기존의 성장 전략을 전면 대체하는 차원이 아니라 병행하고 보완하는 차원으로 이해하고 활용해야 할 것이다.

입체적으로 크게 보자

9가지 성장전략

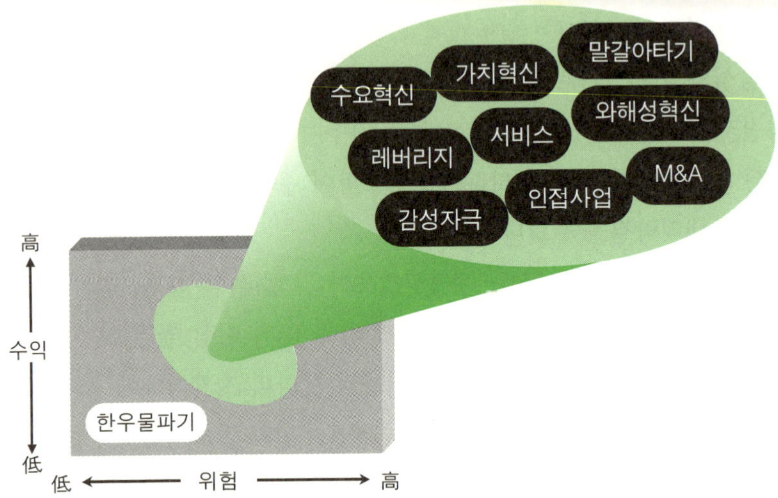

망치 밖에 없으면 모든 문제가 못으로 보인다. 성장에 있어서도 틀에 박힌 성장 방식만을 답습할 것이 아니라 스펙트럼을 넓혀서 좀더 다양한 시도가 필요하다.

런던비즈니스 스쿨의 개리하멜(Gary Hamel) 교수의 말처럼 "점차 비선형 구조로 바뀌어 가는 세상(Non-linear world)에서 오직 비선형 전략(Non-linear strategy)만이 새로운 부를 만들어 낼 수 있다." 여기서 비선형 전략이란 바로 기존의 틀에 박힌 공식의 답습이 아닌 더욱 유연하고 창의적인 전략을 의미한다.

체계적인 성장 전략 수립을 위해서는 수익과 위험 사이의 상충관계(Trade-off)를 고려해야 한다. 위험이 두려워 현재에 안주해서도 안 될 것이지만, 내재된 위험에 눈을 감고 장밋빛 환상에만 집착해서도 안 될 것이다. 고수익-저위험의 미개척 시장은 발견하기도 쉽지 않거니와 무수히 많은 신규 진입에 의해 곧 소멸될 것이 분명하다. 따라서 현실적으로는 적절한 위험과 적절한 수익을 갖는 중간영역을 개척하는 것이 중요하다.

그렇다면 어떠한 성장전략이 가장 바람직할 것인가? 다음의 제2부에서는 기업이 취할 수 있는 구체적인 성장의 대안들을 9가지로 나누어 하나씩 구체적으로 살펴보기로 한다. 한 가지 유념할 사항은 이러한 9가지 대안들은 그 자체가 본원적(Generic)인 구분이라기보다는 현실에서 관찰되는 사례들, 그리고 기존 연구결과들을 토대로 도출한 편의상의 구분이라는 점이다. 따라서 전략 간의 중량감에 다소간 차이가 날 수도 있고 동일한 사례에 대해 중복 해석이 가능한 부분도 없지 않다.

그러나 본서의 목적에 비추어 볼 때, 성장 전략 분류에 있어서 논리적으로 구성의 엄밀성에 집착하기보다는 현실에서의 활용 가능성에 무게를 두는 것이 더 합당할 것이다. 무수히 많은 성장 옵션들 중 하나를 고르는 것은 엄밀한 의미에서 사이언스(Science)라기보다는 아트(Art)에 더 가깝기 때문이다.

전선업계 사업 다각화 2題
LS전선 "상생이 된다면…", 대한전선 "수익이 된다면…"

지난 30여 년 간 국내 전선업계를 나란히 이끌어온 LS전선과 대한전선이 최근 사업다각화를 위해 서로 다른 길을 걷고 있다. 19일 관련업계에 따르면 LS전선(대표 구자열)은 기존 주력 전선사업 이외에 부품 및 소재 분야에 대한 투자를 늘리면서 계열사와의 시너지 효과 창출 등에 집중하는 전략을 펴고 있다. 반면 대한전선(대표 임종욱)은 '돈이 되는 사업은 무엇이든 할 수 있다'라는 판단 속에 리조트·기업도시 육성 등 주로 비 IT분야에서 새로운 돌파구를 찾고 있다. (중략)

LS전선은 올해 들어 차세대 에너지저장장치인 '울트라 커패시터'를 개발했고 이방도전성필름(AFC)·연성회로기판(FCCL) 등에 투자하며 소재·부품사업강화에 나서고 있다. LS전선은 자체 연구개발상을 제정하고 그룹 전체로 올해 1500억원의 연구개발비를 집행키로 하는 등 신사업 발굴에 매우 적극적이다. 회사는 계열사와의 시너지 확보에 주력하면서 현재 15% 정도인 부품소재 사업 비중을 중장기 관점에서 30% 수준까지 끌어올린다는 계획이다. (중략)

임종욱 대한전선 대표는 "초기 30%의 수익성을 낼 수 있고 사업의 연속성만 보장된다면 어떤 사업에도 진출할 수 있다"고 강조했다. 회사는 무주리조트와 쌍방울을 인수한 데 이어 진로 인수전에도 뛰어들고 있으며 전선업체인 진로산업과 인네트, YTN미디어 등에도 투자한 바 있다. 당분간 대한전선이 집중하는 분야도 비IT 부문이 될 전망이다. (후략)

출처: 전자신문, 2005. 5. 20자

태생이 같다고 해서 미래에 대한 꿈까지 같으란 법은 없다. 우리나라 전선업계를 대표하는 LS전선과 대한전선의 사례는 현재에 대한 인식과 내일에 대한 비전에 따라 각 기업의 상이한 미래가 설계될 수 있음을 잘 보여준다.

중견 가전업체 "살아남아야 한다"
사업구조 탈바꿈, 틈새시장 개척 … 옛 명성찾기 치열한 변신

국내 중견 가전업체들이 화려했던 옛 명성을 되찾기 위한 변신에 나섰다. 대우일렉트로닉스, 위니아만도, 아남전자, 이트로닉스, 동양매직 등은 기존 주력사업을 포기하고 새로운 수익모델을 찾아 나서는가 하면 삼성전자와 LG전자 등이 진출하지 않은 틈새시장을 노리며 부활을 꿈꾸고 있다. 일부는 대형 가전업체에 도전장을 내밀었다. (중략)

▶블루오션 개척형: 90년대까지 삼성전자, LG전자와 함께 국내 TV시장을 주름잡던 아남전자는 지난해 12월 TV사업에서 손을 뗐다. 대기업들과의 출혈경쟁으로 경쟁력을 상실했다는 판단에서다. 대신 아남전자는 올해부터 오디오와 셋톱박스라는 새 성장동력을 중심으로 사업구조를 재편했다. (중략)

▶정면 대응형: 김치냉장고 시장점유율 1위를 차지하고 있는 위니아만도는 올해 사업전략을 '수성'으로 정하고 디자인과 기능을 한층 강화한 딤채 신모델을 출시한다. 대우일렉트로닉스도 대형 가전업체에 정면 대응한다는 전략을 세웠다. 40인치 이상 대형 LCD TV사업에 진출하고 삼성전자, LG전자가 선점한 슬림형 브라운관 TV시장에도 뛰어들 계획이다.

▶틈새시장 공략형: 한때 국내 고급 주방가전업계 선두주자였던 동양매직은 가스레인지, 오븐, 식기세척기, 김치냉장고 등 기존 주력사업 외에 최근 현대통신과 손잡고 빌트인 가전시장에 뛰어들었다. 또 삼성전자가 철수했던 비데사업을 강화하는 등 틈새시장을 공략하고 있다. 과거 오디오 분야의 선두주자였던 롯데전자는 지난 2001년 김치냉장고에 이어 2003년에는 MP3플레이어 시장에 진출하고 냉풍기 등 틈새형 가전과 방송용 장비시장으로 사업영역을 넓혀가고 있다.

출처: 한국경제신문, 2005. 8. 1자

중국이 '세계의 공장'으로 부상하면서 우리나라의 중견 가전업체들은 다양한 방향으로 활로를 모색하고 있다. 이 중 어느 것이 정답이 될지는 현재로서는 단언하기 어렵다. 정답은 만들어 가는 것이기 때문이다.

성장의 열쇠

1. 고객의 객관적 입장에서 자신의 사업을 들여다 보라.
2. 성장은 어느 산업에서나 가능하며 포화 산업이란 없다.
3. 사전에 정해진 성장공식은 없으며, 정답은 만들어 가는 것이다.
4. 성장 스펙트럼을 입체적으로 크게 봐야 한다.

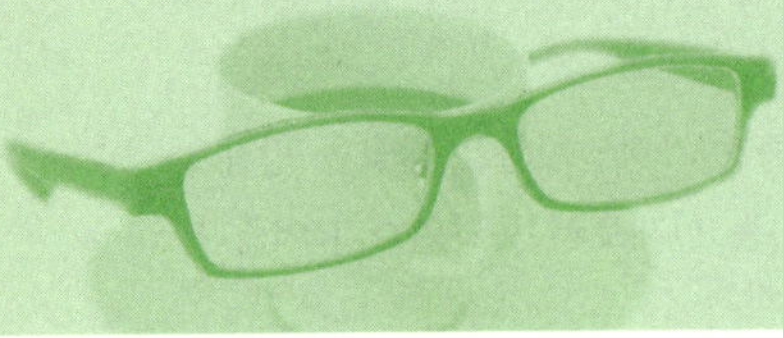

PART 02

혁신적 성장전략의 모색

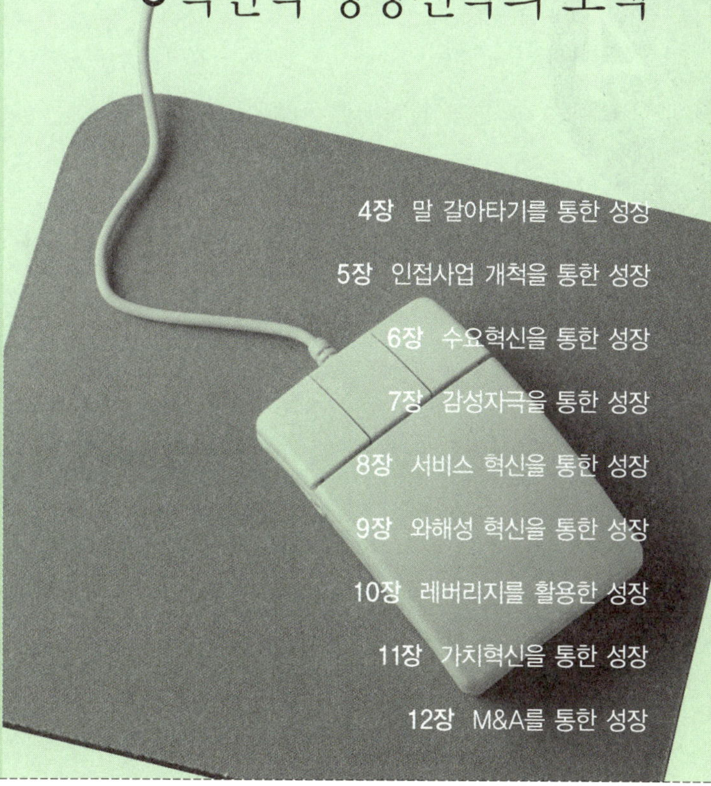

CHAPTER 04

말 갈아타기를 통한 성장

목재회사가 핸드폰을 만들면?

변화속에 기회가 있다.

경제 여건도 변하고 생산기술도 변한다.
그러나 변화의 방향과 속도를 잘 따라잡는다면
새로운 성장의 기회가 열릴 수 있다.

경제는 진화한다

세계경제 주도산업의 변천

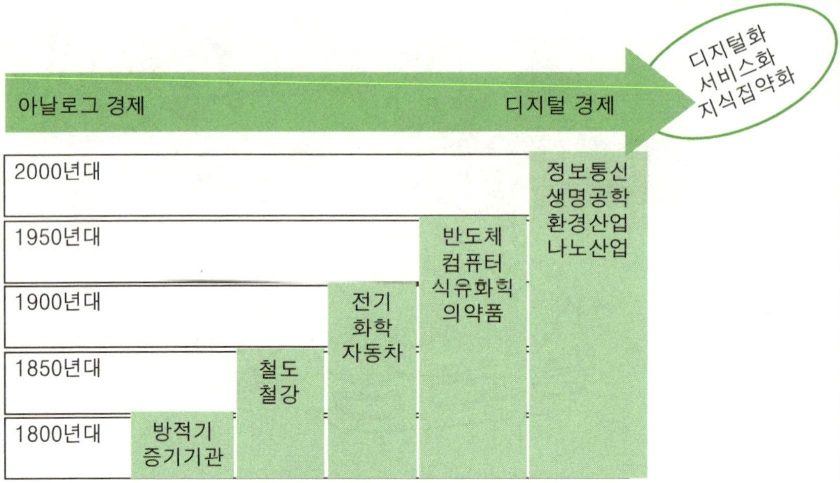

20세기는 프랑스의 소설가 쥘 베른(Jules Verne)(1828~1905)의 꿈을 하나하나씩 실현해 간 시기이다. 1863년 발표한 〈기구를 타고 5주일〉에 이어 〈80일간의 세계일주〉, 〈해저 2만리〉 등에서 그가 상상한 미래의 모습은 이미 우리 주위에 구현되어 있고, 그의 예언에 충실했던 기업들은 한 시대를 풍미할 수 있었다.

1899년 미국 특허청 책임자였던 찰스 듀엘(Charles Duell)은 “이미 발명될 것들은 거의 발명되었기 때문에(Everything that can be invented has been invented)” 특허청을 폐쇄할 것을 주장했다고 한다. 그러나 그의 전망과는 달리 이후에도 세상을 놀라게 한 기술적 성과가 속속 발표되었고 그에 맞춰 새로운 산업이 지속적으로 등장하게 되었다.

18세기 중엽 산업혁명 이후 세계 경제의 주도 산업은 기계를 움직여줄 동력산업(방적기, 증기기관 등)에서 출발하여 철강, 전기, 자동차, 석유화학 등으로 발전해 왔다. 최근에는 정보통신(IT)과 생명공학(BT)이 경제성장의 새로운 견인차 역할을 해 왔다. 특히 ‘혁명’으로 까지 일컬어지는 정보통신 기술의 비약적인 발전은 전체 산업의 판도까지 바꾸어놓을 정도로 파급효과가 컸다.

물론 주도 산업이 바뀌었다고 해서 기존의 산업들이 일시에 사라지는 것은 아니다. 디지털 시대에도 여전히 아날로그 산업이 필요하고 온라인 세대들도 오프라인 접촉 없이는 살아갈 수 없다.

그러나 비즈니스를 통해 돈을 벌어야 하는 개별 기업의 입장에서는 모두에게 잘 알려져 있고 경쟁이 심한 기존산업보다는 새롭게 떠오르는 신생산업에서의 승산이 더 클 것이다. 따라서 이러한 산업판도의 변화를 눈여겨 보고 적절한 시기에 적적한 말(Winning Horse)로 갈아타는 지혜와 (그리고 행운이) 필요함은 두말할 나위가 없다.

컴퓨터 산업은 변화의 축소판이다

컴퓨터 산업의 무게중심 이동

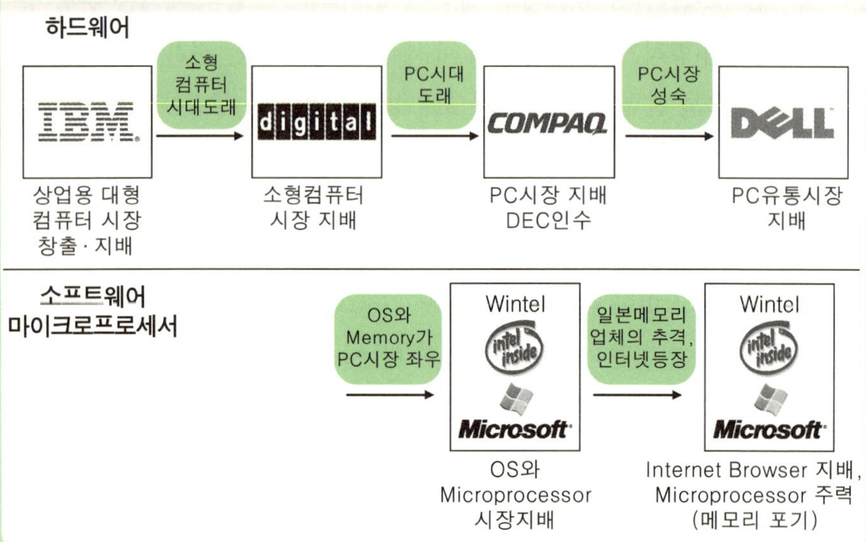

컴퓨터 산업은 다른 어떤 산업에 비해 클록스피드(Clock Speed, 산업진화 속도)가 빠른 산업이다. 벤처에서 출발하여 우리 귀에 익숙해 질만하면 흔적도 없이 사라지는 기업들도 부지기수이다. 그런 만큼 변화의 조짐을 적시에 포착하고 그에 맞춰 말을 갈아타는 능력이 기업 생존에 있어 매우 중요하다.

IBM 컴퓨터의 납품업체로 출발했던 마이크로소프트(Microsoft)와 인텔(Intel)은 PC 운영체제(OS)와 마이크로프로세스의 중요성을 간파함으로써 컴퓨터 산업의 최강자로 부상할 수 있었다. 만일 IBM이 처음부터 PC의 결정기술(Defining Technology: 전체 제품의 성능을 좌우하는 가장 중요한 기술)을 OS와 마이크로프로세서로 인식했더라면 IBM은 PC 시장의 주도권을 잃지 않았을 것이고 마이크로소프트와 인텔도 현재와 같은 위상을 차지하지는 못했을 것이다[2008년 3월말 기준으로 IBM의 시가총액은 1594억 달러인 반면, 마이크로소프트는 2641억 달러이고 인텔은 1226억 달러이다].

변신에 실패한 기업들의 운명은 자명하다. 한때 소형컴퓨터 시장을 지배했던 DEC(Digital Equipment Corporation)는 1998년에 컴팩(Compaq)에 인수되었고 컴팩은 한동안 전세계 PC 시장을 호령하게 된다.

그러나 컴팩도 DEC 인수의 후유증 때문에 PC산업이 점차 표준화되고 범용화되는 추세에 제때 대응하지 못하는 우(愚)를 범하게 된다. 그 결과 혜성같이 나타난 델(Dell)의 공세에 시달리던 끝에 결국 2002년 휴렛패커드(HP)에 인수되는 운명을 겪는다.

그렇다면 델의 운명은 앞으로 어떻게 될까? 한때 실적 저하를 우려하는 목소리도 있었으나 최소한 아직까지는 정상 궤도를 달리고 있다고 보여진다. 2007년 매출은 610억 달러(전년 대비 6.5% 증가), 순익은 29억 달러(전년 대비 14.1% 증가)를 기록했다.

미래 기술발전 로드맵에 주목하라

2020 유망산업

중분류	유망산업
차세대반도체	차세대메모리, 비메모리반도체
바이오신약장기	바이오신약, 바이오장기
유비쿼터스네트워크	DMB, 텔레매틱스, 차세대이동전화, 홈네트워크, 유비쿼터스컴퓨팅
차세대디스플레이	디지털TV, 홀로그램내비게이터LCD, OLED
신개념컴퓨터	착용식컴퓨터, 고성능지능분산컴퓨터
차세대자동차	지능형자동차, 연료전지자동차, 친환경자동차
콘텐츠산업	문화콘텐츠, 게임
의료서비스	난치병예방치료서비스, 노인성질환치료서비스
차세대에너지	2차전지, 태양전지, 수소에너지
로봇	산업용로봇, 서비스로봇
첨단화학소재	인공지능폴리머, 전자정보용정밀화학소재, 친환경화학소재, 나노섬유
첨단항공해양운송기기	고부가가치선박, 차세대우주항공
초정밀기기부품	초미세공정기기, MEMS첨단센서, 실버의료기기, 바이오칩
첨단기계설비및 시스템	지능형유연생산시스템, 고기능환경설비, 고효율발전설비

출처: 산업연구원, 한국경제신문, 2006. 1. 20

미래를 읽는 것은 어렵다. 더욱이 과거와 현재에 길들여진 눈으로 미래를 내다보는 것은 더더욱 쉽지 않다.

1977년에 DEC의 켄 올슨(Ken Olsen) 회장은 "개인이 집에 컴퓨터를 가질 이유는 전혀 없다"고 선언했으며, 빌 게이츠(Bill Gates)도 1981년에 "메모리 용량이 640K면 모든 사람에게 충분하다"고 예측했을 정도이다. 당대의 IT분야 최고의 천재들조차도 급격한 기술변화와 미래의 모습을 정확히 읽을 수는 없었던 것이다.

그럼에도 불구하고 미래를 읽기 위한 노력은 계속되어야 한다. 빌 게이츠 회장의 말대로 "변화(Change) 속에는 반드시 기회(Chance)가 숨어있기" 때문이다.

2006년 10월 산업연구원은 2020년에 유망할 것으로 판단되는 14개 산업군, 41개 품목을 선정 · 발표한 바 있다. 기술발전의 불확실성이 커지고 산업간 융합(Convergence)이 더욱 활발해 질 것이기 때문에 미래의 모습을 정확히 예견하기는 불가능하다. 그럼에도 전체적인 윤곽과 가능성을 보는 데에는 이와 같은 미래 전망이 매우 유용하다.

우선 정보통신 분야에서는 차세대 반도체, 유비쿼터스 네트워크, 차세대 디스플레이, 신개념 컴퓨터, 콘텐츠 산업이 있다. 한마디로 언제 어디서나, 더 편안하게, 더 다양하고 재미있는 정보를, 더 고성능의 단말을 통해 향유할 수 있게 하자는 것으로 이해된다.

다음으로 바이오 분야에서는 바이오 신약 · 장기와 각종 의료서비스가 있다. 이 역시 고령화 사회(Aging society)에서 고령사회(Aged society)로 진입할 것이 확실시되는 만큼 기술 측면에서 그리고 비즈니스 측면에서 충분히 유망한 분야이다.

그 외 차세대 자동차, 차세대 에너지, 로봇, 첨단 화학소재, 첨단 항공 · 해양 운송기기 등도 인류가 직면한 문제 해결과 삶의 편리 증진을 위해 매우 필요한 부분이기 때문에 기술적 능력만 갖춰진다면 비즈니스 측면에서도 충분히 도전해 볼 만한 분야이다.

수요 트렌드도 중요하다

미래 수요 트렌드와 유망사업 기회

수요동인	주요트렌드	유망사업기회
인구구조	고령화 사회 진입	시니어타운, 라이프케어서비스, 노인전문병원, 노화방지센터 홈 헬스케어 기기 및 서비스(상시 원격건강 모니터링, 건강카운슬링 등) 시니어형 맞춤 레져·여행 서비스, 맞춤형 리모델링
	핵가족의 재분화	지능형 홈 시큐리티 단말·시스템 및 서비스, 유아 에듀테인먼트 인력공급 서비스(베이비시터, 조무사, 간병인, 가정부 등)
	신모계제 사회의 도래	가사용 로봇, 홈네트워킹기기 및 서비스, 가사지원관련 서비스 도시 시큐리티 관련 제품·서비스, 성형 및 피부관리 클리닉
사회가치	유비티즌의 보편화	웨어러블 컴퓨터, U-지갑·명함, 모바일블로그, 온라인가드(온라인상 시큐리티), 스마트카드, DRM
	개인주의의 만연	명품리스, 맞춤형 주택리모델링, 개인별맞춤식식단관리, 맞춤형 U-레저 U-러닝, 복고풍유희 콘텐츠, 다문화 퓨전공간
라이프 스타일	삶의 질 향상 추구	복합 리조트형 테마파크, 개인용 멀티플렉스 영화관, 아트센터 체인 개인 맞춤형·자기진단 헬스케어 기기, 수륙양용 버스·택시
	경험·감성 중시	가상체험공간, 3차원TV, 디지털인테리어, 산업디자인 아웃소싱 공연예술, 체험관광
글로벌 환경	글로컬라이제이션	컬처파크, Conglo-Media(범국가적인 글로벌미디어)
	환경·자원 지배	친환경주택,대체에너지,친환경 자동차, 온실가스 격리·고정 시스템 폐가스·폐전지 재활용 설비·시스템, 재난재해 예방 및 관리 시스템

출처: 조준일, 미래 수요 트렌드와 유망사업기회, LG주간경제, 2005. 8. 24에서 발췌

인텔의 전임 CEO였던 앤디 그로브(Andy Grove)는 "인텔의 성공요인은 메모리칩 생산이 아닌 '전략적 변곡점'에서의 대화의 기술"이었다고 술회하고 있다.

도시바 등 일본 메모리업체의 저가 공세에 직면하여 과감히 메모리 반도체를 포기하고 마이크로프로세서에 집중한 것이, 즉 적절한 시기에 적

절한 말로 갈아탄 것이 인텔을 위기에서 구했을 뿐만 아니라 비약적인 성장을 가능케 했다는 것이다. 이러한 인텔의 변신 성공은 결국 IT 기술에 대한 수요 트렌드를 잘 읽은 결과라고 하겠다.

현대 경영학의 대부 피터 드러커(Peter Drucker)의 말처럼 “트렌드를 예측한다고 해서 100% 성공한다는 보장은 없다. 그러나 트렌드를 읽지 못하면 100% 실패할 수밖에 없다.” 성장을 꿈꾸는 기업들이 소비자들의 행태와 사회적 흐름의 변화에 주목해야 하는 이유이다.

현재의 트렌드가 영원히 계속될 것이라고 가정하는 것은 비즈니스의 기본을 모르는 것이다. 반면 일시적인 유행(Fad)과 지속적인 트렌드를 혼동해서도 곤란하다. 큰 흐름을 아는 안목과 타이밍을 읽는 순발력. 이것이 ‘말 갈아타기’의 묘미이자 어려움이다.

앞 표는 미래의 수요 트렌드와 그에 부합하는 사업기회를 보여주고 있다. 우선 인구구조 측면에서는 고령화 사회 진입, 핵가족의 재분화, 신모계제 사회의 도래를 꼽을 수 있다.

사회가치 측면에서는 유비티즌의 보편화와 개인주의의 만연이, 라이프스타일 측면에서는 삶의 질을 향상시키려는 노력과 경험 · 감성을 중시하는 경향이 예상된다. 마지막으로 글로벌 환경 측면에서는 글로벌화와 로컬화를 병행하는 글로컬라이제이션(Glocalization)과 환경 및 자원의 중요성을 지적할 수 있다.

시대 흐름을 읽는 변신이 필요하다

노키아, 제지에서 이동통신으로 변신

NOKIA
Connecting People

창립기 1865~1967년	1865, 핀란드 남서부의 제지공장으로 출발 1967, Finnish Rubber Works(고무), Finnish Calbe Works(전자)와 합병
 이동통신 진출 1968~1991년	1979, 핀란드 TV메이커 Salora와 전화기 개발을 위한 조인트 벤처 설립 1982, 디지털 교환기 개발 1987, 무선 NMT전화기 개발
이동통신에 집중 1992~1999년	1992, 요르마 올릴라(Jorma Ollila) CEO 취임, 통신사업에 역량집중(고무케이블, 가전매각) 1998, 무선단말기 판매 세계 1위 등극
 현재 2000년 이후	2002, 3G 단말기 출시 2006, 올리페카(Oil-Pekka Kallasvuo) CEO취임, 노키아-지멘스 네트워크 설립

출처: 노키아 홈페이지(www.nokia.com)

1865년 설립된 노키아(Nokia)는 주력 사업을 제지에서 전선과 가전으로, 그리고 다시 정보통신으로 전환해 가면서 세계적 기업으로 부상한 대표 사례이다.

1990년대 초반만 해도 28개 사업부문을 거느리고 있었으나 1992년 당시 41세에 불과했던 요르마 올릴라(Jorma Ollila) 회장 취임 이후 통신사업에 모든 역량을 집중한다. 이후 발전기 부문을 시작으로 타이어, 케이블, 그리고 텔레비전 사업에서도 연속적으로 철수하게 된다.

특히 당시 케이블 사업은 세계적인 시장점유율을 가지고 있었으나 노키아가 지향하는 모바일 통신사업에 포함되지 않았기 때문에 과감히 포기했다. 1992년 당시 모바일 통신사업이 노키아의 전체 매출액에서 차지하는 비중이 3분의 1에 불과했음을 감안하면 이것이 얼마나 큰 결단이었는지 짐작할 수 있다.

노키아는 1998년 모토롤라(Motorola)를 꺾은 이후 지금까지 8년 연속 세계 휴대전화 시장 1위를 차지하고 있다(점유율 35.8%). 2006년 매출은 핀란드 GDP(1,684억 유로)의 25%에 달하며 핀란드 전체 수출액 중 노키아가 차지한 비중도 20%를 웃돌았다. 관련 하청업체 직원까지 포함시키면 노키아의 고용 인력은 핀란드 전체의 10%에 육박한다. 핀란드 열 가구 중 한 가구를 먹여 살린다는 의미이다.

노키아의 2007년 매출액은 511억 유로(전년 대비 24.2% 증가), 순이익은 72억 유로(전년 대비 67.3% 증가)이다.

최근 노키아는 음악 다운로드, 모바일 게임 등을 제공하는 포털 사이트를 만들어 인터넷 시장에 진출하겠다는 새로운 사업전략을 발표했다. 사이트 이름은 핀란드어로 '문(門)'을 뜻하는 '오비(Ovi)'. 인터넷 세계로 진입하는 관문 구실을 하겠다는 야심이 읽힌다. 이 같은 신규 사업의 성패 여부는 좀더 두고볼 일이다. 그러나 새로운 성장을 위해 끊임없이 도전하고 변신하려는 노키아의 노력은 주목할 만하다.

자존심까지 판다

볼보, 승용차 대신 버스와 트럭을 선택

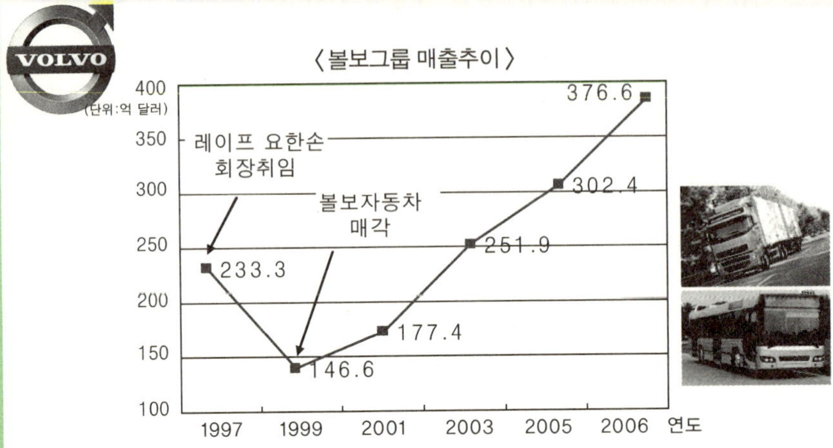

출처: 볼보그룹 홈페이지(www.volvo.com), 2006 연차보고서

"스웨덴의 자존심을 팔았다." 스웨덴의 국민 기업 볼보(Volvo)가 1999년 그룹의 상징과도 같았던 승용차 사업을 미국 포드(Ford)에 매각하자, 스웨덴 국민들은 경악을 금치 못했다. 그룹의 '심장'을 도려내는 대수술을 감행한 사람은 1997년 부임한 레이프 요한손(Leif Johansson) 회장이다.

당시 승용차 부문은 볼보그룹 매출의 절반을 차지하던 주력 사업이자 볼보의 얼굴과도 같았던 사업이었다. 그러나 요한손 회장은 화려함 대신 실속을 택했다. 포화 상태의 승용차 시장에서 세계 23위 자리를 포기하는 대신, 결코 화려하지 않은 트럭과 건설중장비, 버스 등 고성장 사업에 집중하는 길을 택한 것이다.

승용차는 팔았지만 트럭 등 새로운 핵심사업 분야의 세계적 업체들을 마치 쇼핑하듯 계속 사들이고 해외 생산기지를 확충했다. 그가 사들인 기업이나 사업 부문이 15개를 넘는다.

1999년 미국 버스업체 블루버드(Bluebird)를 인수했고, 2001년 르노(Renault)트럭과 미국의 맥(Mack)트럭을 인수해 유럽 최대, 세계 제2의 트럭메이커로 도약했다.

또 삼성중공업 건설기계 부문을 비롯해, 닛산디젤, 중국 최대 휠로더(Wheel loader: 굴착된 토사와 골재, 파쇄암 등을 운반기계에 싣는 중장비)업체인 링공(Lingong), 미국 잉거솔랜드(Ingersoll Rand)의 도로정비 사업부문이 모두 그의 쇼핑 대상이 됐다.

이렇듯 뼈를 깎는 대수술을 겪은 볼보그룹은 날로 성장하고 있다. 2000년 136억 달러였던 그룹 매출이 2006년 377억 달러로 2.8배, 영업이익은 7억 달러에서 30억 달러로 4.3배 성장했다. 무엇보다 트럭과 건설중장비에서 세계 최고 수준의 경쟁력을 자랑하게 됐다. 2000년에서 2006년까지 북미 매출은 93%, 유럽 매출은 95%, 아시아 매출은 125% 신장했다.

잘 나갈 때 대비하라

도요타, 포스트자동차 시대 대비

TOYOTA

도요타의 유망 신사업

분야	주요내용
친환경	하이브리드 차량 생산 확대 환경친화적 소재 이용 확대
로봇	의료, 생활지원용 로봇 개발 고령화 사회에 기여할 로봇에 초점
뇌연구	뇌 메커니즘을 연구해 자동차 사고를 줄이고 차세대 로봇 개발에 활용

도요타의 시제품 로봇

바이올린 연주 로봇

휠체어 로봇

출처: 매일경제, 2007. 12. 17

“우리가 가장 두려워 해야 하는 것은 최고의 자동차 회사가 되는 것에 만족하고 거만해지는 것이다.” 와타나베 가쓰아키 도요타 자동차(Toyota) 사장의 말이다. 도요타는 2007년 GM을 제치고 명실상부한 세계 자동차 시장 1위로 등극했으며 매출 26.3조 엔, 순익 1.7조 엔을 달성했다.

현재 프리우스(Prius)로 대표되는 하이브리드카를 개발하여 전세계 친환경차 시장을 선도하고 있는 도요타는 한발 더 나아가 2020년까지 로봇을 자동차 못지 않은 핵심사업으로 키우겠다는 야심찬 계획을 갖고 있다. 선진국의 저출산 고령화로 자동차 수요가 줄면 자동차 산업은 결국 사양산업이 될 것이란 위기감에 따른 것이다.

도요타의 비전은 점차 구체화되고 있다. 2007년 8월, 소니(Sony)의 로봇부문을 인수한 도요타는 소니의 개발인력을 승계하고 로봇기술과 관련된 지적 재산권도 사들였다. 또한 2007년 12월 6일 도쿄 남부 오다이바에 있는 도요타자동차 쇼룸에서 실제로 '바이올린 연주 로봇'과 '휠체어 로봇' 등 시제품을 공개한 바 있다.

의료나 복지, 생활지원 등을 목적으로 하는 차세대 로봇 시장은 현재 거의 형성되지 않았으나, 2025년경에는 6조2000억 엔까지 확대될 것으로 전망된다. 이 외에도 도요타는 '인간 두뇌 연구' 계획을 밝혔다. 이화학연구소와 공동으로 인간 두뇌 메커니즘을 규명하기 위한 연구를 시작했으며 연구 결과는 새로운 자동차나 로봇 개발에 반영할 계획이라고 한다.

업종을 불문하고 전세계 많은 기업들이 도요타 생산방식을 배우고 있다. 그러나 생산방식보다 더 중요한 것은 최고의 자리에 섰을 때조차도 자만하지 않고 다음 행보를 고민하는 자세이고 이것이 도요타의 진정한 경쟁력이다.

도약의 찬스를 놓치지 마라

SK, 섬유에서 에너지·통신으로 도약

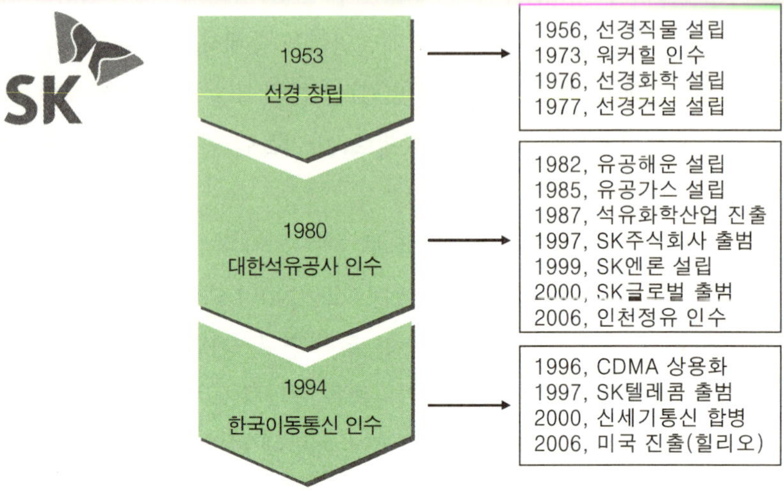

출처: SK홈페이지(www.sk.co.kr)

우리나라 기업사(史)를 통틀어 가장 드라마틱하게 변신을 거듭해 온 기업은 아마도 SK일 것이다. 특히 공기업 민영화라는 굵직한 기회를 놓치지 않고 적극적으로 활용했던 것이 주효했다.

1953년 섬유로 출발한 SK는 1980년 대한석유공사(현재 SK에너지)

인수를 계기로 자원 개발 및 정유사업에 진출했으며, 1994년 한국이동통신(현재 SK 텔레콤)을 인수하면서 이동통신 사업에 뛰어들게 된다. 당시 이동통신 사업은 황금알을 낳는 거위로 알려지면서 많은 기업들이 눈독을 들였으나, 사업에 대한 경영층의 의지와 철저한 준비로 SK가 한국이동통신의 새 주인이 된다.

그 후 신세기통신(포스코+코오롱), KT프리텔, LG텔레콤, 한솔PCS 등과의 경쟁 속에서도 줄곧 선두를 유지했으며, 2000년에는 신세기통신을 합병하면서 이동통신업계의 부동의 1위 자리를 굳히게 된다(2007년 6월 현재 가입자 기준 점유율 50.5%).

2006년에는 인천정유를 인수하면서 정유사업의 기반을 더욱 탄탄히 다지고 있다. 인천정유 인수에는 3조 원이 넘는 거액이 들었는데 지나치게 높은 가격이 아니냐는 우려도 제기된 바 있다. 그러나 SK는 인수자금 마련을 위해 사옥까지 매각할 정도로 강한 의지를 보였으며, 그 결과 정유시장 점유율이 34.8%에서 40%를 넘게 되었고 2위인 GS칼텍스(29.4%)와의 격차를 크게 벌리게 되었다.

2007년 말 현재 SK그룹의 사업부문별 매출 현황을 보면, 정보통신 14.3조 원(17.3%), 트레이딩 · 서비스 26.8조 원(32.4%), 에너지 · 화학 41.5조 원(50.2%)을 기록하며, 전체 매출 82.6조 원(순이익 3.8조 원)을 달성했다. 이는 전년 대비 17.2% 상승한 수치이다.

과감한 승부수를 던져라

두산, 소비재에서 산업재로 변신

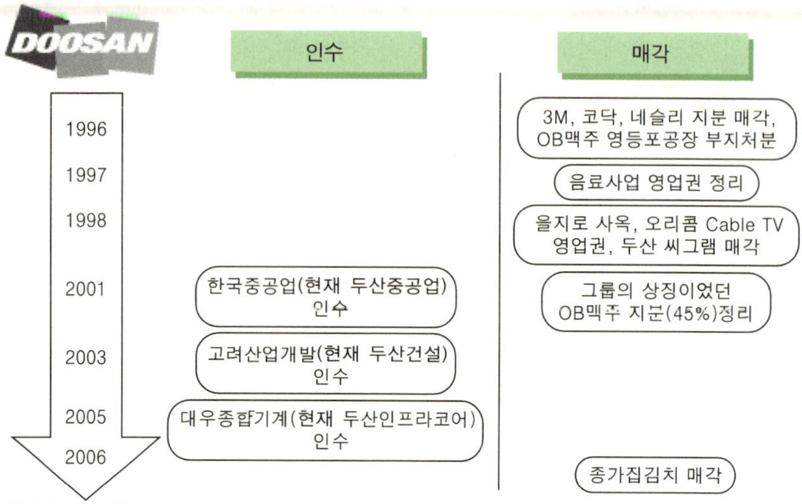

출처: 두산그룹 연차보고서, 2006

두산은 IMF 외환위기 직전인 1996년, 그룹 창립 100주년을 맞아 플랜트, 중장비, 건설의 3대 사업을 주력으로 하는 산업재 기업으로의 변신을 선언했다. 맥주, 음료 등 소비재 기업으로는 더 이상의 생존이 불가능하다고 판단했기 때문이다.

그 후 두산은 그룹의 상징과도 같았던 OB맥주를 포함하여 식품, 음료 등 '가벼운 말'을 퇴출시키는 대신 한국중공업(2001년), 고려산업개발(2003년), 대우종합기계(2005년) 등 '무거운 말'들을 차례로 인수하며 그룹의 사업 포트폴리오를 일신한다. 특히 주력업체를 M&A한 뒤 취약한 부분을 다시 M&A로 보강하는 성장전략을 실행해 오고 있다.

즉 2005년 이후 해외업체 M&A를 통해 그룹의 역량을 강화해 왔는데 미국 AES의 수처리사업부문(2005년), 루마니아 철강주조 · 단조회사인 IMGB(2006년), 영국 보일러 엔지니어링업체인 미쓰이밥콕(2006년), 미국 건설기계 업체 밥캣(2007년) 등이 그 예이다.

두산 그룹 M&A는 전략기획본부 내에 있는 'CFP(Corporate Financing Project)팀'에서 진두지휘한다. 전무급 임원을 팀장으로 하는 CFP팀은 관심 있는 기업이 매물로 나오면 그룹 내 인수주체 계열사와 태스크포스(TF)를 만들어 즉시 구체적인 분석 작업에 들어간다.

그룹 차원에서 보완해야 할 사업, 기술, 지역에 대한 사전 분석 작업이 잘되어 있어 마음에 드는 매물이 나오면 즉각 인수 추진에 들어갈 수 있는 것이다. 분초를 다투는 M&A 전쟁에서 상시준비 상태를 유지한다는 것이 크나큰 경쟁우위가 되는 것이다.

두산은 2005년 창업 109년 만에 매출 10조 원 고지를 돌파했으며, 산업재 대(對) 소비재 매출 비율을 지난 1996년 30 대 70에서 80 대 20으로 완전히 역전시켰다. 10여년에 걸쳐 '사는' 기술뿐만 아니라 '파는' 기술을 중단없이 다져왔고 이것을 조직 내에 시스템으로 정착시킨 것이 두산그룹 말갈아타기의 성공 비결이라고 하겠다.

변신의 목적과 방향을 명확히 하라

오리온, 먹는 즐거움에서 보는 즐거움으로

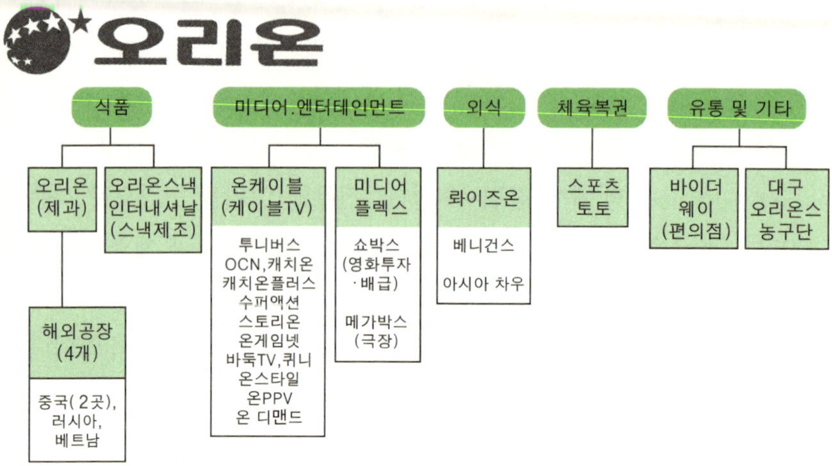

출처: 한국경제신문, 2006. 6. 23

군대를 다녀온 우리나라 모든 남성들의 기억에 각인된 과자. 소비자 물가지수 품목에 포함되어 있으며 중국과 러시아 소비자들의 입맛을 사로 잡고 급기야 베트남 제사상에까지 올라간 과자. 바로 초코파이다. 매출과 수익성 여부를 떠나 이 정도면 과연 한국의 대표 상품이자 한류의 또 다른 숨은 주역이라고 할 만하다.

이 초코파이를 만드는 회사가 동양제과(현재 오리온)이다. 오리온은 1989년 1800억 원이었던 매출을 2005년 1조8000억 원으로 끌어 올리며 15년 만에 무려 10배 성장하는 위업을 달성했다. 그 중심에 '말 갈아타기' 가있다.

오리온은 '먹는 즐거움에서 보고 느끼는 즐거움으로'라는 비전 하에 1990년대 중반부터 대대적인 사업구조 재편에 착수한다. 당시 오리온의 과자 브랜드 160여 개 중 수익성 있는 제품은 60여 개에 불과했는데 나머지 100개 제품을 과감하게 접은 것이다. 그 대신 OCN(케이블채널), 메가박스(영화관), 베니건스(패밀리레스토랑), 쇼박스(영화투자, 배급) 등 엔터테인먼트 사업을 대폭 강화했다.

우리에게 익숙한 블록버스터급 영화 중 강제규 감독의 태극기 휘날리며(2003년)에 이어 웰컴투 동막골(2005년), 말아톤(2005년), 괴물(2006년) 등이 오리온그룹의 작품이다.

오리온의 목표는 확실하다. 초코파이든 패밀리 레스토랑이든, 영화든 CATV든 간에 궁극적으로 고객에게 '즐거움'을 주는 토털 엔터테인먼트 그룹을 지향하겠다는 것이다.

말 갈아타기는 경쟁자의 얼굴도 바꾸어 놓는다. 현재 오리온의 가장 큰 경쟁자는 '백설표 식용유'로 잘 알려진 CJ그룹이다. 케이블TV, 영화관, 영화 제작 및 배급에 있어서 두 기업이 지향하는 바가 정확히 일치하기 때문이다. 과거의 과자업체(오리온)와 식용유 업체(CJ)가 이렇듯 경쟁국면에 접어들게 될 줄은 아무도 예상치 못했던 일이다.

섬유는 사양 아닌 첨단산업이다.

사양산업, 한계산업이란 말 자체를 무색하게 만드는 일들이 섬유산업에서 일어나고 있다. 주머니에 달린 단추만 누르면 원하는 음악을 들을 수 있는 조깅복 등 이른바 스마트 의류 개발성과가 국내에서 속속 보고되고 있다. 정보기술(IT)을 활용한 섬유산업의 이러한 첨단화(尖端化)는 노동집약 산업도 얼마든지 기술집약, 지식집약 산업으로 변모하며 새로운 성장을 할 수 있음을 보여준다. (중략)

그뿐이 아니다. 스마트 의류와 같은 사례를 보면 첨단산업과 전통산업, 성장산업과 사양산업이라는 이분법이 얼마나 허구인지 확인할 수 있다. 산자부는 2009년까지 헬스케어 의류, 광섬유 의류, 미아방지용 의류 등도 상용화될 수 있다고 밝히고 있다. 스마트 의류는 미국, 유럽연합도 시작단계에 있고 앞으로 그 시장규모가 급팽창할 수 있는 분야로 꼽힌다. 한마디로 디지털 등 새로운 기능성을 가미하면 섬유산업도 부가가치를 크게 높일 수 있다는 증거나 다름없다. (중략)

특히 한 · 미 FTA는 섬유산업 재도약의 발판이 되도록 정부와 기업이 역량을 모아야 한다. 정부가 이번 협상에서 관세 철폐, 원산지 기준 완화 등을 관철시킨다면 섬유산업에 더 많은 기회가 만들어질 것이다. 여기에 개성공단 제품까지 한국산 인정을 받는다면 수출은 더 늘어날 수 있다. 업계도 구조조정을 피하려 해선 안 되며 보다 경쟁력 있는 산업으로 거듭나겠다는 각오를 다져야 한다. 섬유산업이 새로운 성장산업(成長產業)이 되고 안되고는 결국 우리 하기에 달린 문제다.

출처: 한국경제신문, 2006. 8. 18자

'말 갈아타기' 가 반드시 산업 단위로 이루어질 필요는 없다. 같은 섬유부문 내에서도 다양한 세부 부문이 존재하며, 일반 저부가 섬유에서 첨단 고부가 섬유로의 이동도 훌륭한 '말 갈아타기' 가 될 수 있다.

수도권 테마파크 무더기 추진, 수익성 의문
일본서도 대부분 파산 1~2곳만 흑자

경기, 인천 등 수도권 지역에 테마파크 등 휴양형 놀이시설 건설사업이 경쟁적으로 추진되고 있다. 예정용지를 선정하고 양해각서(MOU)를 체결하는 등 구체적인 사업 윤곽이 드러나기 시작한 것만 지금까지 5개가 넘는다. 경기도는 지난달 경기도 화성시 송산면에 유니버설 스튜디오를 건설하는 내용의 MOU를 USK홀딩스와 체결했다. 경기도는 또 화성 · 안산 일대 서해안 지역에 1847억 원을 들여 해양체험 관광지구를 조성하겠다고 밝혔고 지난 6일에는 롯데관광개발과 경기도 포천에 관광 · 휴양지 에코디자인시티를 조성하기 위한 MOU를 체결했다. 인천시는 송도에 미국 파라마운트 영화사의 파라마운트 무비 테마파크를 내년 7월 착공해 2010년에 완공할 예정이다. MGM은 인천 영종도에 테마파크 건립을 추진 중인 것으로 알려졌다.

대부분이 부가가치 창출효과×조원, 고용창출 효과×만명하는 식으로 장밋빛 희망에 부풀어 있다. 수도권에 여러 개의 테마파크가 동시에 추진되자 "사업성 검토도 없이 지자체에서 경쟁적으로 추진하는 것 아니냐"는 지적이 제기되고 있다.

가장 큰 문제는 시장 규모가 그리 크지 않다는 것이다. 테마파크가 손익분기점을 넘기기 위해서는 연간 방문객이 최소 700만 명을 넘어야 하고 1인당 객단가가 8만 원 이상은 되어야 한다. 현재 운영 중인 에버랜드, 롯데월드까지 포함하면 1년에 최소 5000만 명 정도가 이용해 줘야 모두 수익이 난다는 계산이 나온다. 롯데월드 관계자는 "수도권에 인구가 집중돼 있어도 이 정도로 많은 테마파크를 수용할 만큼 인구가 많지는 않다"고 밝혔다. (후략)

출처: 매일경제, 2007. 12. 14자

내 눈에 좋은 말(馬)은 남의 눈에도 좋아보이게 마련이다. 남들이 미처 보지 못하는 숨은 기회를 선점하는 능력, 그것이 '말 갈아타기'를 통한 성장전략의 핵심이다.

성장의 열쇠

1. 말 갈아타기의 목적과 방향을 명확히 하라.
2. 좋은 말을 고르는 안목과 갈아타는 시점도 중요하다.
3. 판단은 신중하되, 실행은 과감해야 한다.
4. 노키아, 볼보, SK, 두산 등의 변신 노력에 주목하라.

CHAPTER 05

인접사업 개척을 통한 성장

면도기 회사가 건전지를 판다?

이론적으로 성장의 대안은 무한대만큼 많다.

그러나 사후적으로 성공을 담보할 수 있는 대안은 얼마나 될까?
성장 대안의 바다에서 표류하지 않으려면
현재 역량에 기반한 일관된 방향성을 유지해야 한다.

비빌 언덕이 필요하다

핵심사업에 기반한 인접사업 진출

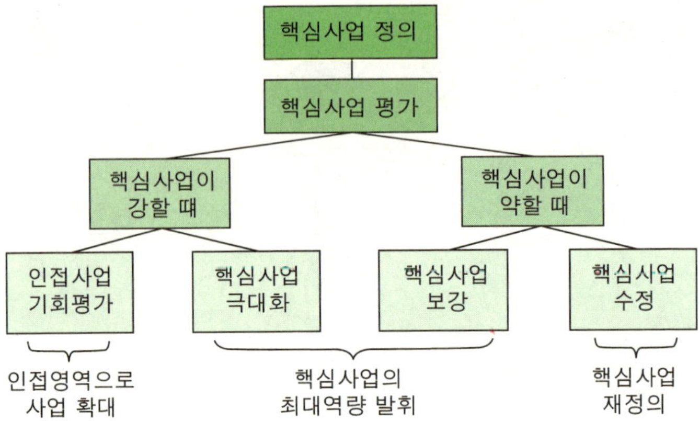

출처: Chris Zook and James Allen, Profit from the Core: Growth Strategy in an Era of Turbulence, 2001

성장은 필연적으로 변화를 수반한다. 변화는 또한 불편을 야기하고 종종 고통을 강요하기도 한다.

이러한 불편과 고통의 결과로 기대했던 성장 목표를 달성할 수 있다면 그나마 다행이겠으나 그렇지 못한 경우가 더 많다. 특히 성장을 추구하는 과정에서 지금까지 영위해 왔던 사업의 범위를 넘어 새로운 분야로 진출해야 하는 경우가 문제이다. 이때 위험을 최소화하기 위해서는 현재의 사업 기반과 능력을 최대한 활용할 수 있는 분야를 선택하는 것이 현명한 일이다.

베인앤컴퍼니(Bain & Company)의 크리스 주크(Chris Zook)와 제임스 앨런(James Allen)은 핵심사업에서 고유한 강점을 구축하는 것이 성장의 열쇠라고 주장한다. 즉 '인기 있는' 시장에 집착할 것이 아니라 현재의 핵심역량(Core Competence)을 강화하고 그 역량을 공유할 수 있는 인접 부문으로 확장해 나가는 것이 가장 효과적인 성장 방안이라는 것이다.

그들의 주장에 따르면 강한 핵심사업(Core Business)을 기반으로 인접사업(Adjacent Business)에 진출할 경우 신사업 성공확률이 3배나 높아진다고 한다. 실제로 2000~2002년 사이에 미국에서 관찰한 25개의 대규모 신사업 실패 사례 중 75%가 핵심사업과 무관한 분야로의 무리한 확장이었다는 사실이 그들의 주장을 뒷받침한다.

앞 그림에서 보듯이 새로운 성장전략을 모색할 때 가장 먼저 해야 할 일은 현재의 핵심사업에 대해 냉철하게 되짚어 보는 것이다. 우선 자신의 핵심사업이 무엇인지 차분하게 생각해 보자. 만일 핵심사업이 약하다고 판단된다면 이를 보완하거나 수정하는 조치가 선행되어야 한다. 본업에서 탄탄한 역량을 갖춘 다음에야 비로소 이 역량을 활용할 수 있는 새로운 인접사업으로 진출해야 한다.

당신의 핵심사업은?

핵심사업의 정의

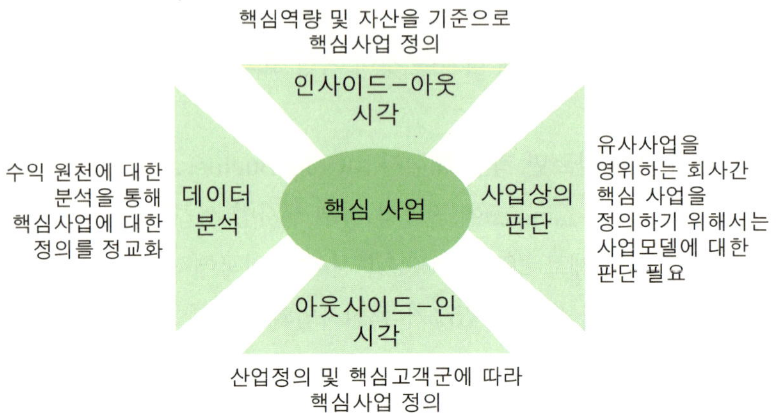

출처: Chris Zook and James Allen, Profit from the Core: Growth Strategy in an Era of Turbulence, 2001

핵심사업(Core Business)의 정의는 생각만큼 단순하지 않다. 예를 들어 같은 렌터카 업체라도 엔터프라이즈(Enterprise)는 보험 보상 및 수리용, 알라모(Alamo)는 레저용, 허츠(Hertz)와 에이비스(Avis)는 비즈니스용 임대 등으로 특화되어 있기 때문이다.

물론 새로운 성장사업을 모색할 때 이들 세 업체가 나아갈 방향도 자신의 핵심사업을 어떻게 보느냐에 따라 달라질 것이다. 예를 들어 엔터프라이즈는 보험 서비스업, 알라모는 본격적인 레저사업, 허츠와 에이비스는 비즈니스 출장자들을 상대로 하는 각종 서비스업 등을 생각해 볼 수 있다.

코카콜라와 펩시콜라의 경우는 어떠한가? 단순히 피상적으로 이들 기업의 핵심사업을 '콜라'로 정의한다면 향후 두 기업의 성장 방향을 설정하는데 커다란 어려움에 부딪히게 된다. 대신 콜라에 대한 두 기업의 현재 매출 의존도를 비교해 보면 두 기업이 생각하는 핵심사업이 다름을 알 수 있다.

즉 코카콜라는 (최소한 현재까지는) '콜라' 그 자체를, 펩시콜라는 콜라나 주스 등을 포함한 '음료' (KFC, 피자헛 등을 분리하기 전에는 '음식료')를 자신의 핵심사업으로 생각하고 있는 것이다.

앞 그림에서 보듯이 핵심사업 파악을 위해서는 현재 가지고 있는 핵심역량과 자산을 짚어 보고(Inside-out view), 핵심 고객이 누구인지 파악하며(Outside-in view), 수익 원천을 살펴보고(Data Analysis), 경쟁사와 사업모델을 비교해 보는(Business Judgement) 등의 입체적인 시각이 필요하다.

구체적으로 크리스 주크는 핵심사업 파악을 위해 ① 잠재적으로 수익성이 가장 높은 고객, ② 가장 차별화된 전략적인 능력, ③ 가장 중요한 제품, ④ 가장 중요한 유통 채널, ⑤ 기타 전략적 자산 (특허, 브랜드, 네트워크 통제력) 등 5가지를 고려할 것을 제안한다.

핵심사업 규명이 생사를 가른다

핵심사업 인식에 따른 성패

Abbott Laboratories	배경	위협	대응	결과
업존 (Upjohn Company)	■설립: 1886년 ■소재: 미 미시건 ■사업: 의약품 개발, 제조, 판매 ■우위: 항생제	■머크 등 강력한 경쟁자들의 부상 ■업존과 애벗랩 모두 최고의 제약사가 될 수 없는 현실에 직면	■기존의 제약사업을 핵심사업으로 파악, R&D지속 ■새로이 부상하는 플라스틱 및 화학사업으로 비관련 다각화	실패 (Good to Fail)
애벗랩 (Abbott Laboratories)	■설립: 1888년 ■소재: 미 미시건 ■사업: 의약품 개발, 제조, 판매 ■우위: 항생제		■제약에서는 최고가 될 수 없는 현실 직시 ■헬스케어로 사업방향 결정	성공 (Good to Great)

출처: Jim Collins, Good to Great, 2001. 10에서 발췌

흔히 성공 사례는 기업체 스스로 홍보에 나설 뿐만아니라 언론에서도 좋은 기사거리로 취급되고는 한다. 그러나 실패 사례는 실패 자체도 부담스럽거니와 문책의 고통이 따르기 때문에 쉬쉬하고 넘어가는 경우가 다반사이다(이 경우 실패의 꼬리표를 붙이는 대신 '여전히 진행 중' 사업으로 남게 된다).

출발이 비슷했을지라도 핵심사업을 어떻게 정의했느냐에 따라 기업의 운명이 갈릴 수 있다. 우리나라 경영자들이 가장 애독하는 비즈니스 분야의 필독서로 알려진 짐 콜린스(Jim Collins)의 〈좋은 기업에서 위대한 기업으로(Good to Great)〉에는 핵심사업의 정의가 기업의 생사를 가른 흥미있는 사례가 소개되어 있다.

업존(Upjohn Company)과 애벗랩(Abbott Laboratories)은 모두 미국 미시건 주에서 1800년대 말에 설립된 항생제 제조, 판매업체였다. 그런데 강력한 경쟁 위협에 직면하여 생존전략을 짜는 과정에서 자신의 핵심사업을 다르게 정의한다.

업존은 기존의 제약부문을 핵심사업으로 파악하고 지속적으로 R&D에 투자하는 동시에 새로이 부상하는 플라스틱과 화학사업 등으로 비관련 다각화를 시도했다. 반면 애벗랩은 제약분야에서는 최고가 될 수 없는 현실을 직시하고 대신 역량 있고 경험 많은 헬스케어 쪽에 집중하기로 결정했다.

이렇듯 핵심사업에 대한 상이한 규명과 거기에서 비롯되는 의사결정의 차이가 두 기업의 운명을 가르게 된다. 업존은 수익성 악화 끝에 1995년 파마시아(Pharmacia)에 합병되면서 회사 문을 닫게 된다. 반면 애벗랩은 1974년 이후 시장수익률의 4배가 넘는 성장을 지속하면서 2007년 259억 달러의 매출(전년 대비 15% 증가)과 36억 달러의 순익(전년 대비 112% 증가)을 기록하게 된다.

어디로 뛸 것인가?

인접사업 지도

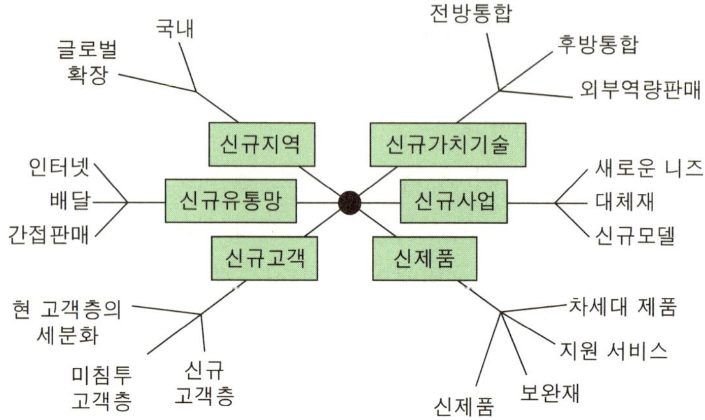

출처: Chris Zook and James Allen, Profit from the Core: Growth Strategy in an Era of Turbulence, 2001

인접사업(Adjacent Business)이란 말 그대로 핵심사업과 밀접하게 연관된 제품, 서비스, 지역, 고객집단 등을 의미한다. 여기서 중요한 것은 '인접성(Adjacency)'을 어떤 차원에서 파악하느냐의 문제이다.

위 그림에 나타난 대로 인접사업을 개척하는 6가지 방법은 다음과 같다.

1. 국내 타 지역이나 글로벌로 신규 지역 개척: 이동통신 서비스업체인 보다폰(Vodafone)은 영국에서 출발하여 전세계 24개국으로 진출했다.
2. 기존 유통채널 외에 인터넷, 직접 배달 등 새로운 유통채널 개척: 유아용품 전문 제조업체인 미국의 카터스(Carter's)는 전문매장뿐 아니라 월마트 등의 할인매장에서도 제품을 판매하고 있다.
3. 현 고객층을 보다 세분화하거나 아직까지 상대하지 못했던 새로운 고객층 발굴: 사무용품 제조업체인 미국의 스테이플스(Staples)는 소규모 사업체에도 사무용품 배달 서비스를 개시했다.
4. 고객의 새로운 니즈를 충족시키기 위한 신규 사업 개척: 미국의 아메리칸 항공(American Airlines)은 세이버(Sabre)라는 이름의 항공권 예약 시스템을 출범했다.
5. 기존 고객들에게 새로운 제품과 서비스 제공: IBM은 자사 제품을 구매한 고객들을 상대로 정보기술 서비스 및 컨설팅을 제공하는 글로벌 서비스 사업을 개시했다.
6. 가치사슬(Value chain) 상의 전후방으로 영역 확대: 전세계 다이아몬드의 70~80%를 공급하는 남아공의 드비어스(DeBeers)는 도매에서 소매로 다이아몬드 사업을 확장했다.

주류회사의 인접사업은?

주류회사의 인접사업 진출 대안

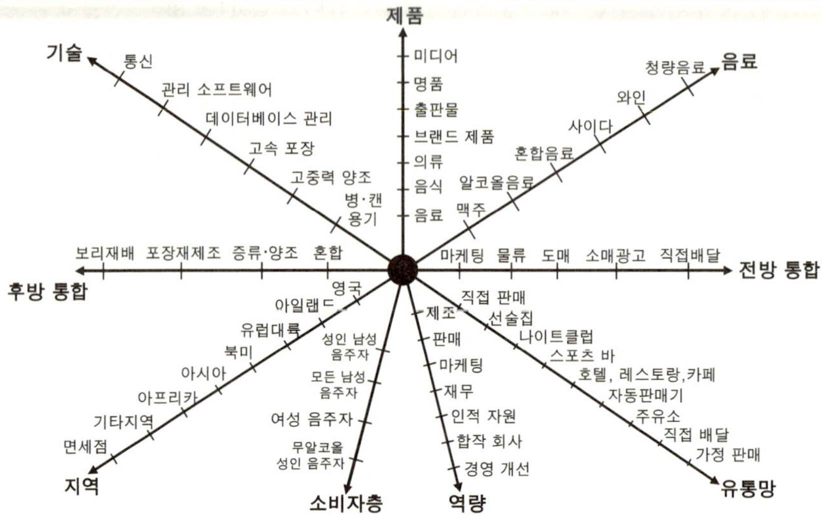

출처: Chris Zook and James Allen, Profit from the Core: Growth Strategy in an Era of Turbulence, 2001

가상의 소주회사가 있다고 하자. 이 회사는 어떤 방향으로 성장할 수 있을까?

위 그림에서 보듯이 전후방 밸류체인(원료로부터 판매나 물류에 이르는 모든 부가가치 제고 활동), 제품(소주 외 주류, 비알코올 음료, 기타 제품), 고객(신규 고객층), 기술(소주 제조에서 파생되는 각종 기술), 지역

(글로벌화), 역량(소주 제조업에서 축적된 비제조 역량) 등의 측면에서 인접사업 진출을 고려해 볼 수 있다.

외부인의 시각에서 보면 이러한 여러 가지 가능성 중에서 일부는 이미 전략적 참신성이 떨어지는 것도 있겠고, 또 일부는 실현가능성이 의문시 되는 것도 있을 수 있다. 그러나 실제 구체적으로 어떤 선택을 내리는가는 전적으로 해당 회사 경영진이 자신의 핵심사업을 어떻게 규정하느냐에 달려있다.

실제로 영국의 맥주업체 보딩턴(Boddington)은 200년 이상 운영해 오던 주조(Brewery)부문을 매각하고 펍(Pub) 운영에 올인(All-in)한 바 있다. 자신의 핵심사업을 재규정한 것이다. 그 후 새롭게 정의된 핵심사업(펍 운영)을 기반으로 1989년부터 리조트 호텔, 레스토랑, 요양원, 헬스클럽 등으로 다각화하며 성공하게 된다.

다시 가상의 소주회사로 돌아가 보자. 만일 제품 제조 쪽에 강점이 있다고 판단한다면 주류 이외의 새로운 제품시장으로 진출할 수 있을 것이다. 혹은 유통 장악력에 강점이 있다면 밸류체인 상의 전후방업체를 수직통합하는 방향으로 나아갈 수 있을 것이다.

이렇듯 큰 방향이 결정된 후에는 구체적인 사업구축 전략이 필요하다. 새로운 제품이라면 구체적으로 어떤 시장에서 어떤 고객을 타깃으로 할 것인지 결정해야 한다. 그리고 새로운 사업에 진출하는데 있어 그린필드(Greenfield) 즉 자체적으로 사업을 개시할 것인지 혹은 M&A를 통해 기존업체를 인수할 것인지 등을 결정해야 한다.

면도기 회사가 건전지를 만드는 이유는?

질레트의 인접사업 진출

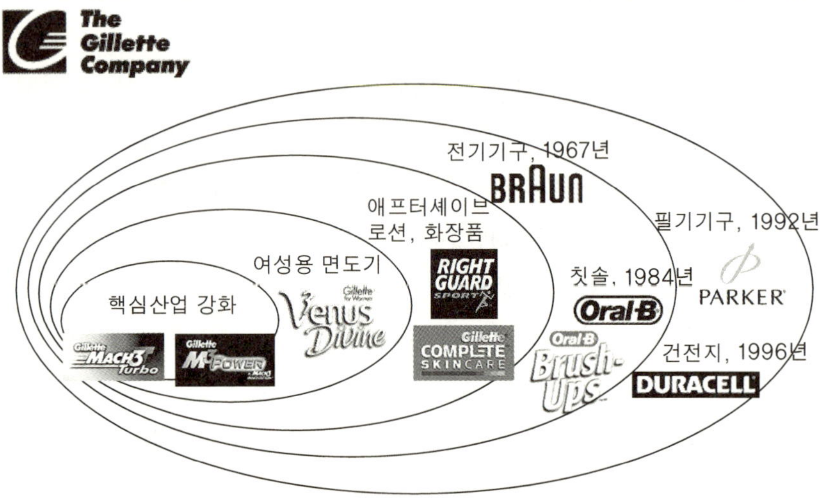

핵심사업에 기반한 인접사업 진출은 일회성 이벤트로 그쳐서는 안 된다. 사업 환경이 변화함에 따라 인접사업 진출 전략도 지속적으로 수정되어야 한다.

1901년에 설립된 질레트(Gillette)는 주지하는 바와 같이 면도기 제조업체이다. 질레트는 트랙2에서 아트라, 센서, 마하3에 이르기까지 꾸준히 신제품들을 선보이면서 남성용 면도기 시장의 선두로 부상했다. 질레트의 연구개발비는 웬만한 자동차 회사의 신차 개발비에 맞먹는 수준이라고 한다. 자신의 과거 제품을 새로운 경쟁자로 설정하고 더욱 매혹적인 제품들을 출시해 온 질레트. 3중날, 진동, 양면날 같은 키워드가 모두 질레트의 혁신성을 웅변하는 단어들이다.

기존의 제품을 축으로 한 자생적인 성장방식(Organic Growth)은 그 자체로서 훌륭한 성장의 수단이다. 더욱이 이렇게 다져진 토대는 새로운 인접사업 개척의 디딤돌이 된다는 점에서 매우 중요하다. 질레트는 남성용 면도기의 끊임없는 개선과 동시에 새로운 사업 확장을 모색해 왔다. 우선 여성용 면도기 시장, 그리고 면도용 화장품 시장에 진출하게 되는데 이는 누가 보더라도 지극히 자연스러운 성장 경로로 보여진다. 그런데 그 이후의 행보가 흥미롭다.

질레트는 핵심사업을 개별 제품의 차원이 아니라 유통 장악력의 차원에서 재정의했다. 즉 동일한 유통경로를 타고 소비자에게 다가가는 모든 제품들을 인접사업의 범주에 포함시킨 것이다. 이렇게 본다면 전동칫솔로 유명한 브라운(1967년), 오랄비 칫솔 및 치약(1984년), 파커 만년필(1992년), 급기야 듀라셀 건전지(1996년) 시장으로까지 사업영역을 넓힌 이유를 이해할 수 있다[2005년 2월, 미국의 브랜드 제국 프록터앤갬블(P&G)은 질레트를 570억 달러에 인수했다].

나이키, 조깅에 목맬 이유는 없다

나이키의 인접사업 진출

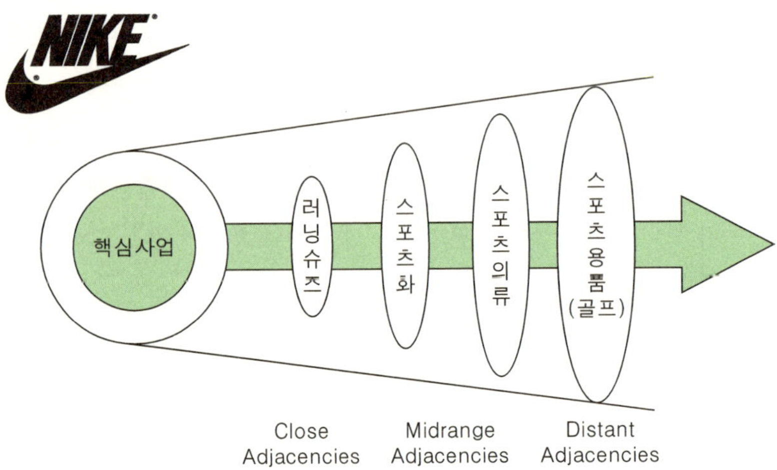

1964년에 설립된 나이키(Nike)는 현재 아디다스(Adidas)와 더불어 전세계 스포츠화 시장을 양분하고 있다. 나이키의 성장 경로를 보면 핵심사업 강화 후 인접사업 진출의 패턴을 충실히 따르고 있음을 알 수 있다.

창립 당시 나이키의 주력분야는 러닝화였다. 그러다 1985년 미국의 농구 황제 마이클 조던(Michael Jordan)과 스폰서 계약을 체결하면서 농구화 시장에 진출한다. 물론 러닝화 부문에서 쌓인 실력이 기본이 되었다. 1986년에는 코트의 악동, 존 매켄로(John McEnroe)와 스폰서 계약을 맺고 테니스화 시장에 진출한다.

1990년대 나이키는 농구와 테니스화 분야에서의 성공을 발판으로 하이킹, 사이클링, 축구, 미식축구, 야구, 배구 등의 분야로 확장하게 된다. 1996년에는 골프황제 타이거 우즈(Tiger Woods)와 1억 달러의 스폰서 계약을 맺으며 골프 의류 시장에 진출했고 연이어 골프 용품 전체로까지 사업범위를 확장하고 있다.

나이키의 다음 수순이 무엇일지를 정확히 예측하기는 어렵다. 그러나 지금까지의 성장 과정으로 미루어 볼 때 유명 스포츠 스타와의 스폰서 계약을 기반으로 스포츠 유관 분야로의 성장일 것이라는 점은 분명해 보인다. 즉 한 분야에서의 확실한 성장 경험을 가져다 바로 인접한 사업 분야로 카피앤페이스트(Copy & Paste)해가는 전형적인 인접사업 진출 전략을 반복할 것으로 점쳐진다.

나이키의 2007년 매출은 163억 달러(전년 대비 92% 증가), 순익은 15억 달러(전년 대비 71% 증가)이다. 매출 구성을 보면 신발(Footwear) 52%, 의류(Apparel) 28%, 장비(Equipment) 6%의 순으로 되어 있다.

학습지와 정수기는 어떤 관계일까?

웅진그룹의 사업 포트폴리오

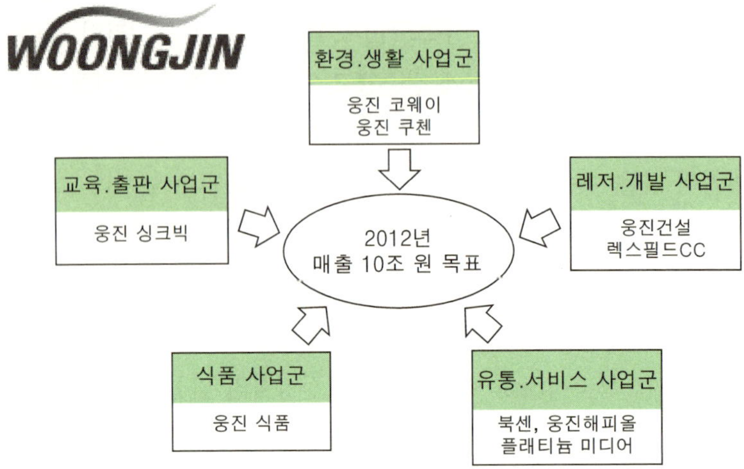

출처: 웅진 홈페이지(www.woongjin.com) / 매일경제신문, 2006. 4. 3

핵심사업에 기반한 인접사업 개척은 외국 기업에만 해당되는 성장 공식인가? 물론 그렇지 않다. 국내 기업들의 성장 전략에 대한 사례들이 체계적으로 축적되고 연구되지 못했을 뿐 국내에도 인접사업 개척의 성공 사례들은 많다.

비교적 최근 사례로서 흥미로운 것은 웅진이다. 웅진은 1980년에 지금은 '웅진씽크빅'이라는 브랜드로 잘 알려진 학습지 전문 출판사로 출발했다. 그 후 학습지를 넘어서 새로운 성장을 모색하던 웅진은 자신의 핵심역량을 출판이라기보다는 학습지 가정교사 서비스로부터 축적된 방문판매 노하우로 규정하고 1990년에 웅진코웨이를 설립하여 정수기 사업에 진출하게 된다.

만일 정수기 제조와 판매에만 국한했다면 별도의 방문판매 노하우가 활용될 여지가 없었을 것이다. 웅진코웨이는 전문 방문요원('코디')을 구비한 정수기 렌털 및 방문점검 서비스로 사업을 차별화한다. 2001년에 태국 해외렌털 서비스를 개시하기도 했으며 2002년에는 국내 렌털 고객 100만 명을 돌파했다.

정수기 렌털을 성공시킨 이후 웅진은 공기청정기, 비데 등을 제조, 렌털하는 쪽으로 사업을 확장한다. 이 역시 전문 방문요원의 지속적인 관리와 필터 교체 등 서비스를 필요로 한다는 점에서 웅진의 성장모델에 일관되게 잘 부합하는 결정이라고 하겠다.

웅진은 2005년 웅진건설 설립 후 2007년 극동건설을 인수하면서 본격적으로 건설업에 뛰어든다. 정수기, 공기청정기, 비데, 시스템키친 등 자체 생산하는 홈어플라이언스(Home Appliance)를 장착했을 때의 시너지 효과를 기대한 것이다.

현재 환경 · 생활, 레저 · 개발, 유통 · 서비스, 식품, 교육 · 출판사업을 포괄하는 웅진은 2007년 기준 2조9700억 원의 매출과 3560억 원의 경상이익을 기록하고 있다.

아니다 싶을 땐 되돌아가라

인적사업 진출 실패와 핵심사업으로의 복귀

펩시

- 식당사업이 음료사업의 성장을 가로막는 장애물이라는 지적에 따라
- 1997년 Taco Bell, KFC, Pizza Hut 등 140억 달러 규모의 식당사업을 스핀오프

안호이저 부시

- 1980년대 이글 스낵(Eagle Snacks) 인수
- 1997년 프리토레이(Frito Lay)에 매각

기네스

- 2차대전 이후 250개가 넘는 신규사업에 진출
- 1980년 초반 18개월 동안 150여개의 사업을 매각하고 핵심에 집중
- 그후 8년간 주가 1만 배 상승!

델

- 1993년 핵심 사업모델이었던 직접판매로부터 새로운 유통채널(소매점 유통)로 확장을 시도했으나, 대실패
- 1994년 소매사업을 포기하고 본래 핵심사업 모델로 회귀, 성장궤도 재진입

일반에는 잘 알려져 있지 않은 사례이지만 1980년대 초반에 코카콜라는 콜라 사업을 통해 축적된 브랜드 가치, 유통 능력 등을 기반으로 와인사업에 진출한 적이 있다. 그러나 그 결과는 대실패였으며 와인 제조기술의 부족이 결정적 원인이었다. 와인 비즈

니스의 핵심은 제조기술 그 자체였으나 코카콜라는 이에 대한 준비가 부족했던 것이다.

아무리 설득력있는 인접사업 진출이라고 해도 실패의 가능성을 완전히 배제할 수는 없다. 비교적 핵심사업과 연관성이 높을지라도 인접사업은 기본적으로 업태(業態)가 다르기 때문에 핵심사업과는(유사하되) 상이한 사업역량을 필요로 하기 때문이다. 당연히 "핵심사업에서 멀어질수록 실패 확률도 커지게 된다(The farther you get from the core, the greater the chances are for failure)."

펩시(Pepsi), 안호이저 부시(Anheuser Busch), 기네스(Guinness), 델(Dell) 등은 인접사업의 실패를 접고 다시 핵심사업으로 복귀해서 성공한 사례들이다. 본래의 핵심사업 기반이 워낙 탄탄했을 뿐만 아니라 인접사업 진출 시에도 핵심사업을 소홀히 하지 않았기 때문에 가능했던 경우라고 하겠다.

우선 펩시는 KFC와 피자헛 등 외식사업에서 손을 떼고 본업으로 복귀한 경험이 있으며, 안호이저 부시는 1980년대 인접사업 진출의 일환으로 이글스낵을 인수했으나 본업과 거리가 있다는 판단하에 1997년 프리토레이에 재매각한 바 있다.

'기네스 북' 으로 잘 알려진 영국의 맥주회사 기네스의 사례도 흥미롭다. 기네스는 2차 대전 이후 250개가 넘는 신규사업에 진출했으나 대부분 실패하고 만다. 그러다 1980년대 초반에 이르러 18개월 동안 무려 150여 개의 사업을 매각하고 맥주 본업에 집중한 결과 본래의 위상을 회복할 수 있었다. 핵심을 강화하려는 판단과 노력이 주효했던 것이다.

소니가 삼성에 무릎 꿇은 사연은?

소니, 핵심사업의 중요성을 간과

출처: SONY Annual Report 2005 / 한국경제신문, 2005. 2. 14

본업(本業)은 핵심역량의 원천으로서 기업의 생존을 지속시키는 기반이 된다. 소니(Sony)는 전통적으로 창의적 가전제품 제조에 강점을 갖고, 트랜지스터 라디오(1955년), 워크맨(1979년), CD 플레이어(1982년), 디지털 VTR(1985년) 등 획기적인 신제품들을 출시했던 기업이다.

20세기 말 신경제(New Economy)의 도래에 맞춰 소니는 "부업에 신경 쓰느라 본업을 소홀히 한다"는 일본 언론의 숱한 질타를 받으면서도 무모할 정도로 영화 등 엔터테인먼트 사업에 진출한다. 1988년에 CBS레코드(현재 소니-BMG)를 전격 인수했고 1989년에 콜롬비아 영화사(현재 소니픽처스 엔터테인먼트)를 인수한다. 또한 실적 부진으로 허덕이던 2004년에도 할리우드 7대 메이저 영화사 가운데 하나였던 MGM을 50억 달러에 인수해 세상을 다시 한번 놀라게 한다.

그 결과는? 소니가 제작했던 26개 영화 중 17개가 실패하는 등 엔터테인먼트 부문의 실적은 기대치에 한참 못 미치게 된다. 이로 인해 2003년 시가총액이 1조 엔 감소하고 전자부문에서는 대규모 적자가 발생하게 되어 일본 재계를 '소니쇼크(Sony Shock)'에 빠드린다. 2004년 〈비즈니스위크(Business Week)〉에서 '최악의 경영자'로 선정된 이데이 노부유키 회장은 결국 2005년 3월 외국인 CEO로 전격 교체되기에 이른다.

너무 앞서가는 것만이 능사는 아니다. 엔터테인먼트에 대한 자원 집중으로 하드웨어 부문이 위축된 반면 이데이 회장이 꿈꿨던 신경제 부문은 기대한 만큼 빠르게 성장하지 못했다는 데 소니의 아픔이 있다. 즉 핵심을 소홀히 하고 인접사업 개척에만 치중했던 것이다. 한국의 삼성전자가 영화 등 콘텐츠 사업을 포기하고 전자부문에 집중한 후에 상승세를 탄 것과 비교해서 묘한 아이러니가 느껴지는 부분이다.

2007년 소니의 매출은 8조3000억 엔(전년 대비 10.5% 증가), 순익은 1300억 엔(전년 대비 2.2% 증가)이다. 매출 구성은 전자 65.4%, 게임 11.7%, 영화 11.7%, 금융 7.5%이다.

패션시계, 패션인가 시계인가?

스와치, 뼈아픈 실책

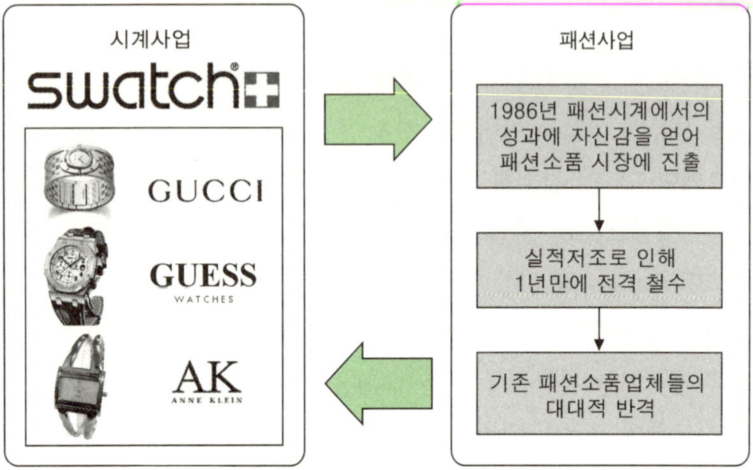

출처: Erich A. Joachimsthaler, The Swatch Story, IESE, University of Navarra, September 1993

어설픈 인접사업 진출이 예상치 못한 대재앙을 초래할 수도 있다. 인접사업 철수와 뒷수습 정도로 끝나는 것이 아니라 인접사업 진출을 틈타 주력인 핵심사업이 공격받을 수 있는 것이다.

1980년대 세이코(Seiko)와 시티즌(Citizen) 등 일본 시계업체들의 파상공세로 절체절명의 위기를 맞았던 스위스 시계산업은 스와치(Swatch)를 필두로 '패션시계(Fashion Watch)'라는 새로운 카테고리를 개척함으로써 기사회생한다. 이에 자신감을 얻은 스와치는 1986년 우산, 선글라스, 가방, 필기구 등 패션소품 시장에 본격적으로 진출한다. 자신의 역량을 과신한 결과이다.

그러나 1년이 채 지나지 않아 역량 부족을 절감하고 곧 손을 뗀다. 시계 제조역량을 가지고 새로운 카테고리(패션 시계)를 개척하는 것과 본격적으로 새로운 사업(패션소품 사업)에 뛰어드는 것은 차원이 다른 문제였기 때문이다.

그 후 모든 일이 다시 원점으로 돌아갔다면 스와치의 패션소품 시장 진출은 사업상의 작은 판단 착오, 혹은 귀중한 교훈으로 남았을 것이다. 그러나 예기치 않은 곳에서 진짜 큰 문제가 터지게 된다. 게스(Guess), 버버리(Burberry), 크리스찬 디올(Christian Dior), 구치(Gucci), 앤클라인(Anne Klein), 베네통(Benetton) 등 기존의 패션소품업체들의 반격이 시작된 것이다. "시계업체인 스와치가 패션소품에 진출한다면 패션소품업체가 시계업에 진출 못할 까닭은 없었던 것"이다.

게스(Guess), 파슬(Fossil), 앤클라인(Anne Klein) 등은 패션시계 분야에 성공적으로 안착할 수 있었고, 현재 스와치와 패션시계 시장에서 치열한 경합을 벌이고 있다.

코카콜라 "커피도 팝니다" 탄산음료 시장 위축대응

"커피도 팝니다." 코카콜라가 커피 시장에 뛰어들었다. 탄산음료 시장의 위축과 이에 따른 매출 감소에서 벗어나기 위한 자구책이다. 앤드라스 칼로스 코카콜라 대변인은 5일 '파 코스트'(Far Coast)라는 브랜드로 커피시장에 본격 진출할 계획이라고 밝혔다. 같은 브랜드로 핫티와 라네노 신보일 예정이다.

코카콜라측은 이를 위해 캐나다 토론토의 고급 상권인 요크빌에 120평 규모의 매장을 임대해 시장 조사를 하고 있다. 주변에 포진한 5개의 스타벅스 매장, 3개의 티모시스 매장 등 경쟁점들을 상대로 소비자들의 반응을 살핀 뒤 성과가 좋을 경우 본격적으로 커피 시장에 뛰어들 계획이다. (중략)

애널리스트들은 탄산음료 시장이 빠르게 줄어들고 있는 추세인 반면 커피 시장은 상대적으로 규모는 작지만 성장세가 높다고 분석했다. 코카콜라는 최근 펩시콜라에 음료업계 1위 자리를 내준 데다 실적 부진과 주가 약세로 사면초가에 빠진 상태다.

출처: 한국경제신문, 2006. 4. 6자

지금까지 코카콜라는 콜라 제조라는 핵심사업을 기반으로 글로벌로 영역을 확장해 가면서 성장해 왔다. 코카콜라의 커피 시장 진출이 앞으로 어떤 성과를 낼지 아직까지는 미지수이다. 관건은 '콜라' 라는 핵심사업을 토대로 쌓아 온 브랜드 인지도와 유통시장 장악력이 '커피' 라는 인접사업에 얼마만큼의 후광효과를 미칠 수 있을 것인가이다.

스타벅스, 돈 되는건 뭐든지 진출
영화 · 음반 · DVD 판매 - 브랜드 가치 활용

세계적인 커피 전문회사인 스타벅스가 음반 사업에 이어 영화 산업에도 본격 진출한다. CNN머니는 스타벅스가 오는 28일 개봉되는 '아킬라 앤드 더 비' 란 영화를 스타벅스 매장에서 본격 마케팅한다고 22일(현지시간)전했다. (중략)

켄 롬바드 스타벅스 엔터테인먼트 사장은 "엔터테인먼트 산업에서 영화는 매우 중요한 부분"이라며 "스타벅스가 영화 마케팅을 통해 고객과 더욱 친밀해질 수 있을 것"이라고 강조했다. 스타벅스는 매장에서 영화를 대대적으로 홍보하는 것은 물론 연내 관련 DVD도 판매할 예정이다. 스타벅스는 이미 매장에서 레이 찰스나 프린스 등의 음악을 판매하는 비즈니스를 시작한 상태다. (중략)

영화산업 분석기업인 박스오피스그루닷컴 관계자는 "블록버스터 아동영화나 액션물의 경우 이미 맥도널드나 버거킹 같은 패스트푸드 기업과 연계하고 있다"면서 "따라서 스타벅스도 영화 마케팅을 통해 브랜드 제고 효과를 얻을 것"이라고 말했다. 반면 박스오피스그루닷컴의 다른 관계자는 "영화 마케팅이 과대할 경우 역효과도 예상된다"면서 "스타벅스 매장이 '아킬라 앤드 더 비' 홍보물로 넘치면 고급 커피 고객층이 스타벅스에서 이탈하는 상황이 초래될 수도 있다"고 지적했다.

출처: 매일경제, 2006. 4. 24자

최근 들어 스타벅스는 매장을 찾는 고객들에게 커피 이외에 영화, 음반 등 다양한 제품과 서비스를 판매하고 있다. 이것이 장기적으로 스타벅스의 핵심사업 기반(프리미엄 커피와 격조 높은 문화공간)에 어떤 영향을 미칠지는 좀 더 지켜 볼 일이다.

성장의 열쇠

1. 핵심사업에 기반한 인접사업 진출이 성공을 가져온다.

2. 핵심사업을 어떻게 파악하느냐가 기업의 운명을 결정한다.

3. 인접사업 진출이 실패로 판명날 경우, 핵심사업으로의 신속한 복귀가 필요하다.

4. 질레트와 나이키의 사례는 인접사업 진출을 통한 신사업 개척이 일회성에 그쳐서는 안 되는 이유를 잘 보여준다.

CHAPTER 06

수요혁신을 통한 성장

전화국에서 영화를 만들면?

생산과 소비 사이의 거리는 멀다.

아무리 사소한 제품일지라도 이것이 실제 소비되기까지는 여러 단계를 거쳐야 한다. 그리고 그 과정에서 새로운 성장 기회를 발견할 수 있다.

수요혁신에 의한 새로운 성장 전략

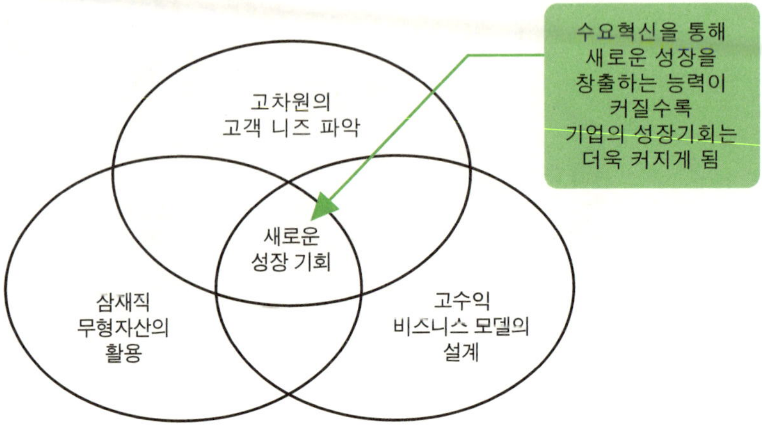

출처: Adrian Slywotzky and Richard Wise, How to Grow When Markets Don't, 2003

머서 컨설팅(Mercer Management Consulting)의 에이드리언 슬라이워츠키(Adrian Slywotzky)와 리처드 와이즈(Richard Wise)는 저성장 시대 두 자릿수 성장을 달성하는 방법으로 수요혁신(Demand Innovation)을 제안한다.

'혁신'이라고 하면 통상 신제품 개발 등 제품 혁신을 떠올리게 된다.

즉 기존에는 존재하지 않던 새로운 기술적 성취를 통해 고객들에게 어필할 수 있는 새로운 기능을 갖춘 제품을 개발하는 것이 일반적으로 인식되는 '(기술)혁신'이었다. 물론 이러한 기술 혹은 제품혁신이 기업 성장의 중요한 수단임은 두말할 나위가 없다. 그러나 연구개발에 막대한 자금이 소요될 수 있고 아무리 목표 관리를 잘 한다고 해도 기대했던 만큼의 기술적 성취(Breakthrough)를 얻지 못할 수도 있다. 비즈니스 입장에서는 그만큼 리스크가 크다는 의미이며, 따라서 기술혁신에만 목매고 있을 수는 없게 된다.

대부분의 제품 · 서비스의 사용에는 일정한 범위의 부가적 경제활동이 수반된다. 수요혁신 전략은 제품 · 서비스의 판매를 고객관계의 마지막이라 보는 대신 이를 새로운 시작으로 간주한다. 즉 소비자가 구매한 제품을 어떻게 사용, 유지, 보관, 처분하는지를 이해한 다음 이 과정에서 좀더 이익을 얻기 위한 방법을 찾겠다는 것이다.

수요혁신의 핵심은 그동안 제대로 활용되지 않고 있던 무형의 능력과 강점 등 기업의 '숨겨진 자산(Hidden Asset)'을 잘 활용하면 고객들의 고차원적 니즈를 만족시킬 수 있고, 그로부터 두 자릿수 성장이 가능하다는 것이다. 즉 정답을 먼 데서 찾을 것이 아니라 고객 근처 가까운 주변부터 꼼꼼히 체크해 봐야 한다(You are probably sitting on a solution to the problem)는 것이다.

수요는 주어진 것이 아니다

수요혁신의 사고방식

수요수용적 사고 (Demand Taker)	수요혁신적 사고 (Demand Innovator)
■ 제품 지향적 사고방식	■ 고객 지향적 사고방식
■ 선풍적인 인기의 신제품을 출시하여 시장 입지의 강화를 모색	■ 체계적인 창의성과 운영방식을 통해 고객과 수요에 근거한 성장을 추구
■ 점차 감소하는 기회 속에서 수익 및 성장을 추구	■ 전통적인 시장 영역을 넘어서는 다양한 기회 추구
■ 제품, 공장, 인재 등 전통적인 도구를 활용하여 성장 추구	■ 관계, 시장입지, 정보 등 무형의 전략적 자산을 활용하여 성장 추구
■ 기업의 규모가 클수록 성장을 저해하는 것으로 인식	■ 기업 규모 및 사업영역을 성장 기회의 근원으로 인식
■ 부가적인 신사업 추진은 주력·핵심 사업을 저해하는 것으로 간주	■ 새로운 성장을 위한 노력은 주력·핵심 사업과 상생의 관계에 있다고 인식

출처: Adrian Slywotzky and Richard Wise, Six principles for making new growth initiatives work, IVEY Business Journal, May/June 2003

수요혁신은 소비자들의 소비행태를 유심히 관찰한 후 이들의 불편을 없애 준다든지 혹은 부가가치를 높여 준다든지 하는 등의 방법으로 새로운 성장기회를 찾자는 것이다. 기존의 기술혁신과 제품혁신이 '하드(Hard)'한 방법이었다면 수요혁신은 '소프트(Soft)'한 방법이라는 차이가 있다.

수요혁신을 위해서는 기존의 시장 수요를 주어진 것으로 보는 사고에서 벗어나 얼마든지 새로운 수요를 만들 수 있다는 사고로의 전환이 필요하다. 우선 제품만 좋으면 저절로 잘 팔릴 것이라는 쥐덫의 오류(Great Mousetrap Fallacy: 동네에서 제일 좋은 쥐덫을 만들기만 하면 사람들이 숲 속에 있는 내 집 앞까지 길을 내고 찾아올 것이라는 자만심을 지칭)에 빠지는 대신, 과연 고객들이 진정 원하는 것이 무엇인지를 진지하게 고민해야 한다.

또한 제품이나 공장, 인재 등 전통적인 유형수단(Tangible Asset)을 활용하여 성장을 추구하기보다는 시장 참여자들과의 관계, 입지, 정보 등 무형의 전략적 자산을 활용하여 성장을 추구한다는 점이 다르다. 아울러 부가적인 신사업 추진을 통해 주력 핵심사업이 저해되는 것이 아니라 오히려 주력 사업을 더 강화할 수 있다고 본다. 바꿔 말하면 주력사업과 신규사업 간 시너지를 통해 동반 성장을 기대할 수 있다는 것이다.

수요혁신에 의한 성장은 단순히 고객들에게 좋은 제품과 서비스를 제공한다고 해서 얻어지는 것이 아니다. 고객들에게 실질적인 이득을 얻게 해 줄 수 있어야 한다. 즉 내가 어떻게 돈을 벌까(How to make money?)보다는 어떻게 하면 고객들이 돈을 벌 수 있도록 도울 수 있을까(How to help the customers make money?)를 고민해야 하는 것이다. 월마트의 창립자 샘 월튼(Sam Walton)의 말처럼 "비즈니스에서 유일한 보스는 고객(Here is the only one boss. The customer)"인 것이다.

고객의 폭넓은 니즈를 파악하라

고객 니즈의 진화 단계

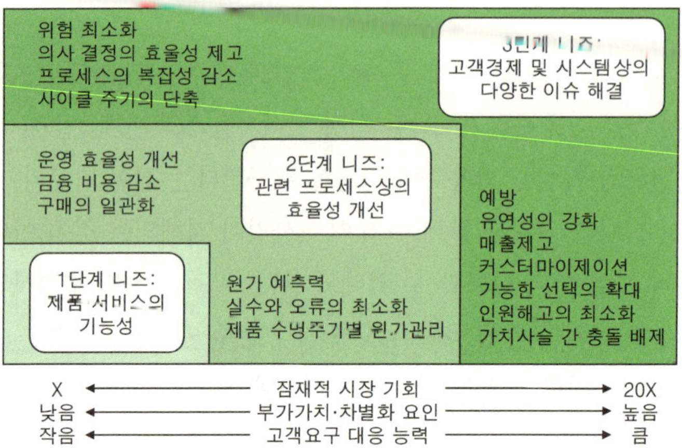

출처: Mercer Management Consulting, Next Generation Demand, 2003

소비자들의 니즈를 3단계로 구분해 보자. 위 그림에서 보듯이 고차원적인 니즈일수록 잠재적 시장기회, 부가가치 및 차별화 요인이 큰 반면 더 높은 고객대응력이 필요하다.

고객 니즈의 제1단계는 해당 제품과 서비스의 기본 기능에 대한 가장 단순한 니즈이다. 세탁기는 빨래, 전자레인지는 요리만 잘하면 된다는 식이다. 그러나 과연 이걸로 충분할까?

2단계 니즈는 해당 제품과 서비스를 통해 전체 프로세스상의 효율을 개선하려는 니즈이다. 운영 효율성을 개선한다든지, 금융 비용을 줄인다든지, 혹은 원가 예측력을 높인다든지 등에 대한 니즈가 바로 그것이다. 가전 제품 구입 시 일시불 보다는 각종 할부 프로그램을 이용할 수 있을 때 고객들이 더 쉽게 지갑을 여는 것은 이와 같은 2단계 니즈에 어필한 결과이다.

3단계는 고객 측면에서 재무적 관점과 시스템적 관점의 다양한 이슈를 해결하려는 니즈이다. 해당 제품 · 서비스를 통해 고객 측면에서의 위험을 최소화하고, 의사 결정의 효율성을 높이며 프로세스의 복잡성을 감소시키고 유연성을 높이려는 등의 니즈이다. 중고 가전제품에 대한 각종 보상 프로그램이 있을 때 신제품 판매가 더 용이한 것은 이러한 3단계 니즈를 일부 충족시켰기 때문이다.

어떤 분야건 기존 제품과 서비스에 좌절하고 짜증을 경험한 소비자들이 있게 마련이다. 이들의 새롭고 충족되지 않은 니즈를 찾아내고 해결해주는 방법을 알아내는 것이 수요혁신의 관건이자 미래 성장의 열쇠이다. 그런데 이를 위해서는 고객의 말보다 행동에 주목할 필요가 있다. 소비자의 잠재 니즈, 미래 니즈는 소비자 자신도 지각하지 못하는 경우가 많으므로 기존의 설문응답식 마케팅 조사로는 파악이 어렵기 때문이다.

수요혁신의 도구는?

수요혁신을 위한 잠재적인 무형자산

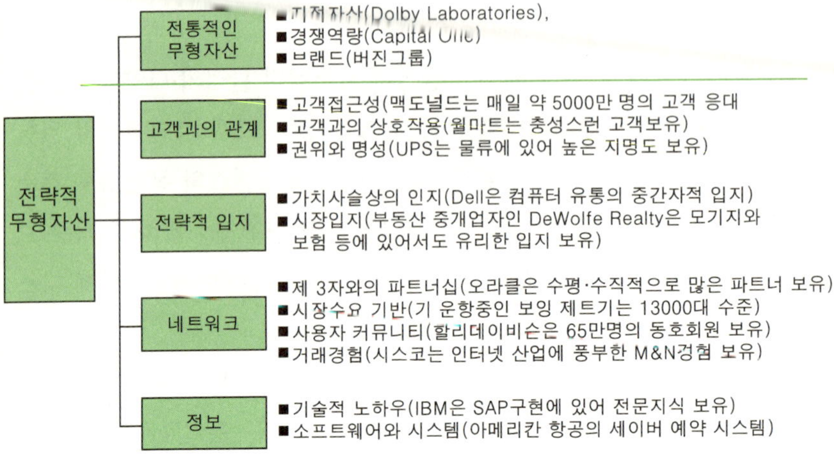

출처: Adrian Slywotzky and Richard Wise, How to Grow When Markets Don't, 2003

수요혁신을 위해서는 자본이나 설비 같은 유형의 자산뿐만 아니라 잠재적인 무형의 자산을 발굴하고 활용하는 전략이 효과적이다.

예를 들어 삼성전자는 가전에서 반도체, 휴대폰, 그리고 각종 IT 부품에 이르기까지 발군의 실력을 갖추고 있다. 그러나 삼성전자의 경쟁력을 파악하는 데 있어 이러한 부문별 역량만 가지고는 부족하다. 부문별 역량만으로는 설명되지 않는 숨겨진 무언가가 있다. 2002년 9월 〈비즈니스위크〉지의 삼성 특집기사 'Samsung Rising'에 따르면 그것은 '정보통신 부품에서부터 HW, SW, 콘텐츠를 모두 아우르는 사업 포트폴리오와 사업군간의 일사불란한 통합 능력' 일 수 있는 것이다.

마찬가지로 맥도널드(McDonald)의 숨겨진 자산은 햄버거 그 자체라기보다는 오히려 탁월한 입지 선정과 품질관리, 글로벌 공급망 관리 능력일 수 있다. 이렇듯 숨은 자산을 활용하게 되면 경쟁자들이 쉽게 모방하지 못한다는 점에서 더욱 효과적이다.

슬라이워츠키가 제안하는 전략적인 무형자산으로는 우선 지적 자산이나 브랜드 가치와 같은 전통적인 무형자산이 있다. 눈에 보이지도 않고 손에 잡히지도 않지만 이러한 무형의 자산은 분명 고객들에게 단순한 가격이나 품질 이상의 호소력을 발휘할 수 있다.

그 외의 무형자산으로는 고객과의 오랜 거래 경험으로부터 축적된 끈끈한 결속관계가 있다. 이제 맥도널드나 월마트는 단순히 필요한 물건을 파는 곳 이상의 의미를 갖게 되었으며 고객에게 없어서는 안 될 존재로 여겨지고 있는 것이다.

다음으로 전략적 입지가 있다. 유통 과정상의 길목을 차지하고 있으면 이것이 중요한 무형자산이 될 수 있다. 할리데이비드슨(Harley Davidson)의 충성스러운 매니아 계층과 같은 고객 네트워크도 수요혁신을 위한 훌륭한 수단이 될 수 있으며, 거래를 통해 축적된 고객 정보도 간과할 수 없는 무형의 자산이다.

유통업체의 돌파구는 어디에?

카디널헬스의 성장 과정

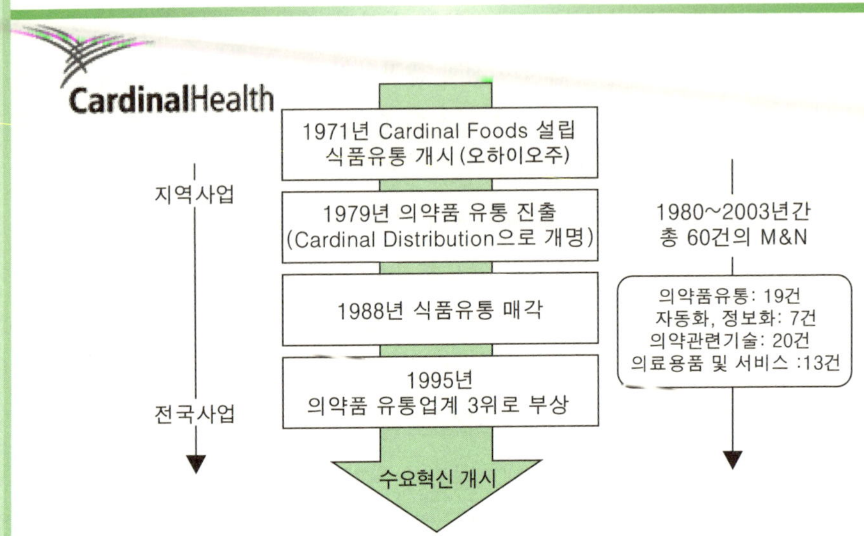

카디널헬스(Cardinal Health)는 현재 미국 3위의 의약품 도매업체로서 수요혁신의 가장 성공적인 사례로 꼽힌다.

1971년 식품 유통에서 출발한 카디널헬스는 1979년 의약품 유통으로 영역을 확장했고 1988년에는 기존의 식품 유통에서 손을 떼며 의약품 유통에 전념하게 된다. 당시 의약품 유통이 식품 유통의 2배 이상의 속도로 성장했기 때문이다. 그 후 줄곧 성장을 지속하던 카디널헬스는 그러나 1990년대 후반 고객의 협상력 증대로 인해 유통 마진이 갈수록 축소되는 위기를 겪게 된다.

이때 카디널헬스는 의약품 유통이라는 가치사슬상의 입지를 성장 플랫폼으로 활용하여 수요혁신을 시도함으로써 위기를 극복하고 지속성장의 기반을 다지게 된다. 1991~2001년 사이 연평균 40%가 넘는 고도 성장을 달성했으며 2007년 현재 〈포천〉이 선정한 미국 500대 기업 중 19위를 달리고 있다.

의약품 제조에서 유통, 약품 관리까지를 넘나드는 카디널헬스는 자신들의 비즈니스를 '토털 헬스케어 체인(Chain of Care from Discovery to Recovery)'으로 묘사하고 있다. 즉 보건 및 의료와 관련된 밸류체인 전체를 커버하는 사업 포트폴리오를 운영하겠다는 것이다.

카디널헬스는 2007년 매출 870억 달러(전년 대비 9% 증가), 순익 19억 달러(전년 대비 93.1% 증가)를 기록했다. 매출 구성을 보면 약품 서플라이체인(Pharmaceutical Supply Chain) 86.4%, 의료 서플라이체인(Medical Supply Chain) 8.5%, 임상 기술·서비스(Clinical Technology·Service) 3.0%, 의료용품 제조(Medical Product Manufacturing) 2.1%이다.

밸류체인을 타고 성장하라

카디널헬스의 수요혁신

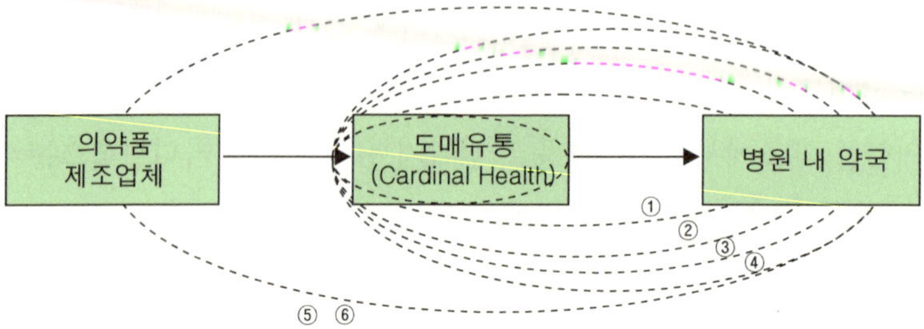

① "약의 흐름을 따라가라" : 고객의 골칫거리인 의약품 관리에 진출
② "병원 문앞까지"에서 "병원 안"으로 침투하여 약국관리 토털서비스로 확장
③ 약을 처방하고 지급하는 일종의 ATM사업인 메드스테이션 사업전개
④ 의사들의 수술키트 공급사업으로 확장
⑤ 제약업체들을 위한 위탁생산 및 포장사업으로 확장(제약사들은 R&D에만 전력)
⑥ 병원의 약품수요 정보를 제약사에 판매

카디널헬스의 성장 비밀은 공급체인(Supply Chain)의 전후방을 타고 새로운 성장기회를 발굴하고 이러한 기회들이 서로 상승작용을 일으키면서 더욱 새로운 사업 기회가 지속적으로 수면 위로 떠오르게 했다는 데 있다. 즉 '성장이 성장을 낳게'했던 것이다. 특히 오랜 유통 경험을 통해 쌓아 온 의약품 제조업체와 병원을 연결하는 가치사슬상

의 전략적인 입지를 레버리지했음에 주목할 필요가 있다.

당시 미국의 병원 내 약국에서는 전문적인 품질 관리의 필요를 느끼고 있었으나 전문 인력의 부족과 관리 업무의 복잡성 때문에 곤란을 겪고 있는 상황이었다. 더욱이 'ER'이라는 의료전문 드라마가 만들어질 정도로 당시 크고 작은 의료 사고가 빈발하고 의료 소송이 줄을 이었기 때문에 전문적인 의약품 관리에 대한 필요는 매우 높아져 있었다.

카디널헬스의 수요혁신은 다음의 3가지 측면에서 이루어졌다.

1. 2만6000여 소매약국들에게 재고관리 및 조달 관련 노하우, 경영관리 서비스 제공: '약의 흐름을 따라서' 고객의 골칫거리였던 의약품 관리로 사업을 확장하였고 '병원 안'까지 진출하여 약국관리 토털 서비스로 나아갔다.
2. 병원에 의약품 자동투여 시스템을 공급함으로써 투약의 정확성 제고: 1996년 픽시스(Pyxis)를 인수하여 약을 처방하고 지급하는 일종의 ATM사업인 메드스테이션(Medstation) 사업을 전개하였다. 또한 외과의사들의 수술키트 공급사업으로 확장했다.
3. 제약회사에 물류 시스템, 외주 서비스, 하청 제조생산 등 서비스 제공: 제약업체들이 R&D에만 전념할 수 있도록 위탁생산 및 포장사업을 전개하였고, 아크라이트(ArcLight)를 설립하여 병원의 실시간 약품 수요 정보를 제약사에 판매하였다.

수요혁신은 어느 산업에나 통용된다

수요혁신의 사례

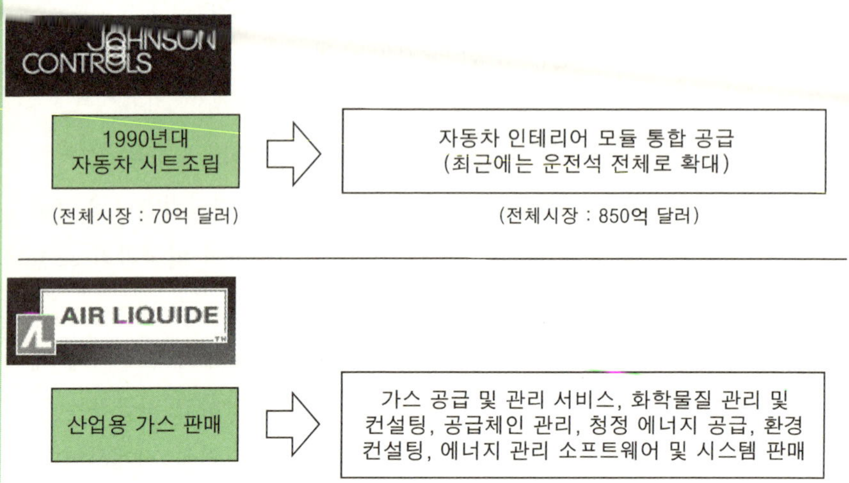

출처: Adrian Slywotzky and Richard Wise, How to Grow When Markets Don't, 2003

수요혁신의 사례는 어디서나 발견할 수 있다. 1885년에 설립된 존슨컨트롤(Johnson Controls)은 자동차 시트만을 주문 공급하던 데서 나아가 최근에는 자동차 운전석 전체(Cockpit) 모듈을 통합적으로 공급함으로써 자동차 조립업체들의 고차원적 니즈를 해결해 주고 있다.

즉 밸류체인을 타고 종전에는 자동차 조립업체들의 영역이었던 부분까지 커버해 주고 있는 것이다. 조립업체 입장에서는 자동차 설계의 복잡성과 리스크를 감소시키고 자동차 조립의 효율을 높여 주고 있는 것이다.

존슨컨트롤은 자동차 운전석 뿐만 아니라 도어, 바닥, 배터리, 각종 전장 품목 등으로도 사업을 확장했으며 GM에서 분사한 델파이(Delphi)와 함께 미국 자동차업계를 지탱해 오고 있다. 2007년 매출은 346억 달러(전년 대비 7.5% 증가), 순익은 13억 달러(전년 대비 30% 증가)이다. 최근 미국 자동차업계 전반의 불황에도 불구하고 지속적으로 성장을 유지하고 있는 보기 드문 사례이다.

1902년 설립된 프랑스의 에어리퀴드(Air Liquide)는 현재 산업용, 의료용 가스 부문에 있어 전 세계에서 손꼽히는 업체이다. 에어리퀴드는 산업용 가스를 판매하던 데서 나아가 가스를 포함한 화학물질 전반에 대한 공급과 관리 서비스로 확장했으며 더 나아가 고객의 전체 에너지 시스템을 통합적으로 관리해 주는 수준으로까지 발전하고 있다.

존슨컨트롤의 경우와 마찬가지로 에어리퀴드도 고객이 어려움을 겪고 있던 영역으로 한걸음 더 나아가서 고객에게는 편리함과 더불어 비용절감의 혜택을 제공하고 자신은 거기에 상응하는 수익을 창출하고 있는 것이다. 에어리퀴드의 2007년 매출은 118억 유로(전년 대비 8.3% 증가), 순익은 11억 유로(전년 대비 10% 증가)이다.

고객 자산을 활용하라

GM 온스타, 자동차의 변신

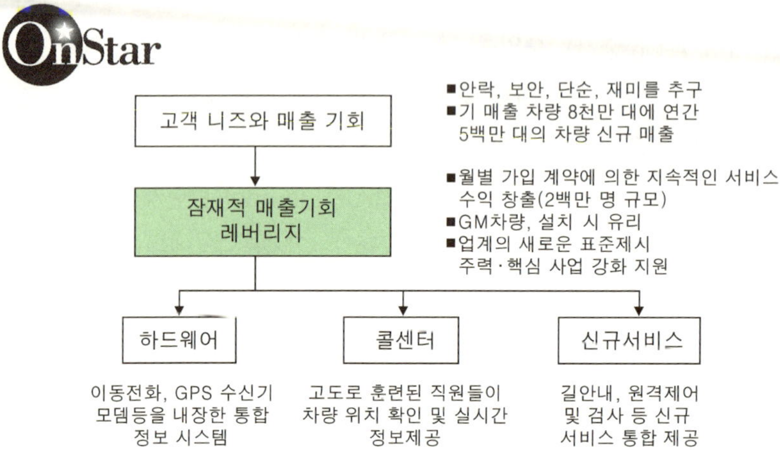

출처: Adrian Slywotzky and Richard Wise, How to Grow When Markets Don't, 2003

GM의 릭 왜거너(Rick Wagoner) 회장은 "머지않아 자동차가 도로와 신호등을 감지하고 장애물을 피하며 스스로 운전하는 시대가 올 것"이라고 전망한다.

이러한 무인운전자 차량은 컴퓨터 칩과 안테나는 물론이고 레이더와 연결하는 크루즈 컨트롤과 모션센서 그리고 차선 변경기술, 위성디지털 위치추적 장치 및 운전 안정화 장치 등 각종 IT기술 없이는 불가능한 개념이다.

지금으로서는 꿈만 같은 이러한 비전을 가능케 하는 주체가 GM의 자회사인 '온스타(On Star)'이며 현재 원격차량진단, 차선이탈 경고, 핸즈프리, 도난차량 추적 등의 기능을 구현하고 있다.

모든 수요혁신의 사례에서와 마찬가지로 온스타의 출발도 고객의 고차원적 니즈였다. 과거에는 자동차는 이동수단으로서의 역할에만 충실하면 그만이었다. 설사 자동차 운전이 몹시 지루하고 피곤할지라도 운전자 입장에서는 전방을 노려보는 것 외에는 별다른 대안이 없었다.

그러나 IT 기술의 발전은 고객의 숨겨진 니즈를 자극했을뿐더러 기술적 해결책도 함께 제시하고 있다. 온스타는 자동차 운전 중의 안전과 보안, 재미와 편리함을 추구하려는 고객 니즈가 점증하는 상황에서 매우 적합한 수요혁신의 사례이다.

또한 신차 구입 고객뿐만 아니라 이미 자동차를 보유한 기존의 고객들(고객자산)까지 서비스 대상으로 할 수 있다는 점에서 사업성이 매우 크다. 하드웨어, 콜센터, 기타 신규 서비스와의 결합을 통해 다양한 비즈니스 모델을 구사할 수 있다는 장점도 있다. 이러한 텔레매틱스(Telematics) 서비스는 그 자체가 새로운 매출과 수익의 원천임과 동시에 기존의 주력사업 즉 자동차 판매를 더욱 촉진하는 상승작용까지 가져올 것으로 기대된다.

정보 자산을 활용하라

GE 메디컬, 의료정보 관리

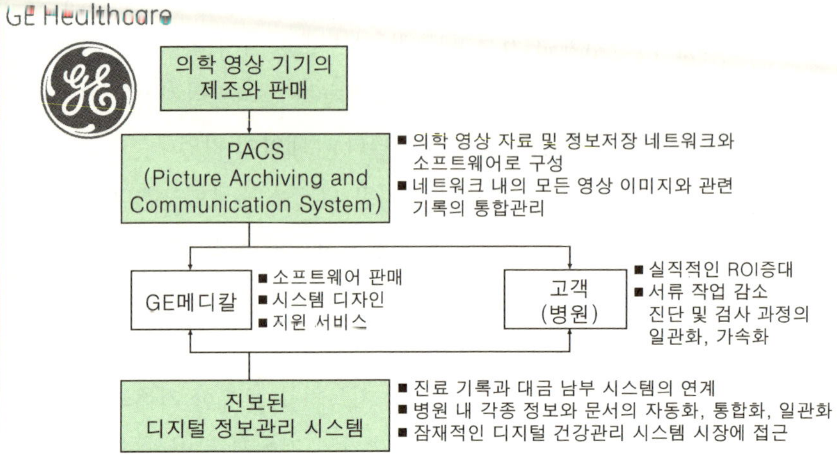

출처: Adrian Slywotzky and Richard Wise, How to Grow When Markets Don't, 2003

GE 메디컬 시스템(Medical System)은 의료기기의 단순 판매에서 한걸음 더 나아가 고객의 진료 정보라는 정보자산을 활용한 수요혁신을 달성했다. 즉 뛰어난 정보관리 기술을 기반으로 의학 영상자료를 전송하고 저장, 관리하는 의료영상저장전송시스템(PACS: Picture Archiving Communication System) 시장에 진출한 것이다.

PACS란 병원에서 진단한 의료영상을 디지털 방식으로 저장하고 그 내용을 지리적으로 멀리 떨어져 있는 여러 단말기로 전송하고 검색하는 데 필요한 기능 등을 통합적으로 처리하는 시스템을 지칭한다.

PACS 시스템이 구축되면 X-레이와 MRI 등으로 촬영한 의료영상을 아날로그 필름 대신 디지털 이미지로 변환해서 언제 어디서나 원할 때 볼 수 있게 된다. 시간과 장소에 관계없이 신속하고 정확한 환자상태 조회가 가능해져 진료효과가 극대화되고 진단이나 검사 후 진료 대기시간이 줄어들어 환자들의 의료 서비스 편의성도 향상된다.

더 나아가 환자의 영상자료의 영구적 보관을 통한 평생 의료관리가 가능해져 의료서비스의 질을 크게 향상시킬 수 있다. 뿐만 아니라 의료기관간 자료 전송도 용이해져 화상을 통한 원격진료를 가능케 하는 등 병원업무의 효율성도 극대화 할 수 있다. 궁극적으로 'u-헬스케어' 시대로 나아가는 핵심 시스템이라고 하겠다.

GE 메디컬 시스템은 기존의 하드웨어 판매에 더해 이러한 PACS 시스템을 설계하고 판매하며 지원하는 쪽으로 수요혁신을 모색하고 있다. 자신은 수익을 얻고, 병원과 환자는 서비스 개선과 편의를 얻는 윈윈(Win-Win) 솔루션이라고 하겠다. 더 나아가 진료기록과 대금납부 시스템의 연계, 병원내 각종 정보와 문서의 자동화, 통합화, 일관화를 통해 더욱 진보된 디지털 건강관리 시스템으로 발전을 계획하고 있다.

통신사, 드라마 · 영화로 영토 확장 '콘텐츠 리더'로 뜬다.

올해 상반기 '황진이' '주몽' '황금신부' 같은 TV 드라마가 시청률 고공행진을 할 때 방송사 말고도 웃는 곳이 있었다. 국내 최대 통신업체인 KT다. 이들 드라마는 모두 KT가 대주주인 드라마 제작사 올리브나인이 만든 것이다.

KT, SK텔레콤, 하나로텔레콤 등 통신사들이 콘텐츠 업계의 큰 손으로 떠올랐다. 불과 1, 2년 전 제작사를 인수하거나 펀드에 투자하는 방식으로 드라마, 영화 시장에 뛰어든 통신사들이 종합미디어 그룹 변신에 더욱 박차를 가하고 있다. 제작에서 한발 더 나아가 배급이나 유통까지 직접 맡아 콘텐츠 시장을 주도하겠다는 계획이다.

KT는 하반기에도 방송 프로그램 제작사를 추가 인수하거나 해외 콘텐츠 업체와 제휴하는 방안을 추진 중이다. 여건이 되면 드라마나 영화 배급시장에 직접 진출할 방침이다. KT는 2005년 인수한 영화제작사 싸이더스 FNH가 상반기 극장가에서 '눈부신 날에'나 '바람 피기 좋은 날' 등의 히트작을 낸 여세를 몰아 영화사업 확대를 모색하고 있는 것이다. (중략)

SK텔레콤 역시 콘텐츠 사업 확대 방침을 공공연히 밝히고 있다. 이 회사 조신 인터넷사업 부문장은 "드라마나 영화의 자체 제작 역량을 계속 키워 나가는 한편 다양한 콘텐츠를 확보하기 위해 모든 필요한 조치를 할 것"이라고 말했다. SK텔레콤은 지난해 '괴물'을 만든 영화제작사 청어람의 지분 30%를 인수한 데 이어 3개 음악펀드와 4개 영화펀드에 각각 300억 원과 200억 원을 투자했다. 또 종합 엔터테인먼트업체 iHQ를 통해 영화배우 김혜수, 김선아 등을 영입하면서 연예 매니지먼트 사업을 확대하고 있다. (후략)

출처: 중앙일보, 2007. 7. 2자

유무선 통신시장이 포화상태에 이르고 새로운 킬러앱(Killer Applications)의 전망도 요원해지자 KT와 SKT는 수요혁신을 통해 성장 활로를 모색하고 있다. 즉 콘텐츠를 실어 나르는 네트워크의 역할에서 한걸음 더 나아가 직접 콘텐츠 제작에 관여하고 있는 것이다.

요즘 할인점은 '금융회사'
보험판매는 기본, 대출상품도 취급

할인점에 가서 장을 보는 것은 물론 돈을 빌리고 보험에 가입할 수도 있게 됐다. 보험상품 판매에 나섰던 할인점이 이제는 대출상품 코너까지 마련하기 시작한 것이다.

현대캐피탈은 삼성테스코와 손잡고 8일부터 전국 43개 홈플러스 매장에서 직장인, 주부, 자영업자를 대상으로 한 신용대출 상품인 '홈플러스 신용대출 현대캐피탈 프라임론'을 판매한다. 이용 고객은 최저 연 7.4%의 금리로 최고 5000만 원까지 최장 48개월간 대출받을 수 있다. (중략)

홈플러스는 2004년 7월 동부화재의 자동차보험을 팔기 시작했으며 지난해 10월부터는 건강보험과 어린이보험도 판매하고 있다. 신세계 이마트도 4월 초 삼성화재와 제휴해 어린이보험, 의료보험, 자동차보험 등을 취급하고 있다. 이마트 관계자는 "자동차보험은 자동차뿐 아니라 도난, 화재, 가족의 일상생활 배상 책임까지 보상받을 수 있는 가정 종합보험이 결합된 상품"이라며 "보험료 할인제도가 적용돼 일반 가정의 종합보험에 가입하는 경우보다 8% 싸다"고 말했다. 이와 함께 롯데마트는 지난해 10월부터 자동차보험, 건강보험뿐 아니라 모기지론 형태의 아파트 담보 대출도 하고 있다.

유통업체 관계자는 "업계 내부의 경쟁이 너무 치열하다 보니 이종(異種)업체와 제휴해 돌파구를 찾는 것"이라며 "금융업계와 유통업계의 윈윈 사업 확대는 앞으로 더욱 가속화할 것"이라고 말했다. (후략)

출처: 중앙일보, 2006. 5. 8자

최근 할인점들에서는 금융상품 판매뿐만 아니라 카센터나 주유소 등까지 입점시키는 추세이다. 탄탄한 고객자산을 활용한 수요혁신 전략으로 이해할 수 있다.

성장의 열쇠

1. 수요혁신의 출발점은 고객이다.
2. 고객의 소비체인을 잘 관리하면 숨겨진 니즈가 보인다.
3. 수요혁신은 어느 산업, 어느 비즈니스에나 통용된다.
4. 고객 니즈 충족을 위해 잠재적인 무형자산을 활용하라.

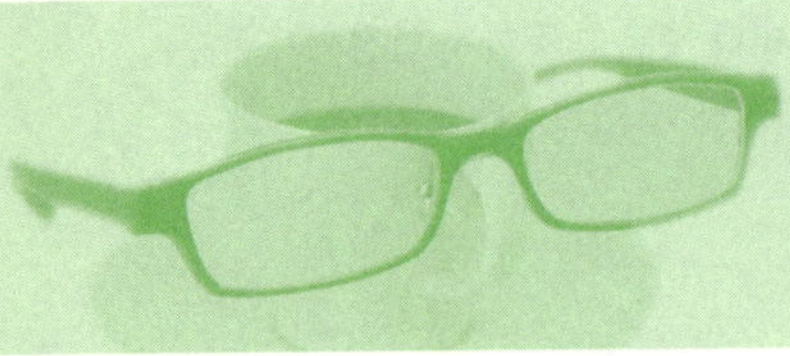

CHAPTER 07

감성자극을 통한 성장

맛과 멋, 어느 것이 우선인가?

만들기만 하면 팔리던 시대는 지났다.

기본적인 욕구와 기능적인 니즈를 충족시키는 것만으로는 부족하다.
고객의 숨은 감성을 일깨우고 자극할 수 있어야
새로운 성장지평이 열린다.

감성을 통해 성장할 수 있다

패스트푸드의 고급화

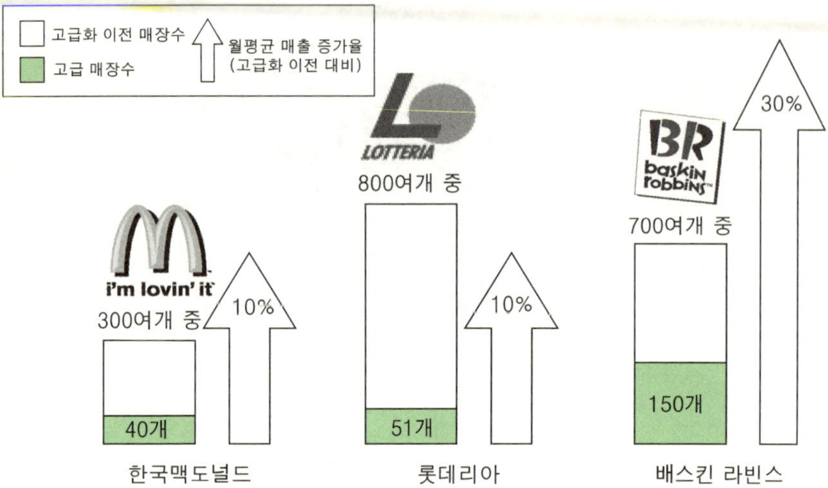

출처: 한국경제신문, 2007. 1. 24

지금까지 세상에 한번도 존재한 적이 없던 획기적인 성장 아이템을 찾아내기만 한다면 성공은 보장된다. 그러나 그것이 어디 쉬운 일이겠는가?

그보다는 기존 산업의 테두리 내에서 소비자들이 누려 왔던 효용에 새로운 부가가치를 덧붙이는 것이 상대적으로 리스크가 적은 성장전략이 될 수 있다. 최근의 소비자 심리와 트렌드에 비추어 볼 때 그 대표적인 방법은 기존 제품과 서비스에 '감성' 요소를 추가하는 것이다.

햄버거가 비만의 주범이라는 사실은 잘 알려져 있다. 나날이 늘어가는 뱃살의 공포를 경험했거나 혹은 경험 중인 고객이라면 햄버거를 외면하고 두려워하는 것이 당연하다. 그러나 감성이라는 요소가 들어가면 정크푸드(Junk Food) 햄버거가 프리미엄 푸드(Premium Food)로 변신할 수 있다.

웰빙(Well-being) 트렌드의 영향으로 매출 부진에 시달리던 패스트푸드업체들이 매장과 메뉴 고급화를 통해 부활 조짐을 보이고 있다. 매장 회전율 극대화라는 그간의 전략을 접고 객단가(客單價: 고객 1인당 매출액)를 높여 돌파구를 열고 있는 것이다. 즉 최대한 많은 고객들에게 최대한 빨리 정크푸드를 팔던 전략에서 벗어나 고객 한명 한명에게서 더 많은 부가가치를 창출한다는 전략으로의 궤도 수정이다.

메뉴 고급화를 위해 스타벅스(Starbucks)에 버금가는 프리미엄 커피나 고급 건강식 등을 추가하고 있으며, '카페형 매장'으로 고급화하면서 중장년 고객층을 확대하고 테이크인(Take-in) 매출을 늘리고 있다.

결국 고객의 감성에 호소함으로써 과거에는 지나쳤던 새로운 성장 기회를 발견하게 된 것이다. 물론 이것이 단순한 눈속임이거나 판촉 수단에 그쳐서는 안 될 것이다. 제품 자체를 고급화하려는 진실한 노력이 뒷받침되어야만 패스트푸트업계의 슬로푸드(Slow Food)화가 뿌리내릴 수 있다.

디지털 장단에 아날로그 추임새를 넣어라

디지로그의 부상

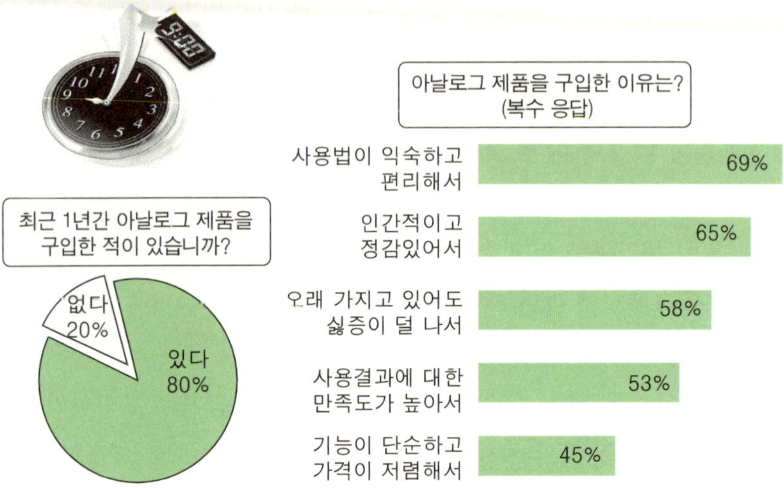

출처: 조선일보, 2005. 12. 3

디지털이 대세냐 아니냐는 더 이상 논쟁거리가 아니다. 이미 세상은 디지털 문턱을 넘어섰기 때문이다.

디지털 기술 덕분에 과거에는 상상할 수조차 없던 온갖 첨단 제품과 서비스들을 편리하게 이용할 수 있게 되었다. 그러나 세상을 편리함의 잣대로만 재단할 수는 없는 법. CD플레이어에 이어 MP3가 오디오 시장을 평정하고는 있지만 예전 턴테이블(Turn Table) 위에서 돌아가던 LP 음반의 독특한 매력에 미치지는 못한다.

이화여대 이어령 교수는 아날로그와 디지털로 양극화되는 세상을 넘어 '디지로그(Digilog: Digital + Analog)' 라는 정감 있고 온기 있는 디지털 문화를 만들어야 한다고 주장한다. 편리하지만 공허한 '디지털' 공간에 인간의 숨결이 담긴 '아날로그'를 불어넣자는 것이다.

현실에서도 아날로그에 대한 고객의 선호가 지속되고 있다. 최근 1년간 아날로그 제품을 구입한 적이 있느냐는 물음에는 80%의 고객이 그렇다고 대답했다. 또한 그 이유도 '익숙하고 편리하다(69%)', '인간적이고 정감있다(65%)', '오래 사용해도 싫증이 덜 난다(58%)' 등 과거의 것들에 대한 일시적 유행이나 변덕이라기보다는 상당히 일관되고 설득력 있는 것들이다.

이러한 디지로그의 추세 속에 정보통신업계에도 소비자의 향수와 추억을 자극하는 '복고 바람'이 일고 있다. 휴대폰의 경우 과거 대박 상품 반열에 올랐던 히트 모델들을 한 단계 업그레이드해 새롭게 선보임으로써 소비자들의 감성을 자극하고 있다. 디지털 카메라도 과거 수동식 필름 카메라만이 가지고 있던 특징들을 접목한 제품들이 인기를 얻고 있다. 결국 디지털 시대의 속도와 성능에 아날로그 시대의 인간미를 더한 새로운 '감성 하이브리드' 제품이 뜨고 있는 것이다.

할리 데이비드슨, 미국의 자부심을 탄다

할리 데이비드슨의 감성 마케팅

HOG (Harley Owners Group)

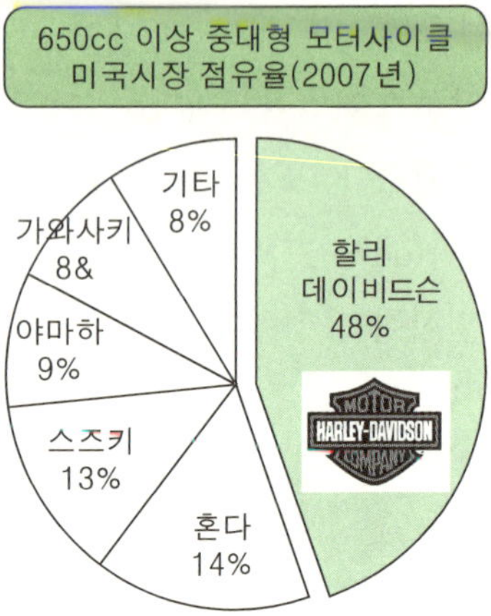

출처: Harley Davidson Annual Report, 2007

1903년, 21살의 윌리엄 할리(William Harley)와 20살의 아서 데이비드슨(Arthur Davidson)이 설립한 할리데이비드슨(Harley Davidson)은 미국 오토바이 시장을 개척한 업체이다.

창립 이후 줄곧 성장세를 이어오던 할리데이비드슨은 1980년대 초 혼다, 야마하 등 일본 업체들의 저가 공세로 시장점유율이 70%에서 5%까지 떨어지는 등 거의 파산 위기에 직면하게 된다. 이때 할리데이비드슨은 경량급 저가 모델을 포기하는 대신 전통적 기반의 고급형 중대형 모델(대당 1500~4000만 원)에 집중하면서 재도약의 전기를 마련한다.

할리데이비드슨의 성공 스토리는 창립 → 성장 → 위기 → 재도약의 전형적인 플롯을 따르기 때문에 일견 평이해 보일 수 있다. 그러나 핵심은 '재도약'을 가능케 했던 구체적 요인이 무엇이었냐는 것이다. 기술? 마케팅? 정부의 우호적 정책? 행운? 놀랍게도 그것은 '동호회'였다.

할리데이비드슨은 1983년 무렵 '자유'와 '저항정신'을 모토로 레이싱, 어드벤처 투어 등의 프로그램을 지원하며 HOG(Harley Owners Group)라는 동호회를 전략적으로 육성한다. '독수리는 홀로 비상한다(The Eagle Soars Alone)' 등의 가슴을 뛰게 하는 프레이즈와 남성다운 이미지에 대한 고객들의 반응은 폭발적이었다.

이들의 역할에 힘입어 할리데이비드슨은 미국적 감성을 대표하는 브랜드로 인식되게 되었고 성공적으로 회생할 수 있었다. 2007년 현재 할리데이비드슨의 매출은 57.3억 달러, 순익은 9.3억 달러에 달한다.

현재 HOG는 100개 이상 국가에 1370개 지부를 갖고 있으며 약 130만 명의 멤버가 활동하고 있다(한국 지부는 1999년에 출범했으며 2006년 현재 800여 명의 회원이 가입). 연회비 45달러를 내는 HOG 회원들의 열성은 상상을 초월한다. 연간 150회 가량 열리는 랠리(그룹 라이딩)에 참여하는 것은 물론 5년마다 열리는 정기 대규모 랠리에는 최대 5만 명 이상이 밀워키에 있는 할리데이비드슨 본사로 모여드는 장관을 연출한다.

농업은 이제 서비스업?

농촌을 관광상품화

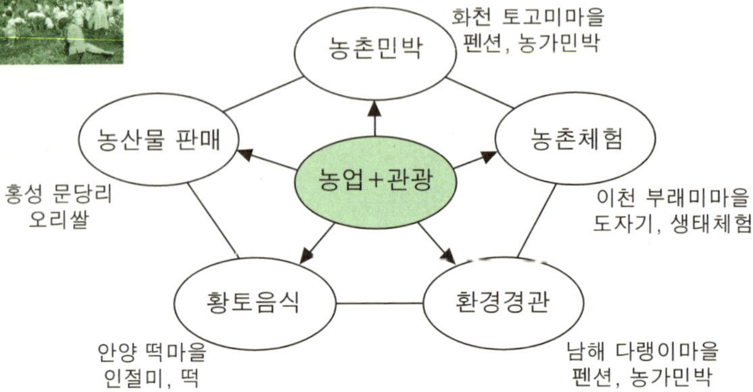

출처: 임영모, "국내산업의 재도약 방안: 0.5차 더하기", CEO Information, 삼성경제연구소, 2004. 6. 16

대부분의 도시인들에게 농촌은 이제 유년 시절의 추억의 공간이거나 명절 때의 의례적인 방문지로 퇴색하였다. 이런 추세라면 농촌이 완전히 붕괴되는 것은 시간문제이다.

그러나 산업융합(Convergence)의 관점에서 전통적으로 1차 산업인 농업에 관광이라는 3차 산업적 요소를 덧붙이면 새로운 성장의 가능성이 열린다. 즉 농촌에 대한 도시인들의 향수와 감성을 자극해서 농특산물과 향토 음식을 판매하고, 민박 시설을 제공하며, 농촌 체험이라는 관광 상품을 공급할 수 있는 것이다.

농촌은 이제 과거의 생산공간에서 새로운 휴양공간으로 변신하고 있다. 일례로 화천의 토고미 마을에서는 마을 한가운데의 폐교를 숙박시설로 개조해서 외부인들이 마을 주민들과 함께 농촌을 체험할 수 있도록 하고 있다. '토고미(土雇米)'라는 이름은 이 마을에 비옥한 논이 많아서 예로부터 이 마을에서는 품삯을 꼭 쌀로 받았다고 해서 붙여진 이름이라고 한다.

'부자되고 마음이 아름다워진다'는 의미의 이천 부래미(富來美) 마을에서는 지역의 특성을 살려 도자기를 비롯한 각종 생태체험을 제공하고 있다. 계단식 논으로 유명한 남해의 다랭이 마을도 1차 산업에 감성을 덧붙여 새로운 성장 기회를 모색하고 있다.

그 외에도 사례는 많다. 과거 국내 석탄 생산기지로 각광받았던 충남 보령, 강원 태백, 경북 문경 등의 폐광촌이 '옛 영화를 되살리겠다'며 관광도시로 탈바꿈하여 성공을 거두고 있다. 충남 보령의 폐광촌은 폐광에서 나오는 바람을 이용한 냉풍(冷風)욕장으로 변신하여 한해 10만여 명이 찾는 여름철 이색피서지로 인기를 끌고 있다.

경북 문경시는 10년 이상 방치된 폐철로에 관광용 철로자전거를 설치하여 성공을 거두고 있다. 강원 정선에서는 폐역사나 폐광산, 폐교를 활용한 10여 개 광산자료 박물관 건립을 계획하고 있다.

스타벅스에 가면 품격을 마셔라

스타벅스, 커피가 아니라 문화를 판다

〈스타벅스 매출 추이〉

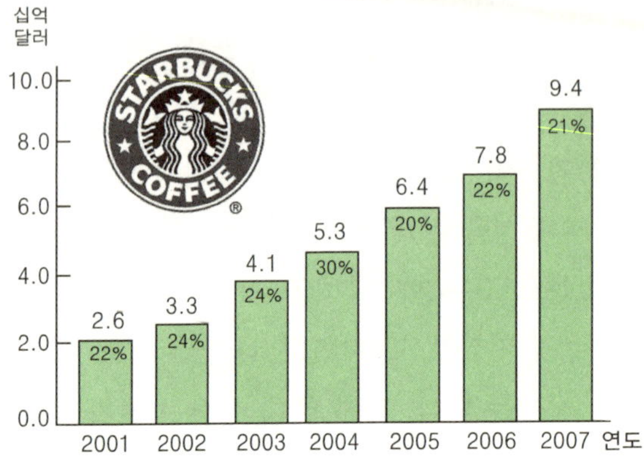

주: %는 전년 대비 성장률

출처: : Starbucks Annual Report, 각년도

1971년 미국 시애틀에 1호점을 개설한 스타벅스(Starbucks)는 단순한 커피 판매점이 아니다. 사무실과 집 사이에 누구의 방해도 받지 않고 여유를 누릴 수 있는 제3의 공간을 개척하여 소비자들의 감성에 어필한 사례이다.

스타벅스가 국내에 처음 진입한 1999년, 많은 사람들이 그 성공 가능성에 대해 회의적이었다. 사무실 이외의 대화 공간이 턱없이 부족했던 미국에서는 어땠을지 몰라도 한국에는 이미 다방과 카페 문화가 보편화되어 있었기 때문이다. 그러나 그 결과는?

눈깜짝할 사이에 '커피=스타벅스' 라는 등식이 성립하였고 스타벅스의 뒤를 이어 커피빈(Coffee Bean), 파스쿠치(Pascucci), 할리스(Hollys), 자바시티(Java City) 등 유사 커피전문점들이 시장을 석권해 버렸다. 이제 웬만한 대학가나 오피스 골목 모퉁이에서는 의례히 커피전문점 한 두 개는 발견할 수 있다. '별다방'이니 '콩다방'이니 하는 애칭까지도 더 이상 낯설지 않다.

그럼 그 많던 터미널다방, 길다방, 뮤직다방들은 다 어디로 간 걸까? '커피=문화'라는 인식에 있어서는 한국의 다방들이 앞섰던 것이 사실이다. 그러나 청결한 실내 분위기, 갓 볶아낸 고품질의 커피향, 바리스타(Barista)들의 친절하고 전문적인 서비스 등에 있어서(한 마디로 '품격'에 있어서) 스타벅스에 미치지 못했던 것이다.

2007년 현재 40개 국가에 총 1만5000여 개의 매장(직영 8500개, 라이센스 6500개)을 보유한 스타벅스는 매년 20%가 넘는 빠른 속도로 성장하고 있다. 2007년 매출은 94억 달러(전년 대비 20.9% 증가), 순익은 6.7억 달러(전년 대비 19.2% 증가)이다. 특히 미국 내 매출은 전년 대비 15.8% 증가에 그쳤지만 해외 매출은 25.9% 증가했음을 볼 때, 당분간 스타벅스의 글로벌 성장은 계속될 것으로 전망된다.

시계는 패션이다

스와치의 패션시계

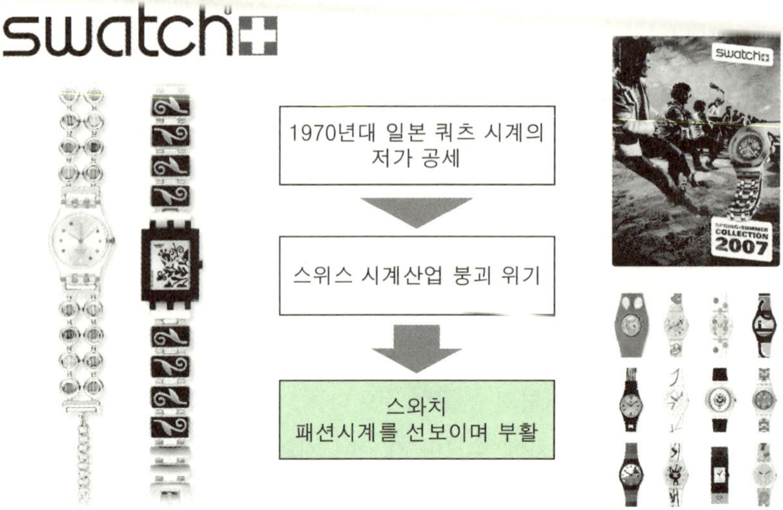

전통적으로 '시계'하면 스위스 시계가 최고로 인식되었다. 고급스러울 뿐만 아니라 고장이 적고 정확하다는 이미지까지 합쳐져서 한때 전세계 시계시장을 석권할 수 있었다.

그런데 1970년대 들어 쿼츠(Quartz: 수정진동자) 기술로 무장한 세이코(Seiko), 시티즌(Citizen), 카시오(Casio) 등 일본 업계의 대대적인 공세로 스위스 시계산업은 큰 위기에 직면한다. 당시 고가의 아날로그형 스위스 시계의 세계시장 점유율은 80%에서 25%로 폭락했고, 1600개에 달했던 스위스 시계업체의 절반 이상이 도산하는 초유의 사태를 맞게 된다. 스위스 시계 산업은 일본과 홍콩에 밀려 3위로 추락하고 만다.

그때 스위스 시계를 구한 것이 스와치(Swatch)였다. 1983년 출범한 스와치는 생산라인을 자동화하고 부품 수를 90~150개에서 51개로 줄이면서 일본업계의 저가 공세에 대응하게 된다. 특히 시계를 '시간을 재는 도구' 에서 '패션 액세서리'로 재규정하고 매일 똑같은 시계를 차야 한다는 고정관념을 깨뜨린 것이 결정적 역할을 했다.

'발랄하고(Youthful) 쾌활하고(Cheerful) 세련되고(Stylish) 도발적이며(Provocative), 거칠고(Wild) 종잡을 수 없는(Unpredictable)' 스와치 스타일은 젊은 층에게 집중 어필할 수 있었고, 1992년에는 연간 판매량 1억 개의 위업까지 달성한다. 현재까지도 스와치는 매년 2차례에 걸쳐 새로운 디자인의 패션시계 컬렉션을 선보이고 있다.

시간을 재는 도구에서 패션 아이템으로 변신했고 또 일부에서는 재력과 신분 과시용으로 이용되기도 하는 손목시계. 다음 번 키워드는 무엇일까? 실시간 건강체크, 무선 통신 단말, 개인 비서 등 새로운 용도가 등장할 수도 있고 아니면 기존의 여러 용도들이 집약되는 형태로 발전할 수도 있겠다. 한가지 확실한 것은 미래 소비자들의 마음을 읽고 새로운 감성 코드를 끄집어낼 수만 있다면 또 한번의 도약이 가능하다는 점이다.

술에 취하고 광고에 취한다

앱솔루트 보드카, 광고로 승부한다

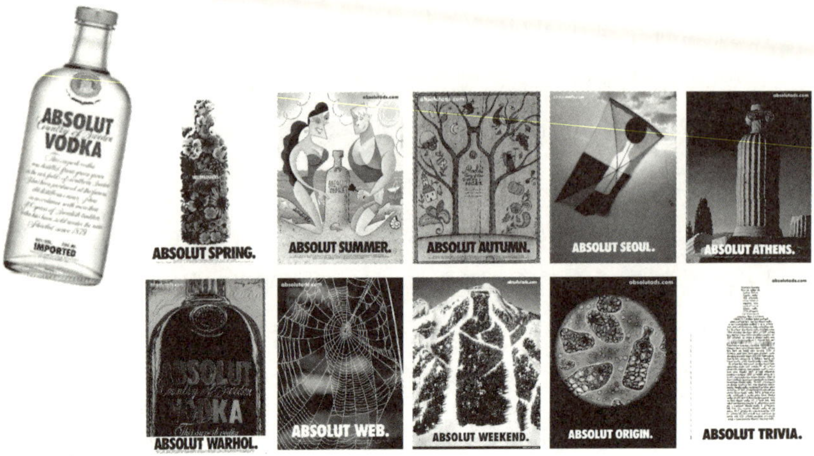

출처: Absolut Vodka Ads 사이트(www.absolutads.com)

보드카(Vodka)는 14~15세기부터 러시아에서 제조되었을 정도로 오랜 역사를 가진 술이다. 그 이름은 러시아어로 '물'을 뜻하는 낱말에서 유래되었다고 한다. 제정 러시아 시대에는 제조법이 비밀이었으나, 1918년부터 제조기술이 남유럽으로 전파되었고, 1933년 미국으로 건너간 뒤 세계적으로 알려졌다.

현재 보드카는 핀란드, 발트 3국, 폴란드 등에서도 생산이 되며, 그 종류도 Absolut(스웨덴), Finlandia(핀란드), Iceberg Vodka(캐나다), Panzer(독일), Smirnoff(미국), Wyborowa(폴란드) 등 매우 다양하다. 이 중에서 우리에게 가장 익숙한 것은 단연코 스웨덴 V&S 그룹에서 만드는 앱솔루트 보드카(Absolut Vodka)이다.

앱솔루트는 1879년에 출시되었으며, 바카디(Bacardi), 스미노프(Smirnoff)에 이어 세계 3위의 증류주 브랜드로 자리매김했으며 1979년 미국 시장에 진출한 이래 현재 126개국 시장에 진출해 있다.

사실 보드카는 흔하디 흔한 술이다. 그저 독하다는 것(알코올 도수 40~50도) 외에는 이렇다 할 차별화 포인트를 찾기도 쉽지 않다. 그러나 앱솔루트 보드카는 소비자의 감성에 어필하면서 차별화에 성공했다. 그 비결은 ① 안에 든 술이 더욱 맑아 보이게 하는 독특한 병 디자인, ② 전 세계 최고의 아티스트들을 동원한 독특한 광고, ③ 고급 미술품 전시회 스폰서링을 통한 프리미엄 고객 확보의 3가지로 축약된다.

앱솔루트 보드카 광고 갤러리(www.absolutads.com)에는 총 1233개의 기발하고 예술적인 광고 작품이 소개되어 있다. 세계 도시들을 테마로 한 광고 시리즈 속에는 한국의 연(鳶)을 묘사한 광고도 있다. 모든 광고 속 어딘가에 숨어 있는 앱솔루트의 독특한 병 모양을 찾아 보는 것도 색다른 재미이다.

도전과 모험을 판매하라

버진그룹, 상상을 현실로

여행,관광
- 기구여행
- 호주,미국 여행
- 나이지리아 여행
- 선세게 어행
- 홀리데이
- 리무진 임대
- 럭셔리 리조트
- 모터사이클 택시
- 프라이빗 여행
- 우주여행
- 기차

레저,오락
- 만화
- 소풍&체험
- 게임&도박
- 뮤직 페스티벌
- 레코드
- 스파 프랜차이즈 상품권,결혼식

사회,환경
- 자선 그이상(More than a Charity)
- 신재생 에너지
- 지구를구하자(Save the Earth)

쇼핑
- 서적
- 화장품&보석류
- 음료,와인
- 뮤직 다운로드
- 음악,영화&게임

미디어,통신
- 브로드밴드
- 디지털TV
- 가정용전화
- 이동전화
- 라디오,TV채널

건강
- 헬스클럽
- 건강관리
- 줄기세포

금융
- 신용카드
- 주택대부,보험
- 연금주택
- 개인대부

출처: 버진그룹 홈페이지(www.virgin.com)

'내가 상상하면 현실이 된다.' 괴짜 CEO로 알려진 버진(Virgin) 그룹 리처드 브랜슨(Branson) 회장의 말이다. 그가 이끄는 버진 그룹의 핵심 메시지는 도전과 모험이다.

1970년 런던 옥스퍼드 거리 구석의 작은 레코드 가게를 세계적인 거대 그룹으로 키워낸 브랜슨은 "완전한 처녀(Virgin), 즉 미지의 영역을 계속해서 발굴하여 발전시키는 것"이 꿈이라고 말한다.

그의 행보 자체가 그렇다. 항공사, 기차, 호텔, 온라인 게임, 결혼업체, 영화관, 방송 채널에서부터 콜라, 와인, 스파, 란제리, 이동통신 단말기, 주택 담보회사까지 손에 닿는 대로 사업을 확장하는 것 역시 '전략 사업 집중'을 내세우는 일반적인 경영 방식과는 거리가 있다. 대부분이 제휴 파트너 형식이지만, '버진'이라는 하나의 브랜드로 그가 손대고 있는 계열사만 30여 개국에 걸쳐 200여 개 이상이다.

사업 영역 자체도 입이 벌어질 일이지만, 그보다는 1985년부터 본격적으로 시작된 '리처드 브랜슨' 개인의 모험가적 기질이 버진 브랜드를 더욱 혁신적으로 비치게 한다. 그는 '버진 콜라'를 미국에서 출시할 때 직접 탱크를 몰고 타임스 광장에 들어가 코카콜라 간판에 대포를 쏘는 퍼포먼스를 벌였다.

1986년 자신의 보트 버진 애틀랜틱 챌린저 2호(Virgin Atlantic Challenger II)를 타고 대서양을 최단시간에 횡단하기도 했고, 1991년 버진 애틀랜틱 플라이어(Virgin Atlantic Flyer)라는 이름의 열기구를 타고 일본에서 캐나다까지 태평양을 횡단하기도 했다.

브랜슨은 "새로운 세계에 도전한다는 점에서 모험과 사업은 똑같다"고 말한다. 일과 인생 모두에서 '즐거움'을 최고의 가치로 여기는 그의 이러한 이미지에 힘입어 고객들은 버진 제품을 구매하면서 도전과 모험의 대리 만족을 느끼는 건지도 모른다.

차가운 가전, 감성을 입다

백색가전에서 감성가전의 시대로

과거 한국경제의 대표주자였던 가전산업도 기능을 강조하는 첨단가전, 웰빙을 강조하는 백색가전을 넘어 이제 감성가전의 시대로 접어들고 있다. 평생 한번 사용할까 말까한 불필요하고 복잡한 첨단 기능들, 전문 엔지니어들에게나 어울릴 법한 투박한 디자인에 소비자들이 염증을 느끼면서부터이다.

최근 히트했던 LG전자의 타임머신 TV만 해도 기술적으로는 기존의 디지털 TV에 녹화기능(DVR)을 더한 비교적 단순한 제품이다. 그러나 '생방송을 정지한다'는 감성적 어필을 통해 크게 히트할 수 있었다. 미국에서는 타임머신 TV가 '광고 건너뛰기'용으로도 큰 인기를 얻고 있다고 한다.

삼성전자의 보르도 TV도 와인 잔을 형상화한 감성적인 디자인으로 출시 15개월 만에 500만대 이상이 판매되는 기염을 토한 바 있다. 2007년에는 천만 대 판매를 돌파함으로써 텐밀리언셀러(Ten million seller) 기록을 달성하기도 했다.

LG전자의 대표 상품인 초콜릿폰은 2007년에 1500만 대가 판매되었다. 상품명에서 암시하듯이 기능보다 감성에 호소한 결과이다. 삼성전자의 이건희폰, 벤츠폰, 블루블랙도 각각 2003, 2004, 2005년에 텐밀리언 고지를 점령한 바 있다.

사내에 최고 디자인 책임자(CDO: Chief Design Officer)를 두는 기업도 늘고 있으며, 앙드레김 같은 전문적인 패션 디자이너가 가전제품 디자인에 참여하기도 한다. 결국 '감성'은 가격과 성능의 차원을 넘어서는 새로운 경쟁요소로 자리잡아 가고 있는 것이다. 지난 세기 브랜드 주권이 제조업체에서 대형 유통업체로 빠르게 넘어갔다면 앞으로는 디자인이 제조업을 주도하는 시대가 올 것으로 점쳐진다.

와인 한잔에 의미를 담다

보졸레누보, 기다리는 재미

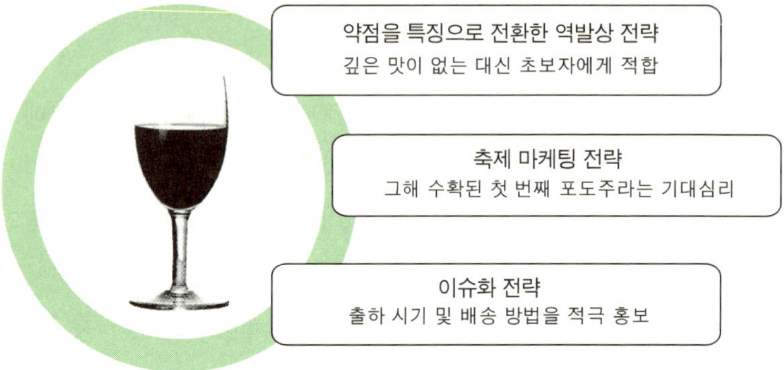

출처: 각종 매체 자료 종합

이제는 다소 식은 감도 있지만 한때 우리나라에서도 보졸레누보(Beaujolais Nouveau)라는 생소한 이름의 와인이 히트를 친 적이 있다. 보졸레누보는 와인이라는 상품에 문화적인 즐거움을 가미해서 성공한 경우이다.

본래 보졸레누보는 매년 늦가을 첫 수확을 자축하며 프랑스 보졸레 지방이나 리용의 작은 카페에서 동네 농부들이 마시거나 파리의 비스트로에서 막와인(Free-flowing Wine)으로 마시던 일개 지방의 대중적인 술이었다.

그러나 그해에 가장 먼저 출하된 햇포도주라는 사실을 활용하여 1951년부터 보졸레 지방의 와인 생산업자들은 출하시기를 매년 11월 15일로 일정하게 하고(1985년부터는 주말을 낀 축하행사를 유도하기 위해 매년 11월 셋째 목요일로 변경), 대대적인 프로모션을 시작했다. 물론 맛이 아니라 '의미'에 집중한 것이다.

장기 숙성 와인처럼 깊은 맛은 없으나 포도향이 진하고, 포도 특유의 떫은 맛이 거의 없기 때문에 와인 초보자들이 쉽게 접할 수 있다는 이점도 극대화했다. 약점을 강점으로 전환한 역발상 마케팅 전략인 것이다.

또한 그해 수확된 첫 번째 포도주를 마실 수 있다는 기대심리를 이용하여 1969년 이래 "Beaujolais Nouveau est arrive!(보졸레누보가 지금 막 도착했습니다!)"라는 슬로건과 함께 전세계 200여 국가에서 보졸레누보의 출하를 축제화하고 있다. 경주용 자동차, 헬리콥터, 비행기 등 가장 빠른 교통수단들을 이용하여 전 세계로 경쟁하듯 운송함으로써 매스컴의 이슈화를 유도하는 것도 빼놓지 않는다.

요컨대 보졸레누보의 성공은 마케팅과 홍보의 성공이며, 그 수단은 가격이나 맛이 아니라 감성이었던 것이다. 제품 자체의 가치는 떨어지더라도 감성 어필을 통해 충분히 고객에게 다가갈 수 있음을 보여주는 훌륭한 사례이다.

미국인이 콜라를 마시는 이유는?

뉴코크, 감성을 도외시한 성장추구의 결말

1980년대 펩시콜라의 대대적인 공세
(Pepsi Challenge)

↓ 미국 13개 도시에서 19만 명이 참가한 시음회 개최

1985년 4월, New Coke 출시

↓ 출시 후 78일간 40만 통의 항의 편지와 전화공세에 직면

실수를 사과하고 과거 맛으로 복귀
(Coca-Cola Classic)

청량음료의 대표격은 단연 콜라이다. 실험실에서 만들어낸 독특한 콜라의 맛을 대체할 수 있는 것은 찾아보기 힘들다. 특히 어렸을 때부터 햄버거나 피자와 함께 콜라를 마시며 자란 세대들은 오랜 시간이 지난 후에도 충성스런 고객으로 남게 된다. 그런데

흔히 맛과 가격으로 승부할 것으로 생각되는 콜라 시장에도 감성이 중요한 역할을 한 바 있다.

1980년대 초반 '신세대(New Generation)'을 슬로건으로 한 펩시콜라(Pepsi Cola)의 대대적 공세에 위협을 느낀 코카콜라는 1985년 4월, 기존의 콜라 맛을 버리고 새로운 맛의 뉴코크(New Coke)를 출시한다고 발표했다. 이것은 여러 해에 걸친 연구개발과 함께 지극히 과학적인 조사에 근거를 둔 것이었다. 2년 여에 걸쳐 400만 달러를 들인 마케팅 조사의 결과 소비자들이 기존의 코카콜라나 펩시콜라 대신 뉴코크 쪽에 손을 들어주었기 때문이다.

그런데 과학조차 놓친 것이 있었다. 소비자들이 코카콜라를 좋아했던 것은 맛 그 자체 보다는 2차대전의 전장에서도 미군들이 즐겨 마셨을 정도로 미국인의 정서에 깊이 각인된 이미지 때문이라는 점이다. 그리고 시음회에서 후보 음료 중 선택되지 못한 것은 영원히 시장에서 사라진다는 점을 사전에 충분히 공지하지 않은 것도 결정적 실수였다.

뉴코크 출시 후 미국의 소비자들은 "원래의 코카콜라를 돌려달라"고 격렬하게 항의했으며 결국 코카콜라는 자신의 실수를 인정할 수 밖에 없었다. 소비자들의 감성을 무시한 의사결정의 뼈아픈 결과였으며 1980년대를 통틀어 마케팅 역사상 최악의 실패 사례로 꼽히고 있다.

이러한 실책의 결과였을까? 2005년 코카콜라는 만년 2위였던 펩시콜라에게 순이익과 시가총액 모두에서 역전당하는 아픔을 겪게 된다.

아날로그의 반란
시계 · 달력 · 다이어리 · 카세트어학기… 기존 아날로그 제품 판매량 끗끗
소비자들 "더 인간적이고 정감 넘쳐"

(전략) "싸고 정확한 디지털 시계 대신 아날로그를 찾는 이유요? 글쎄요. 순간 순간 시간만 나타나는 디지털 시계에는 '현재'밖에 없지만, 12개의 시침이 있는 아날로그 시계에는 '과거'와 '미래'가 함께 나타나기 때문 아닐까요?"(로만손 오창록 팀장)

출판시장에서도 아날로그는 대세다. 일반 단행본 신간의 경우 전체의 5~10% 정도가 전자책(e북)으로 출간되고 있지만, 매출 면에서는 참담할 정도다. 전자 사전이 많이 팔린다고 요란하지만, 전자 사진 100개 팔릴 때 종이 사전도 90개는 팔린다. 1일 저녁 서울 충무로 인쇄소에는 밤 늦도록 기계 돌아가는 소리가 요란했다. 연말 특수를 겨냥한 광고 전단과 내년 달력 인쇄 주문이 가장 많다고 했다. 온라인 결제, 이메일 사용, 인터넷 광고 때문에 출판 · 인쇄소들이 문을 닫을 거라던 몇 년 전의 전망은 간 곳 없이 사라졌다. (중략)

전자 가계부를 제공하는 인터넷 사이트가 많지만, '종이 가계부'는 주부가 선호하는 여성 잡지 부록 1순위다. 대표적인 다이어리 브랜드인 프랭클린 플래너를 사용하는 소비자는 전세계 2100만 명에 이른다. 온라인 게임 열풍 속에서도 얼굴을 맞대고 노는 '블루 마블' 게임이 월 500개씩 팔린다. (후략)

출처: 조선일보, 2005. 12. 3자

0과 1로 양분되는 디지털 세계에 대한 반발일까. '느리게 살기'에 매혹되는 사람들이 늘고 있다. 더불어 '아날로그 비즈니스'도 빠른 속도로 성장하고 있다.

스타벅스 브랜드 지키려 7년 만에 중국 자금성 매장 문닫아

중국의 문화 자존심과 미국의 브랜드 자존심이 격돌했다. 베이징 고궁 박물관인 자금성에 매장을 운영하던 미국 커피 전문점 스타벅스를 둘러싼 얘기다.

스타벅스는 13일 20㎡(약 6평) 규모 자금성 매장의 문을 닫았다. 2000년 자금성 관리위원회 간부들의 축하를 받으며 매점을 연 지 7년 만이다. 중국 역사와 전통문화의 성지인 자금성에 서구문화의 상징인 스타벅스 매장이 존재하는 것을 그냥 둘 수 없다며 인터넷 등에서 시비를 붙는 일부 국수주의적 중국인들 때문에 한발 물러선 것이다.

그동안 자금성 관리위는 스타벅스 측에 '스타벅스' 브랜드를 사용하지 말고 다른 음료 매장처럼 '자금성' 브랜드를 사용할 것을 요구해 왔다. 미국 내 일부 대형 공원에서 판매되는 음료가 공원 브랜드를 사용하고 있는 사례에서 따온 것이다. 그러나 스타벅스는 폐점을 선택했다. 회사의 생명이나 다름없는 브랜드를 포기하면서까지 자금성에서 영업을 하진 않겠다는 경영층의 의지가 반영된 것이다. (중략)

본사가 시애틀에 있는 스타벅스는 1999년 1월 베이징에 중국 1호 점을 열었다. 이듬해에 문을 연 자금성 매장은 성내 37개 각종 점포 가운데 매출이 가장 많았던 것으로 알려졌다.

출처: 중앙일보, 2007. 7. 16자

감성에는 국적이 있다. 빠른 속도로 중국 내 매장을 확대해 가던 스타벅스도 '중화적 자존심'이라는 의외의 복병에 발목이 잡혔다. 실체가 없는 만큼 손에 잡기 힘들고, 또 변덕스럽기까지 한 것이 '감성'이다.

성장의 열쇠

1. 딱딱한 제품에 감성을 입히면 새로운 성장기회가 열린다.
2. 디지털 시대에도 아날로그적 감성이 어필한다.
3. 할리데이비드슨과 스타벅스는 자존심과 품격을 판다.
4. 스와치, 앱솔루트 보드카, 버진그룹, 보졸레누보의 성장전략을 주목하라.

CHAPTER 08

서비스 혁신을 통한 성장

에디슨은 잭 웰치에게 실망했을까?

눈에 보이고 손에 잡히는 것만이 전부는 아니다.

제품이 넘쳐 나는 과잉 생산의 시대에
적절한 서비스가 더해진다면
제품보다 더 큰 부가가치를 만들어 낼 수 있다.

GE는 서비스 기업이다

서비스를 향한 잭 웰치의 비전

"우리에게는 서비스가 너무나도 큰 기회이다.
따라서 다음 세기에 GE의 비전은 품질 좋은 제품을 판매하는
세계적인 서비스 기업이 되는 것이다."

– 잭 웰치, 1996년 연차보고서 –

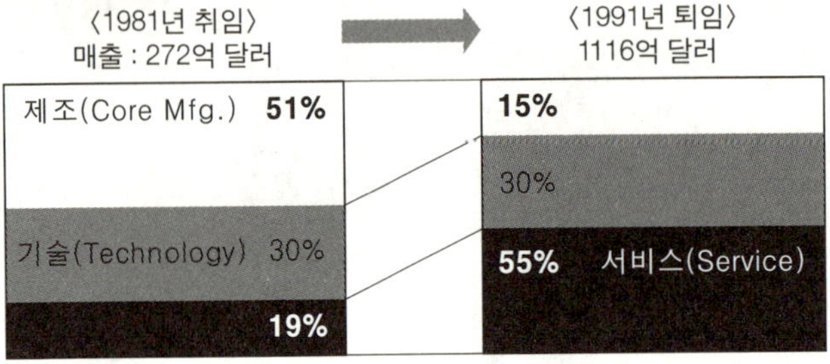

출처: GE Annual Report, 2006, 매체 보도자료

인류에게 밤을 선물한 사람은? 바로 전구를 발명한 토머스 에디슨(Thomas Edison)이다. 1878년 에디슨이 설립한 에디슨전기가 모태가 된 GE는 미국을 대표하는 제조업체로 꾸준히 성장해 왔다. GE는 1896년 미국 다우존스 공업지수에 포함되는데 이때 같이 포함되었던 12개 기업 중 현재까지 생존한 기업은 GE가 유일하다.

일찍부터 해외 진출에 나섰던 GE는 전세계 곳곳의 생산설비에서 수십만 종의 제품을 생산하는 명실상부한 제조업체였다. 그런데 1981년 회장에 취임한 잭 웰치(Jack Welch)는 GE의 사업구조를 제조업에서 서비스업 중심으로 전면적으로 개편하게 된다. 당시로서는 많은 논란을 불러 왔던 이 결정으로 인해 잭 웰치가 퇴임할 때까지 19년 동안 GE의 매출은 4.1배, 수익은 10배 이상, 기업가치는 70배 이상 증가할 수 있었다.

물론 기업의 운영과 성패를 오로지 한 가지 전략만으로 설명하는 데에는 무리가 따른다. 그러나 구체적인 수치를 들여다 보면 서비스 부문이 GE에 기여한 부분을 결코 간과할 수 없다. 1981년 당시 GE 전체 매출의 51%를 차지했던 제조부문은 1999년에는 15%로 그 비중이 축소되었다. 반면 금융과 방송 등 서비스 부문은 같은 기간 비중이 19%에서 55%로 대폭 증가하였던 것이다.

2007년 현재 GE의 서비스 부문은 엔지니어링 서비스, TV방송 서비스, 금융 서비스(소비자금융, 기업금융, 부동산, 자산관리와 리스, 모기지 등)를 포함하고 있다.

물론 이 구성은 앞으로 서비스 부문에서 새로운 사업기회가 발견된다면 언제든지 바뀔 것이다. 중요한 것은 잭 웰치가 선언했던 대로 이제 GE는 '고품질의 제품도 판매하는 글로벌 서비스기업(A global service company that also sells high-quality products)' 으로 변신했다는 사실이다.

서비스, 죽어가는 공룡을 살리다

IBM의 서비스 전략

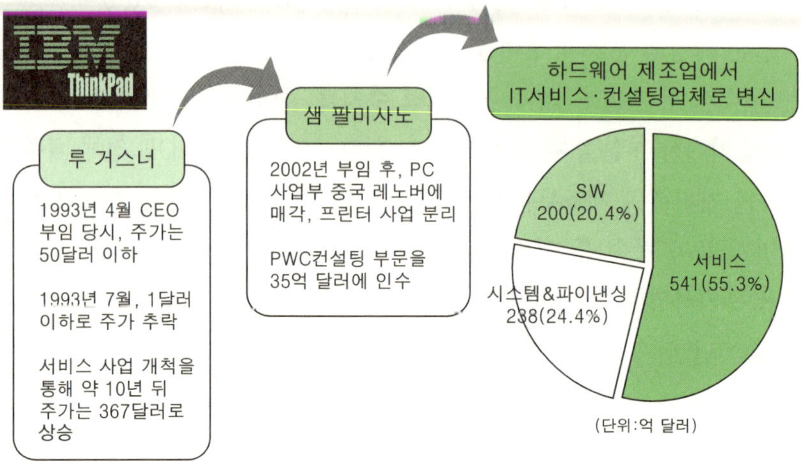

출처: IBM Annual Report, 2007

1914년 토머스 왓슨(Thomas Watson)이 설립한 IBM은 1980년대까지 빅블루(Big Blue)라는 애칭에 걸맞게 미국의 초우량기업으로 전성기를 구가했다. 그러나 시대의 흐름을 잘못 읽은 데다가 비대해진 몸집이 따라주지 못했던 까닭에 위기를 자초하게 된다.

메인프레임(Mainframe, 대형 컴퓨터)에 과도하게 집착하는 바람에 개인용 컴퓨터(PC: Personal Computer)의 부상에 늑장 대응했고, 그마저 PC의 핵심이라고 할 수 있는 운영체제는 마이크로소프트(Microsoft)에, 마이크로칩은 인텔(Intel)에 아웃소싱하는 치명적 실수를 저지른다.

메인프레임 시장은 퇴조하고 급부상하는 PC 시장에서는 뒤쳐지는 바람에 거대 공룡 IBM이 몰락하는 것은 아닌가 하는 우려가 제기되었다. 1991년부터 3년간 손실액이 160억 달러에 달했고 주가는 1986년 175달러에서 1993년 50달러로까지 떨어졌다.

그러나 쇠퇴해가던 공룡은 화려하게 부활하였고 그 주역은 1993년 부임한 루 거스너(Louis Gerstner), 그리고 그 뒤를 이어 2003년에 부임한 샘 팔미사노(Sam Palmisano)였다. 그들이 사용했던 비장의 무기는? 바로 제품에서 서비스로의 초점 전환이었다.

IBM은 PC나 하드디스크 드라이브와 같은 범용성 제조분야에서 철수하는 대신 서비스지향형 아키텍처(SOA: Service-oriented Architecture), 주문형 정보(Information on demand), 비즈니스 프로세스 서비스, 개방형 모듈 시스템 등에 투자함으로써 고부가 서비스 분야에 집중하게 된다. 궁극적으로 기업 전략수립 컨설팅에서 업무 프로세스 개선, IT 솔루션 개발 및 구축까지 커버하는 토털 서비스 제공 회사로의 변신을 꾀하고 있다.

2007년 현재 IBM의 매출은 988억 달러(전년 대비 8.1% 증가), 순익은 104억 달러(전년 대비 10.6% 증가)이다. 부문별 매출 구성을 보면 글로벌 서비스(기술 및 비즈니스 서비스)가 55.3%를 점유하고 있다.

왜 서비스하려 하는가?

제조업체의 서비스 진출 전략

경쟁우위의 원천

	제품 보호 및 강화	별도 서비스 확장
규모의 경제	■ 애플의 음악 다운로드 버시스(아이튠스) ■ 오티스 엘리베이터의 원격감시·제어 서비스 ■ GM 온스타의 자동차 원격진단	■ 카디넬헬스의 병원 재고관리 서비스 ■ 신시내티벨(Cincinnati Bell)의 빌링 서비스 ■ IBM의 데이터센터 아웃소싱
스킬의 경제	■ 시스콘의 네트워크 통합 및 유지보수 서비스 ■ EMC의 스토리지 관리 및 유지보수 서비스 ■ SAP의 통합 서비스	■ 신시내티벨의 콜센터 관리 서비스 ■ GE의 항공기 엔진 유지보수 ■ GE 헬스케어의 병원설비 지원 및 진단 서비스

전략적 동기

출처: Byron G. Auguste, Eric P. Harmon and Vivek Pandit, "The right service strategies for product companies," The McKinsey Quarterly, Number 1, 2006

제품(Product)의 범용화(Commoditization)가 가속화되고 경쟁이 격화되면서 제조업체의 서비스 부문 진출이 더욱 중요해지고 있다. 이를 위해서는 우선 서비스업에 진출하려는 전략적 목적(Strategic Intent)과 서비스 부문에서의 경쟁우위의 원천

(Source of Competitive Advantage)을 어떻게 설정할 것인지를 명확히 해야 한다.

우선 전략적 동기가 중요한데 서비스 부문을 독자적인 성장사업으로 키울 것인지 혹은 기존의 제조부문의 입지 강화를 위한 보조 역할로 활용할 것인지에 따라 그에 상응하는 전략, 전술, 조직구조를 다르게 설계해야 한다. 전략적 동기가 불분명할 경우 서비스 사업을 통해 수익을 얻기는커녕 기존의 제조 부문과 불필요한 갈등만 초래하게 된다.

다음으로 중요한 것은 서비스 부문에서의 경쟁우위의 원천이다. 규모(Scale)에 기반한 서비스인지, 혹은 기술(Skill)에 기반한 서비스인지를 사전에 명확히 해야 그에 맞는 전략 구사가 가능하다.

예를 들어 애플(Apple)의 아이튠스(iTunes) 서비스는 자사의 MP3 플레이어인 아이팟(iPod)의 가치를 높이기 위한 것이며 고객 측면의 규모의 경제가 중요하다. 반면 시스코(Cisco)의 유지보수 서비스는 자사의 인터넷 네트워킹 제품의 판매 확대를 위한 것이긴 하지만 규모의 경제 대신 높은 수준의 기술적 전문성을 필요로 하는 것이다.

서비스를 별도의 수익원으로 활용하는 경우에도 카디널헬스(Cardinal Health)의 병원 재고관리 서비스는 기술보다는 규모의 경제를 더 필요로 하는 반면, GE의 항공기 엔진 유지보수 서비스는 기술적 전문성이 더 요구된다.

전략적 동기와 경쟁우위의 원천을 파악한 후에는 그에 맞게 구체적인 서비스 가격, 판매, 유통전략과 조직설계가 필요하다.

판매 후 서비스에도 주목하라

애프터마켓 서비스 모델

서비스 우선순위	비즈니스 모델	사례	제품 소유자
없음	수명 종료 및 업그레이드, 필요 시 폐기	면도날	고객
낮음	필요 시 수리비용	TV	고객
중간-높음	필요 시 고정요금(Warranty)	PC	고객
중간-높음	일정시간 동안 고정요금, 제품구매 옵션	자동차	제조업자 리스회사
높음	비용 및 사전협의된 미진에 기초한 고정요금	건설	고객
매우 높음	제품성능에 따른 요금	항공기	고객
매우 높음	시간당 서비스 이용료	항공기 엔진	제조업자 서비스 제공자

출처: Morris A. Cohen, Narendra Agrawal and Vipul Agrawal, Winning in the Aftermarket, Harvard Business Review, May, 2006

애프터마켓 서비스(Aftermarket Service: 판매 후 서비스)도 관심을 갖고 지켜볼 만한 분야이다. 과거에는 주로 제품 판매를 보완하기 위한 부가 서비스 정도로 인식되었다면 이제는 그 자체가 독립적인 수익 사업으로 부상하고 있다.

일반적으로 애프터마켓 서비스에는 제품 판매 후 수리, 업그레이드,

검사, 유지보수, 기술지원, 컨설팅 · 훈련, 금융주선 등이 모두 포함되는데, 애버딘 그룹(Aberdeen Group)의 조사에 의하면 2005년 미국의 애프터마켓 서비스 시장규모는 미국 GDP의 8%에 육박했다고 한다.

애프터마켓 서비스는 제품 수명주기 전(全) 기간 동안 안전한 수입원이 될 수 있다. 제품이 완전히 폐기되기 직전까지 수명단계별로 필요한 서비스들이 있기 때문이다. 또한 경쟁사 대비 확실한 차별화 수단이 될 수 있으며, 고객 특성과 행태에 대한 정보 획득의 수단이 될 수도 있다.

반면 과거로부터 현재까지 생산한 모든 제품의 부품을 보유하고 있어야 한다는 점, 사전 예측이 어려운 서비스 요청에 대해 항상 준비 상태에 있어야 한다는 점, 그리고 제품 판매지역 전체에 걸쳐 서비스 센터를 운영해야 한다는 점 등이 부담으로 작용할 수 있다.

앞 그림에서 보듯이 애프터마켓 서비스도 제품의 가격, 성격, 관행 등에 따라 다양한 비즈니스 모델을 가지고 운영할 수 있다. TV나 PC의 경우에는 고장 등이 발생하여 사후 서비스가 필요한 경우에만 별도의 요금을 청구하는 방식의 비즈니스 모델이 적합하다. 반면 자동차 리스의 경우에는 이용시간에 비례한 서비스 요금 청구가 더 적합할 것이다.

더 나아가 건설, 항공기, 항공기 엔진 등의 경우에는 가격이 워낙 고가일 뿐 아니라 서비스 이용에 따른 혜택에 불확실성이 내재하기 때문에 서비스 제공자와 이용자가 위험을 적절히 나눠서 부담하는 형태의 서비스 계약이 가능하다.

애프터마켓 서비스도 차별화하라

애프터마켓 서비스 유형

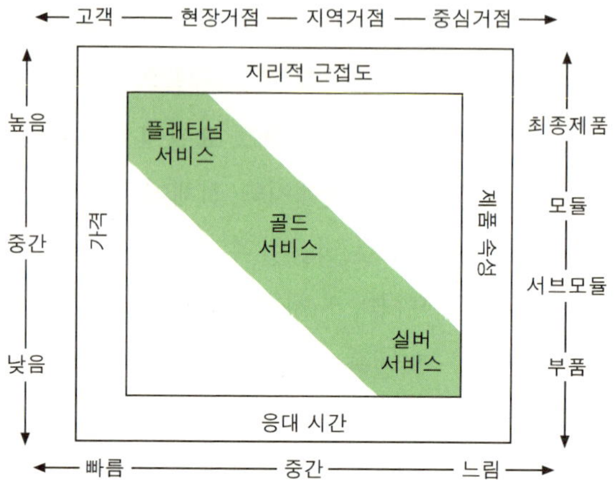

출처: Morris A. Cohen, Narendra Agrawal and Vipul Agrawal, Winning in the Aftermarket, Harvard Business Review, May, 2006

경쟁에 임하는 두 가지 전략은 '더 싸게(원가우위 전략)' 혹은 '더 튀게(차별화 전략)'이다. 제조업체들이 경쟁적으로 애프터마켓을 공략함에 따라 애프터마켓 서비스에도 차별화가 필요하다. 위 그림에서 보듯이 구체적으로 제품 속성, 지리적 근접도, 가격, 응대 시간 등에서 차별화가 가능하다.

우선 제품 속성(Product Hierarchy)에 있어서는 최종 완제품에 대한 토털 서비스인지 아니면 문제를 일으킨 특정 모듈이나 부품에 대한 제한된 서비스인지를 구별해야 한다. 고객 입장에서는 물론 토털 서비스를 선호할 것이지만 대신 거기에 상응하는 비용을 지불해야 한다.

지리적 근접도(Geographical Hierarchy)에 있어서는 고객이 소재하는 장소까지 서비스 요원이 직접 방문하여 픽업, 수리, 배송을 하는 것인지 아니면 몇몇 지역거점이나 중앙거점으로 고객이 직접 제품을 들고 가서 서비스를 받아야 하는 것인지가 구분된다. 여기에 따라 서비스 발생장소를 고객사이트-현장거점-지역거점-중심거점으로 나누어 볼 수 있다.

응대 시간(Response Time)에 있어서도 특정 고객에 대한 서비스에 얼마나 높은 우선순위가 부여되는지에 따라 빠름-중간-느림으로 구분이 가능하다.

고객들에게 최종적으로 제공되는 서비스 형태는 이러한 여러 가지 서비스 속성들이 결합된 '패키지형'이 될 것이다. 한쪽 극단에는 높은 서비스 요금을 부과하는 대신 고객 접점에서 최대한 신속하고 완벽하게 토털 서비스를 제공하는 '플래티넘(Platinum) 서비스'가 있다. 반대쪽 극단에는 요금은 저렴한 반면 서비스 대기 시간이 길고 고객이 직접 움직여야 하며 전체 제품이 아닌 일부 모듈과 부품에 대해서 제한적으로 서비스가 이루어지는 '실버(Silver) 서비스'가 있다. 그리고 플래티넘과 실버 서비스의 중간 정도에 '골드(Gold) 서비스'를 둘 수 있다.

서비스가 서비스를 낳다

대한항공 정비사업 급성장

KOREAN AIR

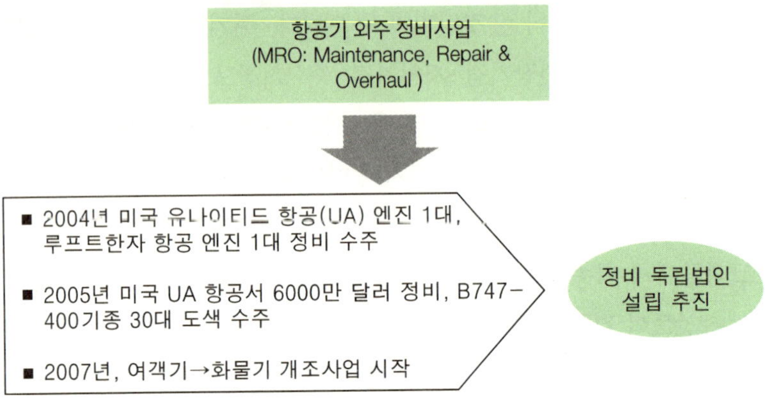

출처: 한국경제신문, 2005. 7. 9 / 대한항공 정비본부 홈페이지(mro.koreanair.co.kr)

서비스 부문 진출은 제조업체만의 전유물은 아니다. 서비스를 본업으로 하고 있는 업체라도 기존 서비스를 보완하거나 새로운 수익원 확보를 목적으로 새로운 파생 서비스를 얼마든지 만들어 낼 수 있다.

2004년 국제 항공화물 운송 순위에서 독일의 루프트한자(Lufthansa)

를 제치고 세계 1위에 오른 대한항공. 2007년 기준 전체 126대의 항공기(여객기 103대, 화물기 23대)를 가지고 2300만 명의 승객과 230만 톤의 화물을 수송했으며, 매출 8.8조원, 영업이익 6400억 원을 기록했다. 여기에 그치지 않고 대한항공은 '항공기 정비(MRO: Maintenance, Repair and Overhaul)'라는 새로운 서비스 분야를 노크하고 있다.

항공기 정비사업은 엔진 정비비가 비행기 1대당 150만~200만 달러, 도색은 30만 달러에 이르는 고부가가치 사업이다. 2005년 기준 전세계 시장 규모는 600억 달러에 육박한다(이중 엔진정비 시장이 30~35%를 점유한다).

대한항공의 정비사업 진출은 자체 정비인력과 설비를 활용하기 때문에 리스크를 크게 낮출 수 있다. 현재 대한항공은 연간 130여 대의 엔진 정비가 가능한데 자체 물량 90~100대를 제하고 나머지 여유 자원을 당장 외주 정비에 활용할 수 있다고 한다.

이미 2004년에 미국의 유나이티드 항공사(United Airlines)의 항공기 엔진 1대와 루프트한자 항공기 엔진 1대의 정비를 수주한 바 있다. 2005년에도 유나이티드 항공사로부터 6000만 달러 상당의 정비 물량(연 1200만 달러, 5년 재계약 조건)과 B747-400 기종 30대의 도색주문(800만 달러 규모)을 받았다.

또한 2007년에는 노후된 여객기를 화물기로 개조하는 사업도 시작했다. 자체적으로 신형 항공기 구입 비용을 절감하는 것은 물론 외부 수주까지도 가능한 유망한 서비스 사업이 될 것으로 기대된다.

체계적인 서비스 전략이 필요하다

서비스-기회 매트릭스

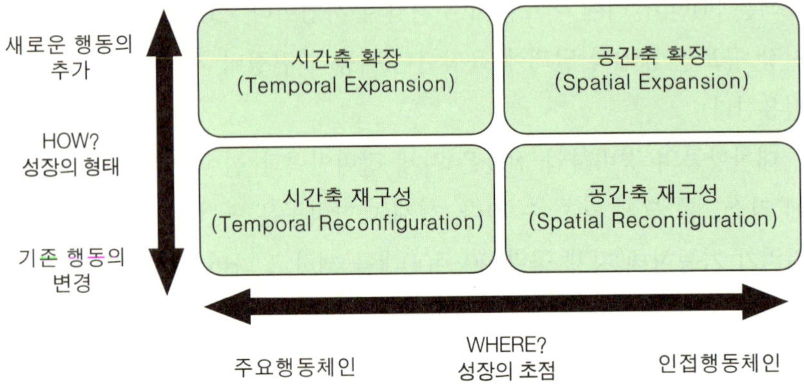

출처: Mohanbir Sawhney, Sridhar Balasubramanian and Vish V, Krishnana, "Creating Growth with Services," MIT Sloan Management Review, 2004 Winter

서비스를 통한 성장전략 수립을 위해서는 시장을 제품의 관점이 아니라 소비자 행동(Activity)의 관점에서 관찰해야 한다. 즉 실제 고객 입장에서 제품을 구매해서 최종적으로 소비하기까지 어떤 과정을 거치고, 어떤 불편을 느끼는지를 생각해 보는 것이 중요하다. 이때 유용한 틀 중의 하나가 위 그림에 표현된 서비스-기회 매트릭스(Service-Opportunity Matrix)이다.

그림의 가로축은 성장의 초점을 소비자들의 주요 행동체인과 인접 행동체인 중 어디에 둘 것인가를 나타낸다(서비스 도입 포인트). 여기서 '주요 행동체인'은 해당 제품의 구매 및 소비와 직결 행동을 의미하며 그렇지 않은 행동은 '인접 행동체인'이다.

세로축은 성장의 형태로 새로운 행동고리를 추가할 것인지 혹은 기존 행동체인에 변경을 가할 것인지를 나타낸다(서비스 도입 형태). 가로축과 세로축을 따라 총 4개의 서비스 진출 전략을 도출할 수 있다.

설명을 쉽게 하기 위해 와인을 판매하는 사업을 생각해 보자. 우선 기존의 주요 행동체인은 소비자들이 와인숍을 방문하여 원하는 와인을 고르는 것이다. 최근에는 전문 소믈리에를 두고 용도에 맞는 와인을 추천해 준다든지 특수 제작된 상자에 와인을 포장해 주는 서비스가 눈에 띄는데, 이것은 그림에서 '시간축 확장'의 한 예라고 하겠다.

또한 일부 와인숍들은 매장 내에 간이 바(Bar)를 설치하여 와인을 직접 마실 수 있게 하는 곳도 있는데, 이것은 '시간축 재구성'의 한 예이다.

한편 와인숍 내에서 각종 와인 잔과 코르크 스크루, 스토퍼, 디캔터 등을 같이 판매하는 것은 '공간축 확장'의 예이고, 와인과 와인 도구들을 세트화해서 판매하는 것은 '공간축 재구성'의 예라고 하겠다.

시간축을 따라 서비스를 추가하라

코닥의 시간축 확장

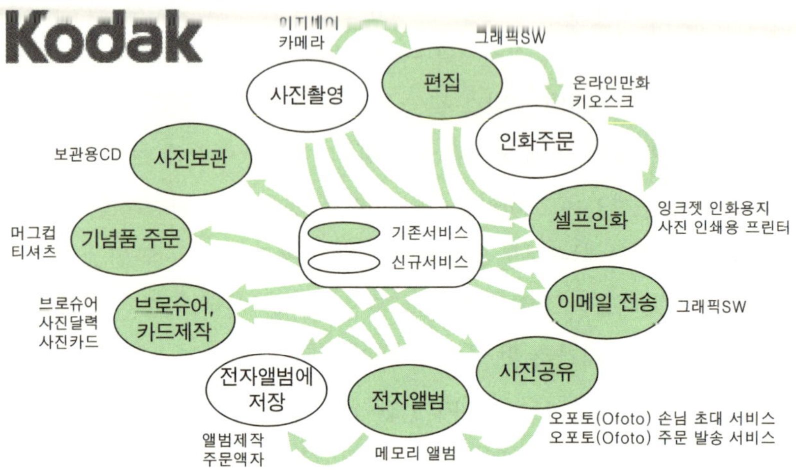

출처: Mohanbir Sawhney, Sridhar Balasubramanian and Vish V.Krishnana, "Creating Growth with Services," MIT Sloan Management Review, 2004 Winter

고객의 행동 체인을 따라 서비스를 추가하는 방법은 제품 판매 전후 단계에 서비스를 추가하는 방법, 제품 판매와 동시에 서비스를 추가하는 방법, 그리고 제품 기능 향상을 위해 업데이트 서비스를 추가하는 방법 등을 고려해 볼 수 있다.

코닥(Kodak)은 1880년 은행원이던 조지 이스트먼(George Eastman)

이 사상 처음으로 유리판 필름을 발명하면서 설립되었다. 코닥은 사진 촬영에서 인화까지의 복잡한 화학과정을 누구나 사용할 수 있는 기계 하나에 압축하여 사진촬영 경험을 일반 소비자의 손에 쥐어 주었다. 한때 제약업까지 사업을 확장했던 코닥의 1984년 직원수는 무려 14만5000명. GE 등과 함께 미국을 대표하는 다우지수의 30대 기업에 포함되기도 했다.

그러나 코닥은 1980년대 이후 디지털 기술의 부상을 깨닫지 못하고 서서히 내리막길을 걷게 된다. 1990년대 중반에 뒤늦게 디지털 사업에 뛰어들지만 전성기의 영광에 집착해 기존의 필름카메라 사업을 오히려 확대하는 우(愚)를 저지른다. 대세와는 정반대로 간 것이다.

이렇듯 디지털 기술의 등장에 뒤처졌던 코닥이 새로운 변신을 모색하고 있다. 디지털 영상기술의 등장에 맞춰 '추억관리와 공유(Managing and Sharing Memories)'의 관점에서 다양한 디지털 서비스를 제공하고 있는 것이다.

코닥은 사진을 촬영해서 여러가지 형태로 활용하고 보관하는 주요 행동체인을 대상으로 기존의 아날로그 시대에는 불가능했던 셀프 인화, 이메일 전송, 사진 공유, 전자앨범 제작 등의 서비스를 제공하고 있다.

조지 이스트먼이 1888년 최초의 아날로그 카메라를 출시하며 했던 말대로 "고객들은 카메라 셔터만 누르면 되고 나머지는 코닥이 다 알아서 하겠다(You press the button, We do the rest)"는 슬로건이 디지털 시대에 비로소 구현될 수 있을지 두고 볼 일이다.

공간축을 따라 서비스를 추가하라

GM의 공간축 확장

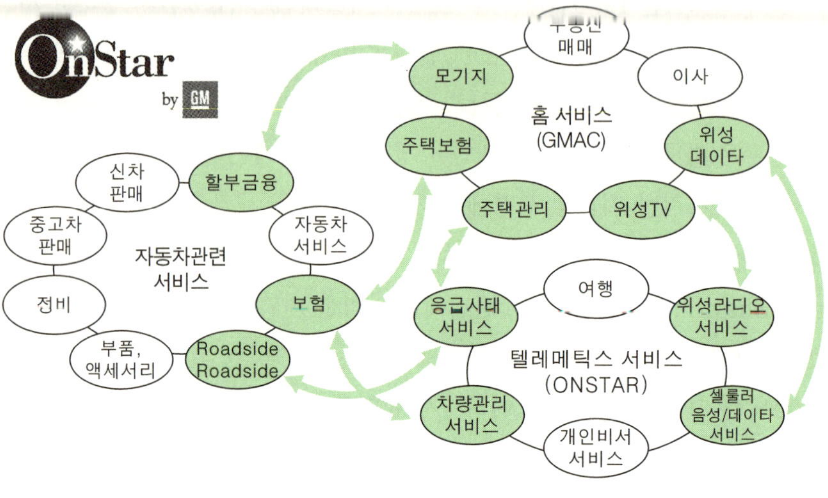

출처: Mohanbir Sawhney, Sridhar Balasubramanian and Vish V.Krishnana, "Creating Growth with Services," MIT Sloan Management Review, 2004 Winter

공간축을 따라 서비스를 추가하는 방법에는 제품을 플랫폼으로 해서 관련 서비스를 추가하거나 기존 고객 집단을 활용하여 새로운 서비스를 판매하는 방법 등이 있다. GM의 경우 기존의 자동차 구매자 집단을 대상으로 다양한 서비스를 추가하고 있다.

GM은 본래 자동차 조립 및 판매뿐만 아니라 자동차 할부, 보험, 정비,

중고차 판매 등 자동차 구매 및 이용과 직접 관련된 여러 서비스들을 제공해 왔다. 여기서 더 나아가 할부금융 자회사인 GMAC(GM Acceptance Corporation)를 통해 자동차 소유주들의 다양한 홈서비스 분야를 개척하고 있다[GMAC는 본래 GM이 100% 소유한 자회사였으나 2006년 자동차 부문 실적부진을 만회하기 위해 51%의 지분(140억 달러 상당)을 서버러스(Cerberus) 사모펀드에 매각한 바 있다].

또한 GM 온스타(On Star)를 통해 더 안전하고 편안한 자동차 이용을 가능케 하는 텔레매틱스(Telematics) 서비스 등 인접한 여러 서비스들로 영역을 넓혀 가고 있다.

이 중 홈서비스는 지금까지 부동산 개발회사의 영역이었던 것을 흡수한 것인데, 부동산 매매, 이사, 위성 데이터, 위성 TV, 주택관리, 주택보험, 모기지 등의 서비스를 포괄한다. 텔레매틱스 서비스는 과거에는 기술적으로 불가능했던 것을 IT기술을 활용하여 가능케 한 것인데, 여행, 위성 라디오, 무선 음성 · 데이터, 개인 비서, 차량 관리, 응급사태 서비스 등으로 이루어진다(온스타 서비스는 6장의 수요혁신을 통한 성장전략에서 이미 설명한 바 있다).

2007년 GM의 총 매출은 1811억 달러인데 이중 금융 · 보험 등 서비스 부문이 차지하는 매출은 29억 달러(1.6%) 수준이다 (2006년에는 총 매출 2056억 달러 중 서비스 부문이 344억 달러를 기록하며 16.7%를 점유한 바 있다).

고객의 경험 한계를 초월하라

시공간 재구성을 통한 서비스 혁신

시간축 재구성 방법		공간축 재구성 방법	
고객의 커스터마이제이션 부담 경감	(ex)델, 기업고객 전산자원 관리 서비스	보완 서비스들을 통합 제공	(ex)픽스러너, '영화+피자' 서비스
고객의 스토리지 부담 경감	(ex)일부 세탁소의 의류 보관 서비스	브랜드 밸류를 활용하여 추가 서비스 제공	(ex)존디어, 조경업자 대상 금융 서비스
고객의 재고관리 부담경감	(ex)P&G, VMI 서비스	서비스 제공 방법을 변형	(ex)스미스 고제너레이션, 플로팅(Floating)발전소
고객의 비핵심 분야 대행	(ex)솔렉트론, EMS 및 A/S, 콜센터 서비스	제품구매 방법을 변형	(ex)커피 배달 서비스

출처: Mohanbir Sawhney, Sridhar Balasubramanian and Vish V.Krishnana, "Creating Growth with Services," MIT Sloan Management Review, 2004 Winter

기존에는 별개의 사업자들로부터 제각각 제공되던 서비스를 결합하거나, 혹은 기존에는 고객이 꿈꾸지 못했던 서비스를 추가하게 되면 새로운 부가가치를 만들어 낼 수 있다.

구체적으로 주요 행동체인을 대상으로 고객의 부담을 경감시켜 줌으로써 시간축을 재구성할 수도 있고, 인접 행동체인을 대상으로 기존에는 존재하지 않았던 별도의 새로운 서비스를 추가함으로써 공간축을 재구성할 수도 있다.

우선 시간축 재구성 방법을 살펴 보면, 기존에는 고객들이 스스로 해결하든지 다른 사업자를 통해 해결해야만 했던 부분들을 커버해 줌으로써 고객의 부담을 줄여 줄 수 있다. 델(Dell)은 기업 고객들의 전산자원 커스터마이제이션(Customization) 부담을 줄여 주고 있고, 일반 세탁소라면 옷 보관 서비스를 통해 고객들의 스토리지 부담을 줄여 줄 수 있다.

P&G는 VMI(Vendor-ManaGed Inventory) 제도를 통해 고객들의 재고관리 부담을 줄여 주고 있고, 전문생산업체인 솔렉트론(Solectron)은 EMS(Electronic Manufacturing Service)를 통해 고객들의 제품 제조 부담을 줄여주고 있다.

공간축 재구성 방법을 보면, 영화 비디오와 피자의 경우처럼 상호 보완되는 서비스들을 통합해서 제공할 수도 있고, 미국 조경장비업체인 존 디어(John Deere)처럼 기존의 브랜드 밸류를 활용하여 새로운 서비스들을 추가할 수도 있다. 이동식(Floating) 발전소와 같이 서비스가 제공되는 방법을 변형할 수도 있고, 커피 배달 서비스처럼 제품이 구매되는 방법을 변형할 수도 있다.

이처럼 서비스가 제공되는 시간축과 공간축을 재구성하는 것은 고객들의 부담을 줄여주고 새로운 가치를 제공함으로써 새로운 성장 원천이 될 수 있는 것이다.

남편 · 아내 · 자식 빼곤 다 빌려쓴다
소비패턴 변화, 렌털시장 13조원대 급팽창

경기 광명시에 사는 회사원 이기환씨(33). 그의 집에 있는 주요 생활용품의 절반은 '남의 것' 이다. 대당 100만~200만원짜리인 정수기와 비데 연수기는 월 2만~3만원씩에 빌려 사용하고 있다, 최근엔 6개월 예정으로 러닝머신을 월 6만원에 임대했다. 세살배기 아들의 놀이용품도 대부분 빌려서 쓴다. 실내용 미끄럼틀, 그네 등을 4주에 2만원씩 주고 매달 바꿔가며 사용한다. 아들이 태어난 뒤 1년 동안 이용한 유아용 침대도 월 1만원짜리 렌털 제품이었다.

이씨의 부인인 이모씨(29)도 동창회 등에 갈 땐 명품 핸드백을 2만~3만원에 빌려 멋을 내곤 한다. 이씨는 "유행이 빠르게 변하는 만큼 잘못 사면 짐만 된다"고 말했다. 이씨처럼 '아내(남편)와 자식 빼고는 모두 빌린다' 는 식의 렌털 지향형 소비패턴이 보편적 생활 문화로 확산되고 있다.

구매보다는 임대를 선호하는 '렌털족' 이 급증하면서 렌털시장이 급팽창하고 있다. 한국렌털협회와 관련 업계에 따르면 2000년대 초 이후 정수기 자동차 헬스장비 등 중장기 고가 렌털 제품은 물론 중고명품 한복 등 단기 대여상품 시장은 매년 20~30% 이상 성장하고 있는 것으로 추정된다. 건설중장비 등 산업형 제품까지 합칠 경우 올해 국내 렌털시장 규모는 총 13조여 원으로 2000년대 초의 2배에 달할 것으로 업계는 분석하고 있다. (후략)

출처: 한국경제신문, 2005. 11. 29자

상대적으로 서비스 부문이 취약한 국내에서도 최근 렌털 시장을 중심으로 서비스 부문이 확대되고 있다. 그 범위도 각종 인테리어 소품에서부터 결혼식 하객 대여에 이르기까지 급속히 확장되는 추세이다.

도시철도공사 택배업 진출
수도권 모든 지하철역 영업소로 활용

서울도시철도공사가 사업다각화 차원에서 택배업에 진출할 방침이다. 제타룡 도시철도공사 사장은 "지하철을 이용한 택배사업에 진출하기 위해 지하철택배 시스템에 대한 특허를 지난 8월 초에 제출한 상태"라며 "택배업 외에도 임대사업 등 사업다각화를 적극적으로 추진할 방침"이라고 지난달 30일 밝혔다. (중략)

도시철도공사가 구상하고 있는 택배업은 시민의 발로 활용되는 지하철을 기존 택배회사의 택배차량처럼 이용하는 것. 수도권 전역에서 받은 택배물을 자기 노선을 제외하고는 5호선 열차로 집결시켜 재분류한 다음 11개 환승역을 통해 목적지 노선에 전달하는 방식이다. 수도권에 있는 모든 역을 영업소로 활용해 역세권 주변의 택배물을 받아 배송하는 업무를 담당하게 된다. 각 역마다 설치된 영업소에서 실버인력이나 아르바이트 학생을 모집해 이들이 자장면이나 피자를 배달하듯 객차에서 내린 택배상자를 각 가정에 배달하는 형태다.

도시철도공사는 지하철사업 자체가 운송업이라는 점에서 택배업을 하는 데는 전혀 법적인 문제는 없다고 설명했다. 따라서 특허승인이 떨어지는 대로 택배업무를 전담할 자회사를 설립해 기존 택배회사와 컨소시엄을 구성한 뒤 내년부터 본격적으로 택배사업에 뛰어들 계획이다.

도시철도공사는 앞으로 KTX와 지방지하철공사와도 연계해 전국적으로 물류이동이 1일 이내에 이뤄지도록 하는 등 택배사업을 전국으로 확대할 방침이다.

출처: 매일경제, 2005. 9. 1자

수도권 도심 곳곳을 거미줄처럼 연결하는 지하철 네트워크는 활용 여지가 많은 자산이다. 특히 열악한 육상 교통여건을 감안하면 소화물 배송에 있어서 분명한 비교우위를 가질 것으로 점쳐진다.

성장의 열쇠

1. GE는 제품도 잘 만드는 서비스 기업이다.
2. 서비스 혁신은 신음하던 공룡, IBM을 회생시켰다.
3. 서비스 진출의 전략적 동기와 경쟁우위의 원천을 명확히 해야 한다.
4. 서비스 조직 · 설계 · 실행상의 리스크를 재점검하라.

CHAPTER 09

와해성 혁신을 통한 성장

골리앗이 덩치 값 하려면?

정면 승부는 최악의 선택이다.

아무리 민첩하고 뛰어난 신참 기업도
기존 기업들의 텃세를 당해낼 수는 없다.
그보다는 방비가 허술한 뒷마당부터 파고들어야 한다.

초우량 기업의 아킬레스건은?

초우량 기업들의 쇠락

크리스텐센 교수

시어스 로벅	할인 판매점에 의해 시장 지배력 상실
IBM	메인프레임보다 기술적으로 훨씬 쉬운 미니 컴퓨터 시장 놓침
DEC	미니컴퓨터 시장을 창출하였으나, PC로의 진입기회를 놓침
애플	PC 시장을 창출하였으나, 노트북 시장으로의 진입기회를 놓침
제록스	대형복사기 시장을 주도했으나 소형복사기의 수익기회를 놓침

↓

공통된 실패 원인은?

"어느 날 어린 소년이 시장에 등장한다. 소년이 만약 거인이 관리하는 '최우수 고객'에게 제품을 판매하려고 한다면 거인은 소년을 짓밟을 것이다. 하지만 소년이 저가 시장에서부터 제품을 팔기 시작한다면? 거인은 기꺼이 이 시장을 내놓을 것이다. '어차피 수익도 나지 않을 시장 그냥 줘 버리지 뭐…'라는 생각으로.

저가 시장에서 시작한 소년은 거인이 모르는 사이에 수익이 높은 고가 시장을 향해 무럭무럭 자라나기 시작한다. 거인이 소년으로 인해 위협을 느끼게 될 즈음, 이미 때는 늦었다. 소년은 이미 거인보다 더 커져 버렸다."(조선일보 2007. 3. 24)

영원한 강자는 없다. 미국 백화점 업계의 강자였던 시어스로벅(Sears Roebuck)을 휘청거리게 한 것은 그 전까지만 해도 대수롭지 않게 여겨졌던 K마트나 월마트 같은 할인점들이었다. 당대의 블루칩이었던 IBM을 위기에 빠트린 것은 미니컴퓨터로 무장한 DEC(Digital Equipment Corp.)였고, DEC는 다시 PC를 들고 혜성같이 등장한 컴팩(Compaq)에 의해 무너지게 된다. 복사기 시장을 창출했던 제록스(Xerox)도 일본의 후발업체들에게 시장을 빼앗기게 된다.

고객의 요구에 민첩하게 반응하고 신기술에 대해 공격적으로 투자하는 등 혁신을 지속해 왔던 초우량 기업들이 어느 날 갑자기 시장지배력을 잃어버리는 것은 왜인가?

'경영학계의 아인슈타인' 으로 불리는 하버드 대학의 크리스텐센(Clayton M. Christensen) 교수는 초우량 기업들의 쇠락을 설명하는 새로운 시각을 제공한다. 즉 이들이 미래에 자신을 와해시킬지도 모르는 하위 기술들의 움직임에 대해 충분한 주의를 기울이지 않았기 때문이라는 것이다.

크리스텐센 교수의 이러한 지적은 기존기업과 신생기업들의 차별화된 성장전략 모색에 큰 시사점을 준다.

다 같은 기술혁신이 아니다

기술혁신의 유형

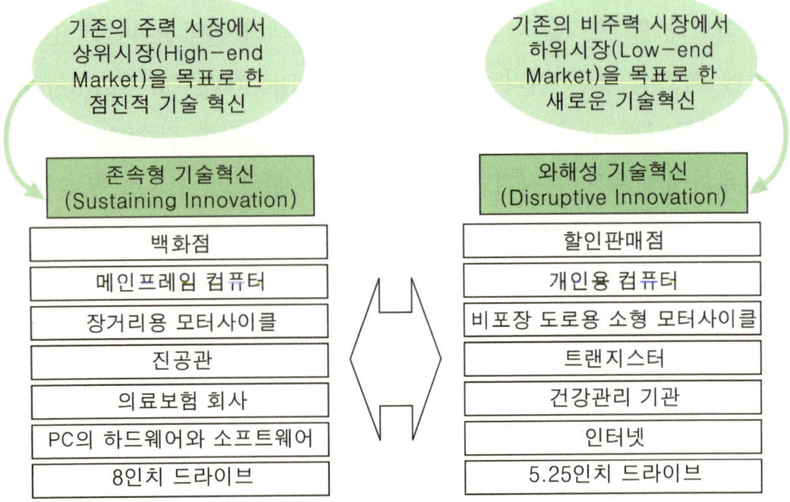

한 시대를 풍미했던 초우량 기업들이 변변찮은 신생기업들에게 자리를 내어 주게 되는 현상을 설명하는 데에는 '혁신(Innovation)'의 개념이 유용하다.

겉으로 드러나는 현상에만 집착하면 초우량 기업의 몰락은 미스터리 혹은 아이러니로만 보인다. 그러나 '혁신'이라는 렌즈를 통해 전체 산업을 체계적이고 엄격하게 바라보게 되면 제대로 훈련받지 못한 눈으로는 볼 수 없는 강력한 통찰력을 얻을 수 있다.

기술혁신에는 2가지 유형이 있다. 우선 존속성 기술혁신(Sustaining Innovation)이다. 이것은 기존 시장에서의 주력 제품의 성능 향상과 관련된 혁신으로 통상 점진적 기술진보의 성격을 띤다. 기존의 거대기업들이 대규모 고객들을 상대로 더 나은 제품을 선보이는 과정이 여기에 해당된다.

다음은 와해성 기술혁신(Disruptive Innovation)이다. 주력시장이 요구하는 성능에는 못 미치지만 전혀 다른 속성을 요구하는 새로운 시장을 충족시키는 혁신이다. 와해성 혁신제품은 일반적으로 기존 제품에 비해 저렴하고(Cheap) 작고(Small) 단순하며(Simple) 사용하기 편리하다(Convenient)는 특징이 있다.

피터 드러커(Peter Drucker)에 의하면 후발 기업이 선발 기업을 이기기 위해서는 제품 혹은 서비스가 최소 10배는 더 훌륭해야 한다고 한다. 혁신의 관점에서 이 말은 존속성 혁신에 해당하는 말이다. 와해성 혁신의 경우에는 오히려 후발주자가 더 유리한 위치에 설 수 있게 된다.

크리스텐센 교수의 말대로 "와해성 혁신이란 듣지도, 보지도 못한 제품을 개발한다기보다는 고객들이 하고 싶었지만 못했던 일을 가능하게 해주는 것이다." 그렇기 때문에 와해성 혁신에 있어서는 순수한 의미의 기술혁신보다 사업모델의 혁신이 더 중요할 수 있다.

하드디스크, 역전에 역전을 거듭하다

하드디스크 산업에서의 기술혁신

	크기	선도기업	응용분야
1956년	24인치	IBM	메인프레임
1960년	14인치	메모렉스, 암페스, 컨트롤데이터 등	메인프레임
1978년	8인치	슈가트, 프리엄, 마이크로폴리스, 퀀텀 등	미니컴퓨터
1980년	5.25인치	시게이트, 컴퓨터메모리스, 인터내셔널메모리스 등	데스크탑PC
1987년	3.5인치	IBM, 시게이트, 퀀텀, 맥스터 등	노트북PC
1990년	2.5인치	IBM, 후지쓰, 도시바 등	노트북PC
1993년	1.8인치	HP 등	의료기기

출처: Clayton M. Christensen, The Innovator's Dilemma, 1997

기술과 시장구조의 변화가 매우 빨랐던 하드디스크(Hard Disk) 산업은 선도기업의 실패 원인 분석에 매우 유용한 시사점을 준다.

1950년대 중반 하드디스크 드라이브가 처음 개발된 이후 최근까지 총 6번에 걸친 기술 변화와 시장분할이 있었다. 특히 하드디스크의 세대 교체를 초래했던 가장 큰 기술적 변화는 드라이브의 크기였다. 물론 각 시기마다 디스크의 기록밀도나 헤드의 개선에도 막대한 투자가 이루어졌으나, 실질적으로 세대 교체에 영향을 미친 유일한 요인은 드라이브의 크기였다.

초창기 24인치에서 출발하여 14인치를 거쳐 8인치로 축소된 하드디스크 드라이브는 PC가 본격적으로 보급되면서 5.25인치 → 3.5 인치 → 2.5 인치 → 1.8 인치로 더욱 작아지게 된다.

그런데 여기서 주목할 것은 이러한 세대 교체의 과정에서 기존의 선도기업이 후발기업에게 시장을 잠식당하는 일이 되풀이되었다는 것이다. 사실상 다음 세대의 기술은 그 이전 세대의 선도기업에서 개발된 경우가 대부분이다. 즉 8인치 드라이브는 14인치 드라이브의 선도기업인 메모렉스(Memorex)에서 개발되었고, 5.25 인치는 8인치 업체인 마이크로폴리스(Micropolis)에서 개발되었다.

그럼에도 불구하고 6번에 걸친 기술변화의 와중에서 선도기업이 다음 세대까지 그 지배적 위치를 유지할 수 있었던 경우는 단 2번 뿐이었다. 왜 선도기업은 애써 개발한 새로운 무기를 제대로 휘둘러 보지도 못하고 무너져야만 했을까?

크리스텐센 교수는 '선도기업의 딜레마(Innovator's Dilemma)' 에서 그 답을 찾는다. 제 아무리 탄탄한 선도기업이라고 할지라도 와해성 혁신으로 무장하고 시장을 공격해 들어오는 신생기업에게는 십중팔구 무릎을 꿇게 된다는 것이다.

선도기업의 말 못할 아픔은?

와해성 신규기업의 시장 잠식 경로

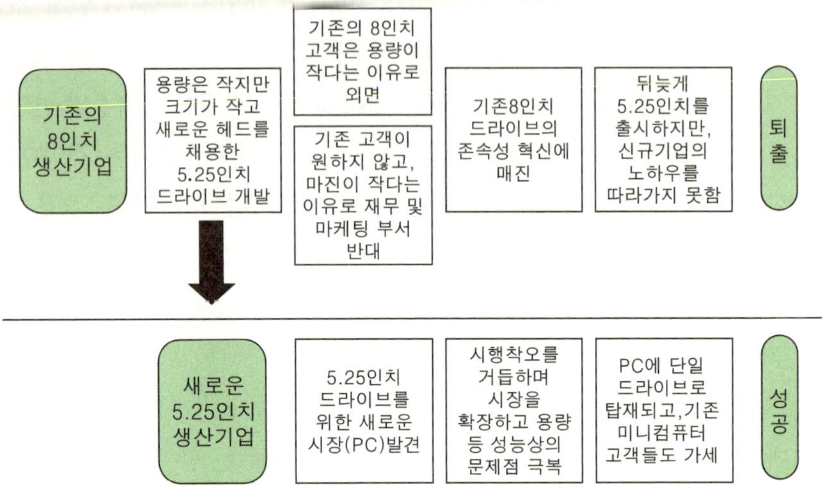

출처: Clayton M. Christensen, The Innovator's Dilemma, 1997

과거의 성공이 내일의 변화에 짐이 될 수 있다. 존속형 혁신에 있어서는 기존 기업들이 선발자의 우위(First Mover Advantage)로 인해 후발 기업들에 비해 승산이 높다.

그러나 제아무리 기반이 잘 닦인 기업이더라도 와해성 혁신 앞에서는 속수무책이다. 기존의 고(高)마진 시장에 대한 집착 때문에 와해성 기업이 목표로 하는 저급(Low-end) 시장에는 쉽사리 눈길이 가지 않기 때문이다.

와해성 후발 기업은 비록 수익성은 떨어지더라도 선도기업이 기꺼이 포기하는 저급시장에 안전하게 안착할 수 있다. 5.25인치 드라이브가 처음 개발되었을 당시 주력 시장인 미니컴퓨터 대신 새롭게 부상하는 PC시장에서 처음으로 채택되었다. 그러나 PC 시장에 성공적으로 안착한 5.25인치 기술은 시행착오를 거듭하면서 점진적으로 성능이 향상되었고 결국에는 PC뿐만 아니라 미니컴퓨터 시장까지도 잠식하게 된다.

미니 컴퓨터 시장을 독차지했던 기존의 8인치 드라이브 기업들이 뒤늦게 상황을 깨달았을 때에는 이미 5.25인치업체와의 기술격차가 한참이나 벌어진 뒤였다.

이러한 선도기업의 딜레마는 어느 산업에나 적용된다. 하드디스크 드라이브와는 전혀 성격이 다른 철강분야에서도 마찬가지다. 1970년대 미국의 뉴코어(Nucor)는 고철을 녹여 철근 같은 저품질의 강재를 만드는 미니밀(Mini-mill) 기술을 가지고 시장에 진입하였다. 당시 시장을 장악하고 있던 US스틸이나 베들레헴스틸 같은 일관밀(Integrated Mill) 업체들은 건축 자재나 파이프와 같은 저수익 시장을 가벼이 보고 미련없이 양보하였다.

그러나 그 후 미니밀 기술이 개선되면서 일관밀이 점유하고 있던 고급재 시장까지 속속 잠식하게 된다. 결국 선도기업의 합리적(Rational)이되 근시안적(Myopic)인 의사결정이 미래의 재앙을 잉태하게 되는 것이다.

알면서도 당한다

오버슈팅과 와해성 기술의 진입

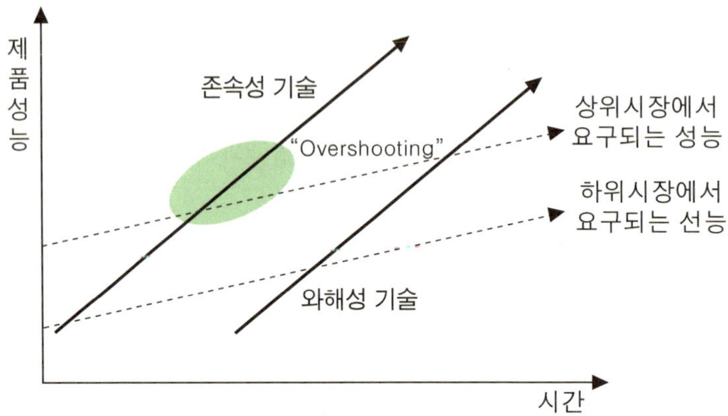

출처: Clayton M. Christensen, The Innovator's Dilemma, 1997

잘 알려진 광고 한 토막. 1876년, 알렉산더 그레이엄 벨(Alexander Graham Bell)이 자신이 발명한 전화기를 들고 당시 세계 최고의 통신회사였던 웨스턴유니언(Western Union)을 방문한다. 웨스턴유니언의 경영진들은 벨의 전화기를 '장난감' 취급하며 비웃는다.

어떤 신기술의 가치를 정확히 꿰뚫어 보는 데에는 미래에 대한 통찰과 혜안이 필요하다. 그런데 웨스턴 유니언의 경영자들은 광고에서처럼 그렇게 어리석었던 것일까? 결코 그렇지 않다는 것이 크리스텐센 교수의 지적이다. 비록 그들이 '장난감'의 위력을 잘 알고 있었다 해도 그들에게는 내일의 '장난감'보다 더 중요한 오늘의 고객이 있었던 것이다.

와해성 혁신으로 무장한 신생기업이 존속성 혁신에 여념이 없는 기존의 지배기업들을 굴복시키는 과정을 보자. 우선 상위 시장(High-end Market)에서의 치열한 기술개발의 결과 기술적 성능이 시장의 요구 수준보다 더욱 빨리 발전하는 경우가 종종 발생한다. "기업은 고객의 삶이 변화하는 속도보다 더 빨리 혁신"하는 것이다.

이러한 성능의 초과공급 현상(Over-shooting)이 와해성 기술의 등장 기회를 제공한다. 과도한 기술적 성능(그리고 그에 상응하는 과도한 가격)을 부담스러워 하는 저급시장(Low-end Market)이 존재하기 때문이다.

와해성 기술이 일단 저급시장에 진입한 이후에는 시장의 경쟁요소(Base of Competition)가 기능과 신뢰성에서 가격과 편의성으로 바뀌게 된다. 또한 와해성 기술도 존속성 경로를 따라 지속적으로 업그레이드된다. 종국에는 기존의 상위 시장에서조차 와해성 기술이 파괴적인 경쟁력을 갖게 되는 것이다.

월마트가 처음 시장에 진입했을 때 시어스로벅의 경영진은 '월마트는 할인점, 시어스는 백화점'이라는 이분법적 시장구도를 당연한 것으로 받아들이고 아무런 대비를 하지 않았다. 그러나 주지하는 바와 같이 월마트는 시어스로벅의 '레이다에 걸리지 않고' 조용히 그리고 서서히 시어스 고객을 흡수하게 된다.

와해성 혁신, 소비자는 즐겁다

와해성 혁신에 의한 신시장 개척

제품	혼다의 소형 모터사이클	인튜이트의 회계SW	노보의 인슐린펜
시장지배 기업	할리데이비슨, BMW	–	엘리릴리
경쟁기반	크기, 힘, 속도 등	다양한 분석기능, 세련된 보고서 출력기능 등	인슐린 단백질의 순도
지배기업의 전략	상거리 주행에 적합한 힘과 속도를 지닌 제품 개발	많은 기능이 부가된 회계 SW개발	인간과 100% 동일한 인슐린 단백질 개발
시장진입 전략	좁은 길이나 언덕길에 적합한 레포츠급 모터사이클	회계에 대한 사전지식이 없는 소기업이나 개인용 프로그램	순도는 낮지만 투약방식을 개선
결과	새로운 소형 모터사이클 시장 개척→기존시장 침투	시장의 70% 점유	적은 투자로 큰 마진 획득, 독주하던 엘리릴리를 위협

출처: Clayton M. Christensen, Mark W. Johnson and Darrell K. Rigby, "Foundations for Growth: How to Identify and Build Disruptive New Businesses," MIT Sloan Management Review, Spring 2002

당사자인 기존 기업의 입장에서는 와해성 혁신이 눈엣가시일 것이다. 그러나 일반 소비자의 입장에서는 와해성 혁신이 등장하여 서서히 시장을 장악해 가는 것을 보는 것은 즐거운 경험이다. 우리가 주위에서 접하게 되는 기발하고 놀라운, 소위 '쿨(Cool)한' 제품들은 와해성 혁신의 손길을 거친 것들이 많기 때문이다.

“꿈을 꾸는 것은 즐겁다. 그것을 실현하는 것은 더 즐겁다.” 혼다의 창업주 혼다 소이치로의 말이다. 그 꿈을 실현하기 위한 것이었을까? 혼다는 레포츠급 소형 모터사이클 시장을 새로이 개척했다. 물론 와해성 혁신의 결과였다.

당시 할리데이비드슨이나 BMW 등의 시장지배 기업들은 장거리 주행에 적합한 힘과 속도를 갖춘 대형 모터사이클 시장에 집중하고 존속성 기술혁신에 매진하고 있었다. 신생기업인 혼다가 만약 이들과 정면 승부를 벌였다면 결코 성공하지 못했을 것이다.

그러나 혼다는 좁은 길이나 언덕길에 적합한 소형 오토바이에 초점을 맞추어 기존 기업들의 신경을 건드리지 않고 성공적으로 시장에 진입할 수 있었다. 일단 시장에 진입한 후에는 존속성 혁신의 차원에서 차근차근 기술 수준을 높여 나갔고 결국은 지배적 기업의 영역까지 잠식해 들어가게 된다.

인튜이트(Intuit)의 회계 SW도 회계에 대한 사전지식이 없는 소기업과 개인들을 타깃으로 와해성 신시장을 개척한 경우이다. 노보노르디스크(Novo Nordisk)의 인슐린 펜도 마찬가지다. 엘리릴리(Eli Lilly)와 같은 기존 기업들이 인슐린의 순도 경쟁에 매달려 있을 때 순도는 다소 떨어지더라도 인슐린의 투약방식을 개선(투약시간은 2분에서 10초로 획기적으로 단축, 투약량 조절도 간편하게 개선)함으로써 기존에는 존재하지 않았던 새로운 시장을 연 와해성 혁신의 사례인 것이다.

다윗, 정면 승부를 피하라

와해성 기업의 2가지 전략

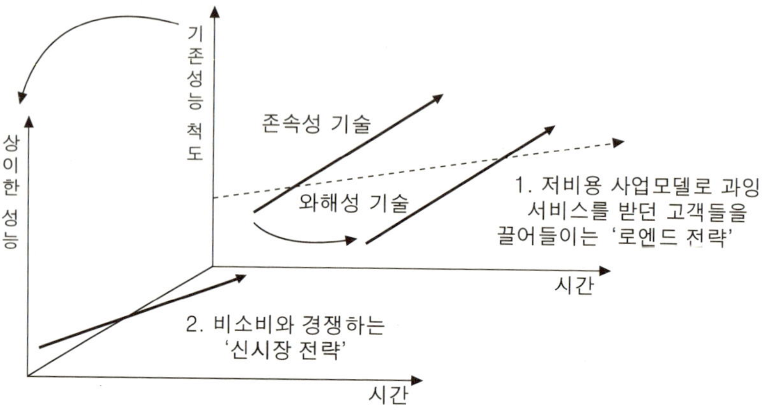

출처: Clayton M. Christensen, Mark W. Johnson and Darrell K. Rigby, "Foundations for Growth: How to Identify and Build Disruptive New Businesses," MIT Sloan Management Review, Spring 2002

기존 시장에 신규 진입하고자 하는 와해성 혁신기업이 구사할 수 있는 전략은 다음의 2가지이다.

1. 저렴한 가격을 무기로 저가시장 침투

처음에는 주류 시장의 시각에서는 다소 열등해 보이는 기술을 가지고 저가부문을 공략함으로써 출발한다. 시간이 경과하면서 기술수준이 향상되면 차츰 고가시장으로 침투한다. 철강시장에서의 미니밀 기술이나 유통시장에서의 할인점 모델, 그리고 미국 자동차 시장에서 초기에 현대자동차가 취했던 접근방식이 그 사례이다.

이를 위해서는 기존 제품이 고객들의 기대를 넘어설 정도로 지나치게 좋은지(More than Good Enough), 또한 와해성 혁신을 가지고 기존 것과 상이한 수익성 있는 비즈니스 모델을 만들 수 있는지 점검해 봐야 한다.

2. 비(非)소비와 경쟁하는 신시장 창출

제품이 마음에 들지 않았든 혹은 성능 대비 가격이 너무 높았든 간에 기존에 소비에서 배제되었던 비소비(Non-consumption) 시장을 공략하는 것이다. 경험이 쌓이고 기술수준이 높아지면서 점차 기존의 주류 시장(Mainstream business)도 공략해 들어간다. 캐논의 데스크톱 복사기나 소니의 워크맨, NTT 도코모(Docomo)의 무선인터넷 등이 그 사례이다.

이를 위해서는 ① 종전에는 돈이나 스킬의 부족으로 소비에서 배제되었던 비(非)고객들을 대상으로 하고 있는지 ② 단순 제품(Simple Product)을 환영하는 고객들에게 초점을 맞추고 있는지 ③ 고객들이 기존에 했던 일들을 더 쉽고 효과적으로 할 수 있도록 도와줄 수 있는지를 점검해 봐야 한다.

항공산업의 지평이 바뀌다

항공서비스 산업의 변화

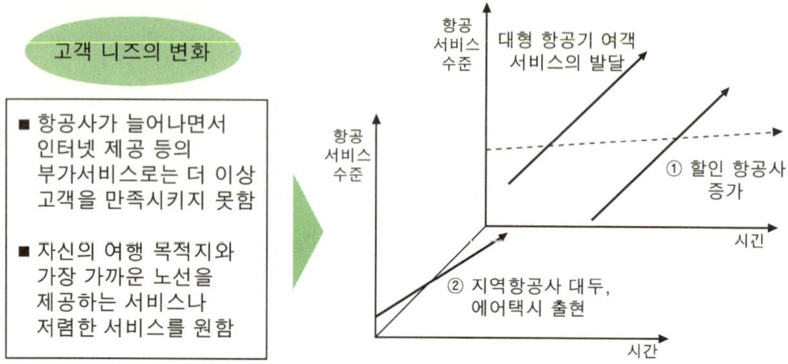

출처: Clayton M. Christensen, Mark W. Johnson and Darrell K. Rigby, "Foundations for Growth: How to Identify and Build Disruptive New Businesses," MIT Sloan Management Review, Spring 2002

미국의 항공서비스 시장은 아메리칸 항공(American Air-lines), 콘티넨털(Continental), 델타(Delta), 노스웨스트(Northwest), 유나이티드 항공(United Airlines), US 항공(US Airways) 등 전세계의 주요 노선을 점령한 국제 항공사들이 장악하고 있었다. 그런데 항공 서비스에 대한 고객 니즈의 변화에 힘입어 와해성 항공사가 등장하였으며, 크게 2가지 유형으로 나누어 볼 수 있다.

① 할인 항공사의 증가: 할인 항공사의 문을 연 사우스웨스트 항공(Southwest Airlines)은 기존의 허브앤스포크(Hub-and-spoke) 시스템과는 달리 주로 2급 공항을 위주로 점대점(Point-to-point) 시스템으로 출발했다.

사우스웨스트의 최초 노선은 텍사스의 휴스턴, 댈러스, 샌안토니오였다. 당시 이 구간을 여행하는 사람들은 대부분 자동차나 버스를 이용해야 했는데, 사우스웨스트는 바로 이들에게 저렴한 항공 서비스를 제공했던 것이다. 한산한 2급 공항을 이용했기 때문에 탑승 대기시간도 단축시킬 수 있었고 비싼 공항 이용료 또한 절약할 수 있었다.

유럽도 마찬가지이다. 1990년대 후반 브리티시 항공(British Airways)이나 스위스 항공(Swiss Air)을 비롯한 대형 항공사들이 고전하고 있는 동안 라이언 항공(Ryan Air)과 이지제트(Easy Jet)와 같은 할인 항공사들이 등장할 수 있었다.

② 지역 항공사의 대두와 에어택시(Air Taxi) 등장: 애틀랜틱 코스트(Atlantic Coast) 항공, 익스프레스젯(Express Jet), 메사(Mesa), 메사바(Mesaba), 스카이웨스트(Sky West) 등 지역 항공사들은 대형 항공사의 노선을 보완하는 방식으로 50석 규모의 소형 항공기를 가지고 영업을 개시했다. 비즈니스 출장자를 대상으로 한 3~4명 규모의 에어택시 사업도 조만간 등장할 것으로 전망된다.

메모리 산업, 저변을 넓히다

반도체 산업의 변화

고객 니즈의 변화

- PC 가격 하락으로 저가격 칩에 대한 니즈 발생
- 휴내폰 등 비컴퓨터 산업의 고객들은 기존 칩과는 상이한 성능을 요구

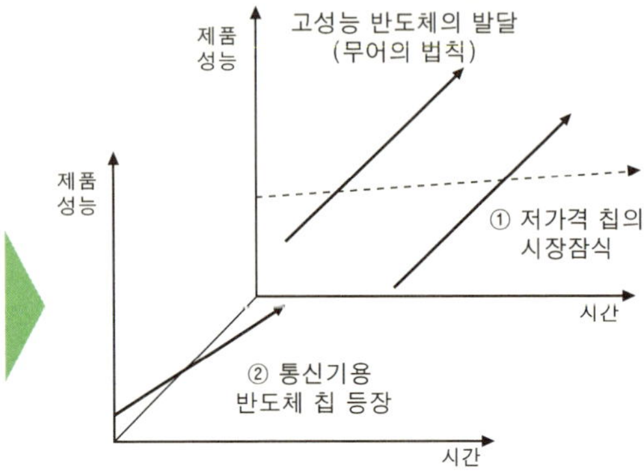

출처: Clayton M. Christensen, Scott D. Anthony and Erik A. Roth, Seeing what's next: Using theories of innovation to predict industry change, 2004

반도체 산업의 출발은 1947년 미국 벨 연구소의 연구원들이 트랜지스터(Transistor)를 개발하면서부터이다. 당시 전자제품에는 주로 진공관이 쓰이고 있었는데 트랜지스터는 청소년들이 주로 듣는 포켓 라디오에 적용되면서 와해성 혁신을 시작한다.

진공관의 성능을 도저히 따라잡지 못할 것이라는 예상을 뒤집고 트렌

지스터는 지속적으로 성능을 개선하여 결국 진공관 시대에 종지부를 찍는다.

여러 개의 트렌지스터를 중첩해 놓은 것이 집적회로(Integrated Circuit)이다. 집적회로는 1960년대부터 2000년대까지 매년 성능을 향상시켰으며 15%에 육박하는 초고속 성장을 이루게 된다. 반도체의 집적도가 18개월마다 2배씩 증가한다는 '무어의 법칙(Moore's Law)'은 바로 집적회로에 있어서의 존속성 혁신을 지칭하는 것이다.

그러나 예외는 없다. 인텔(Intel)이 주도하는 반도체 메모리 산업에 있어서도 고객 니즈의 변화에 대응하여 다음의 2가지 방향에서 와해성 혁신이 나타나게 된다.

① 저가격 칩의 하부시장 잠식: 대부분의 PC 이용자들은 문서 편집과 이메일 체크 등 매우 평이한 작업을 위해 컴퓨터를 사용한다. 이들에게 인텔의 이타니움(Itanium) 같은 고성능 마이크로프로세서들은 분명히 '과잉'이다. 장보러 가는데 벤츠를 몰고 나설 이유는 없지 않은가? AMD나 사이릭스(Cyrix)의 셀러론(Celeron) 칩 등이 비메모리 반도체 하부시장을 잠식하고 있다.

② 휴대폰이나 컨버전스 제품 내장 칩의 대두: 반도체의 용도가 기존의 PC 일변도에서 각종 통신기기 등으로 다변화함에 따라 삼성전자와 같이 휴대폰과 반도체를 동시에 생산하는 업체 주도로 비컴퓨터용 칩 생산이 시작되었다.

골리앗이 살 길은 순발력 강화 뿐

기존 기업의 대응전략

퀀텀의 분사전략	■1984년 3.5인치 드라이브 개발팀을 플러스라는 벤처기업으로 분사(퀀텀 지분 80%) ■그 후 1987년 나머지 지분 20%를 인수하여 플러스 합병→ 3.5인치 시장의 선도기업으로 부상
HP의 사업부 전략	■주력인 레이저 프린터 사업부와 완전히 독립적인 잉크젯 사업부를 구축하고,독자적인 권한을 부여하여 두 개의 사업부를 시장에서 서로 경쟁시킴 ■그 결과 레이저젯 프린터는 고수익의 기업용으로, 잉크젯 프린터는 개인용으로 포지셔닝에 성공
J&J의 자회사 전략	■160여 개의 자회사가 1회용 렌즈 등 각종 와해성 기술 제품을 독자적으로 개발하고 판매

출처: Clayton M. Christensen, Mark W. Johnson and Darrell K. Rigby, "Foundations for Growth: How to Identify and Build Disruptive New Businesses," MIT Sloan Management Review, Spring 2002

와해성 기회가 처음에 갖는 절대적 크기는 일반적으로 너무나 작기 때문에 기존 기업의 충분한 투자는 고사하고 경영진의 관심을 받기에도 민망할 정도이다. 기술적으로 뛰어난 고가의 제품을 만드는 기업이 싸구려 저질(低質) 제품에 신경 쓸 겨를이 없는 것은 너무도 당연하다. 하지만 그 결과는 실로 '어처구니 없는' 패배일 수 있는 것이다.

와해성 혁신에 직면한 기존 기업이 딜레마를 피하는 방법은 와해성 혁신의 조짐을 사전에 감지하고 스스로 와해성 혁신에 참여하는 길뿐이다. 이것이 가능하기 위해서는 기존의 하이엔드 고객의 영향력으로부터 자유로운 독립된 사업 단위를 구축해야 한다. 즉 소규모 별도 조직을 만들어 와해성 기술의 상업화 책임을 일임함으로써 로엔드의 미미한 수익으로도 자극을 받고 성장할 수 있도록 해야 한다.

미니컴퓨터 시장에서 8인치 드라이브의 선두주자였던 퀀텀(Quantum)은 1980년대 초에 형성된 5.25인치 시장으로의 진입에 실패한 뼈아픈 경험이 있었다. 이러한 실패를 되풀이 하지 않기 위해 3.5인치 드라이브에 있어서는 별도의 소규모 조직을 앞세워 주도권을 잡은 바 있다.

여기서 중요한 것은 기존 주력부문의 직간접적 영향력을 최대한 차단했다는 것이다. 당시까지도 퀀텀의 주요 고객은 8인치 드라이브를 사용하는 미니 컴퓨터업체였기 때문에 기존 조직의 테두리 내에서는 3.5인치 드라이브 부문이 질식할 것이 자명했기 때문이다.

레이저젯(Laser jet) 프린터 시장의 지배적 기업인 HP는 와해성 잉크젯(Ink jet) 기술이 성장할 수 있도록 별도의 잉크젯 사업부를 설치하고 시장에서 이 두 부문이 서로 경쟁할 수 있도록 하였다. 존슨앤존슨(Johnson & Johnson)도 160여 개의 자회사들이 1회용 렌즈 등 각종 와해성 기술 제품을 독자적으로 개발하고 판매할 수 있도록 하고 있다.

세계적 유통업체들, 왜 韓國서 맥 못추나
'한국 아줌마 마음' 못읽어 시장장악 실패

이랜드그룹이 한국까르푸를 인수한 데 이어 이마트(신세계)가 월마트코리아까지 사들이면서 국내 할인점 시장은 토종 기업이 장악하게 됐다. 1996년 유통 개방 이후 정확히 10년 만에 '대형 할인점'이라는 새로운 유통업태를 토종기업이 장악할 수 있게 된 비결은 무엇일까? (중략)

1996년 프랑스계 까르푸와 네덜란드계 마크로가 한국시장에 진출할 때만 해도 한국 시장은 곧 다국적 유통 기업의 잔치판이 될 것처럼 보였다. 그러나 이들은 '자기 방식' 을 밀어붙이는 오만으로 실패를 자초했다.

외국계 유통업체는 적은 투자로 매장을 크게 만들어 한꺼번에 많이 팔아야 한다는 생각에 사로잡혔다. 상품도 소품종 대형 포장에 매달렸고, 매장 인테리어도 창고형에, 높이가 5~6m까지 올라가는 팔레트에 상품을 쌓아뒀다. 이마트 같은 한국 유통업체들은 라면 한 박스를 다섯 개 묶음으로 나누는 새로운 방식을 만들어내면서 '값도 싸지만 없는 게 없다'는 인식을 심어 나갔다. 환한 조명에 키 높이 선반에서 물건을 고르도록 했다. 다양하고 싱싱한 생식품도 토종기업의 경쟁력이었다. 월마트가 일부 미국 매장에서 아예 생식품을 포기한 것에서도 알 수 있듯, 값싼 냉동식품을 다량으로 들여놓으며 역시 가격 경쟁력에만 매달린 외국계는 대항하기 어려웠다. (후략)

출처: 조선일보, 2006. 5. 23자

월마트나 까르푸 같은 세계적 유통업체들의 한국 철수는 할인점 사업에 대한 토종 기업들의 의지와 열정이 그만큼 대단했다는 증거이다. 그런데 본래 백화점 사업을 하던 신세계나 롯데 등은 왜 할인점 사업(이마트, 롯데마트)에 열중하는 것일까? 그것은 바로 할인점에 의한 와해성 혁신의 가능성을 사전 차단하기 위한 것으로 볼 수 있다.

'양손잡이 기업' 만이 살아남는다

(전략) 혁신을 잘하기 위해서는 양손잡이 조직(ambidextrous organization)이 돼야 한다. 조직은 생리적으로 성공한 제품 · 기존 기술 경로에 천착하기 십상이다. 당연히 단기간에 쉽게 성공할 수 있는 '존속적 혁신(sustaining innovation)'에 안주한다. 존속적 혁신은 기존 제품의 품질 향상 · 원가 절감에만 초점을 맞춘다. 안타깝게도 신성장 동력 개발은 어렵다.

우리는 신성장 동력을 개발하기 위해서 '존속적 혁신' 에 머무는 조직을 '오른손잡이 조직'이라 부른다. 여기에 진짜 성공적인 혁신을 하려면 와해적 · 급진적 혁신을 주도하는 왼손잡이 조직 개념이 덧붙여져야 한다.

왼손잡이 조직은 CEO의 확고한 지원하에서 보다 창의적이고 도전적인 인력, 개방적인 문화, 장기적인 평가 시스템 등을 통해 오른손잡이 조직과는 차별적으로 설계돼야 한다. WAP(Wireless Application Protocol)기술을 개발한 노키아 벤처스 오거니제이션(Nokia Ventures Organization · NVO), 삼성종합기술원 등이 대표적인 왼손잡이 조직이다. (후략)

출처: 조선일보, 2007. 1. 26자

처음에는 와해성 혁신으로 출발한 기업일지라도 시간이 지남에 따라 존속성 혁신을 추구하지 않을 수 없다. 그러다 보면 또 다른 와해성 혁신자에게 진입의 빌미를 제공하게 된다. 살 길은 오직 존속형 혁신을 추구하면서도 새로운 와해성 혁신의 가능성에도 방심하지 않는 것 뿐이다. '중소기업형 민첩함을 갖춘 대기업', '벤처 마인드를 잃지 않는 중견기업' 등의 슬로건이 지향하는 바가 바로 이것이다.

성장의 열쇠

1. 선도기업의 딜레마를 이용하면 후발기업도 시장을 장악할 수 있다.

2. 와해성 혁신은 어느 시대, 어느 산업에서나 발생 가능하다.

3. 와해성 후발기업은 로엔드 시장이나 비(非)소비자층에 집중해야 한다.

4. 기존의 선발기업은 와해성 혁신의 가능성을 늘 경계하며 스스로 와해성 혁신의 주역이 되어야 한다.

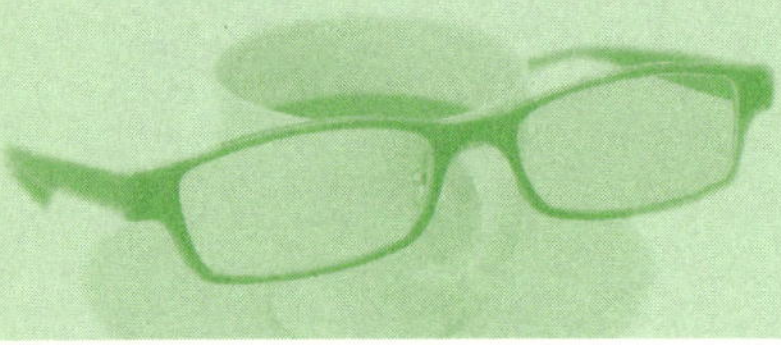

CHAPTER

10

레버리지를 활용한 성장

공장 하나 없이 떼돈 번 비결은?

팔방미인(八方美人)이 될 필요는 없다.

어떤 아이디어가 실제로 사업화되기까지는
여러 노력을 필요로 한다.
분야별 전문기업의 도움을 받는다면 성장의 길이 열린다.

손 안대고 코 푸는 방법은 없을까?

레버리지 성장이란?

출처: John Hagel III, "Leveraged Growth: Expanding Sales without Sacrificing Profits," Harvard Business Review, October, 2002

일반적으로 기업 성장을 구현하는 2가지 수단으로 자체 성장(Organic Growth)과 M&A를 생각해 볼 수 있다.

그런데 이들 방법에는 공통적으로 한가지 문제가 있는데 바로 배타적 자산(Proprietary Asset)에 대한 선(先)투자(Up-front Investment)가 필요하다는 것이다. 공장을 지으려면 시설 및 설비투자가 필요하고,

M&A를 하려고 해도 주식 매집 자금이 필요한 것이다.

시장에 편재한 위험과 불확실성을 감안할 때, 이러한 초기 투자는 기업체 입장에서 큰 부담이 아닐 수 없다. 이때 고려해 볼 수 있는 대안이 바로 레버리지 성장(Leveraged Growth)이다. '소유하지 않는 경영'이라고 할 수 있는 레버리지 성장을 통해 "자산보유의 부담은 없애면서 성장의 이득을 달성할 수 있는 것이다." 물론 이때 중요한 것은 적절한 비용을 지불하고 이용(레버리지)할 수 있는 역량을 갖춘 외부업체의 존재이다.

예를 들어 석유난로 제조업체가 하나 있다고 하자. 전자레인지와 가스레인지가 보급되면서 사용하기 불편할 뿐만 아니라 화재의 위험도 높은 석유난로는 이제 사양길에 접어들게 되었다. 결국 석유난로를 포기하고 새롭게 부상하는 가스오븐 사업에 진출하려고 하면 어떻게 해야 할까?

오븐 제조 경험이 있는 전문 인력을 새로 채용하고 생산 라인을 신설하여 직접 가스오븐을 제작할 수도 있다. 아니면 기존의 가스오븐 업체를 인수하는 방법도 생각해 볼 수 있다. 그러나 두 경우 모두 비용이 많이 소요될 뿐만 아니라 시장 진입시기도 늦어질 수 밖에 없다.

이 경우 외부 설계업체와 엔지니어링업체에게 오븐 설계 및 제작을 의뢰하고 자신은 마케팅과 유통만 전담하는 것이 보다 현명한 방법이다. 재무위험, 시장위험, 환경변화 위험을 줄일 뿐만 아니라, 시장진입 시기도 훨씬 앞당길 수 있기 때문이다.

재주는 곰이, 돈은 되놈이?

리앤펑의 공급체인

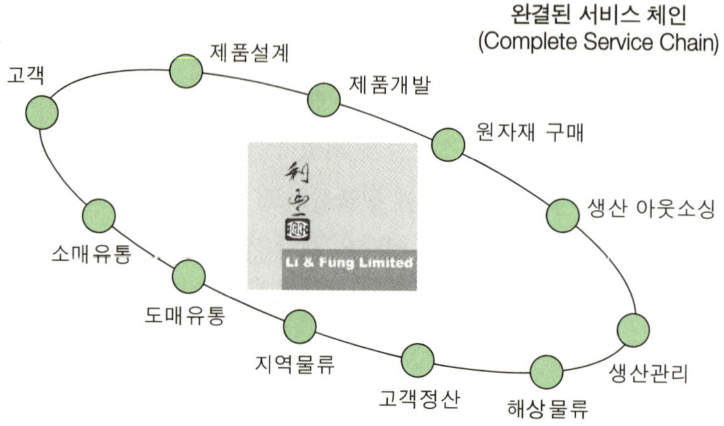

출처: Li&Fung 홈페이지(www.lifung.com)

최근 들어서는 잘 쓰이지 않는 말이지만 얼마 전까지만 해도 '오퍼상'이라는 말이 있었다. 무역거래에 있어서 실제 제조업체와 구매자의 중간에서 오퍼(Offer)를 주고받으며 이익을 챙기는 사업 및 직종을 일컫는 말이었다. 1906년 설립된 홍콩의 리앤펑(Li&Fung)도 처음에는 오퍼상으로 출발해서 성공한 케이스이다.

리앤펑은 중국에서 만들어진 도자기, 비단, 비취, 상아 등을 서구에 수출하면서 사업을 시작하였다. 그 후 1937년에 홍콩으로 본거지를 옮기면서 취급 제품을 늘려가기 시작했다. 그러나 1970년대 들어 당시 대부분의 단순 무역업체와 마찬가지로 리앤펑도 경쟁 격화와 저마진으로 고전을 면치 못하게 된다.

리앤펑은 1970년 빅터(Victor)와 윌리엄 펑(William Fung) 형제에게 인수되면서 성장의 새로운 전기를 맞게 된다. 즉 단순 중계에서 나아가 밸류체인상의 여러 단계를 조율하는 조정자 역할을 하면서 성장에 박차를 가하게 된다. 자신의 강점이 전세계에 걸쳐있는 지역 업체들에 대한 상세한 정보 네트워크라는 사실을 깨닫게 되면서부터이다.

리앤펑의 비즈니스는 한마디로 전세계에 걸친 아웃소싱 네트워크를 관리하는 것이다. 즉 제품 디자인에서 원자재 확보, 제조, 배송, 관세, 도매 및 소매까지의 전 과정을 총체적으로 연결하고 있다.

예를 들자면 한국에서 면사를 사서, 타이완에서 염색하고, 대만에서 직조한 후, 방글라데시에서 재단하고, 태국에서(일본에서 온 지퍼와 결합시켜) 최종 완성하여, 미국 물류센터를 통해 세계 각국으로 수출하는 식이다.

리앤펑의 가장 큰 자산은 전세계 7500여 개의 제조 및 물류업체에 대한 정확한 역량 파악과 이들을 세밀하게 관리하고 조율하는 능력이다. 이를 통해 1996~2000년 기간 동안 리앤펑의 매출은 2배, 순익은 3배 이상 성장할 수 있었다.

열심히 하기보다 스마트하게 하라

레버리징 성장 = Σ아웃소싱

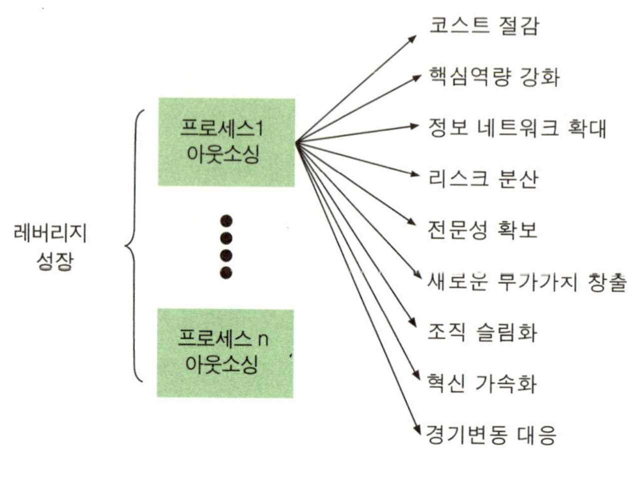

리앤펑의 2007년 매출은 925억 홍콩달러(전년 대비 36% 증가), 순익은 31억 홍콩달러(전년 대비 41% 증가)이다.

일종의 '플랫폼 컴퍼니(Platform Company)' 전략이라고 할 수 있는 리앤펑의 성장 방식은 비용절감형 단순 아웃소싱(Outsourcing)에서 전략적 아웃소싱으로, 더 나아가 글로벌 차원의 오프쇼어링(Offshoring)으로 진화하고 있다.

앞 그림에 나타난 바와 같이 일반적으로 아웃소싱의 이점은 코스트 절감과 핵심역량 강화에서부터 리스크 분산과 경기변동에 대한 대응력 증대에 이르기까지 다방면에 걸쳐 있다.

레버리지 성장전략은 원료 조달에서부터 연구개발, 생산, 마케팅, 출하, 애프터서비스에 이르기까지의 여러 프로세스들에 대한 중첩된 아웃소싱 전략이라고 봐도 무방하다. 단순 비용절감의 차원이 아니라 보다 전략적인 차원에서 아웃소싱에 접근한다면 레버리지 성장의 기초가 완성되는 것이다.

현재 중국은 '세계의 공장'이 되었고, 인도는 전세계 IT 기업의 백오피스(Back Office)로 인정받고 있다. 중국보다 더 싸게 더 빨리 만든다든지, 혹은 인도보다 IT 자원을 더 효율적으로 관리할 자신이 없다면 굳이 자신이 직접 나설 이유가 없는 것이다.

스웨덴의 조립가구업체 이케아(IKEA)는 아웃소싱의 귀재로 불린다. 생산 부문을 아웃소싱하는 것은 기본이다. 이케아는 DIY(Do-It-Yourself) 디자인을 통해 가구의 최종 조립과 배달까지 고객에게 아웃소싱함으로써 자신과 고객이 모두 윈윈할 수 있는 토대를 닦았다. 즉 이케아로서는 완제품 조립 및 배송에 필요한 관리 부담과 비용을 절감할 수 있는 반면 고객은 저렴한 가격이라는 혜택을 입게 되는 것이다. 고객의 힘을 레버리지했다는 점에서 레버리지 성장의 또 다른 사례라고 하겠다.

정교한 조율이 관건이다

오케스트라 지휘자의 역할

레버리지 성장의 조정자
(Coordinator)

- 해당 프로세스 네트워크에 대한 참여조건 및 자격규정, 파트너 모집
- IT 인프라를 비롯한 네트워크 내 의사소통과 조정 표준 정립
- 해당제품과 고객의 니즈에 맞게 참여업체를 정하고 그 구체적 역할을 명시
- 프로세스 내 최종 제품의 품질과 신뢰성에 대한 궁극적인 책임부담
- 파트너들의 성과 개선을 위한 피드백 메커니즘 관리(퇴출과 신규참여 기준 등)

레버리지 성장을 추구하는 기업은 오케스트라의 지휘자(Conductor)와 같은 역할을 해야 한다. 즉 전체 밸류체인상에서 우수한 업체들을 선별하여 프로세스 네트워크(Process Network)를 구축하고, 파트너들과 지속적으로 강력한 유대관계를 유지하며, 전체 프로세스를 매끄럽게(Seamless) 조율(Orchestrating)하는

능력과 리더십이 필요하다.

리앤펑은 특히 협력업체 관리에 있어 단순한 금전적 계약을 넘어 일종의 파트너십을 형성함으로써 전체 밸류체인의 역량과 성과를 극대화하고 있다. 또한 공급 파트너들의 지속적 개선을 유도하기 위해 엄격한 품질관리 기준을 부과하고 성과에 따른 인센티브 시스템을 적용하고 있다.

한 가지 특기할 점은 장기적으로 각 파트너들이 리앤펑과의 거래에서 벌어들이는 매출 비중을 30~70% 정도로 유지한다는 것이다. 이 비율이 너무 낮으면 파트너십을 통한 관계의 지속성이 약해질 것이고, 반대로 너무 높으면 리앤펑에 대한 의존도가 높아져 품질 개선 및 생산성 제고에 태만할 수 있기 때문이다.

이렇듯 레버리지 성장전략은 여러 파트너들을 규합할 수 있는 강력하고도 차별적인 자산을 기반으로 하고 있기 때문에 일단 본 궤도에 올라선 후에는 경쟁자들이 쉽게 모방할 수 없다는 부가적인 장점을 가진다.

리앤펑은 파트너들과의 레버리지 관계를 탄탄히 한 후에 또 다른 성장방식을 접목시켜 가고 있다. 우선 글로벌로 사업 영역을 확대해 왔다. 1980년대 이후, 아시아태평양 지역, 아프리카, 지중해 연안, 남아메리카 등지로 영역을 확장해 오고 있다. 또한 1995년에는 자신과 유사한 레버리지 성장전략을 구사해 왔던 인치케이프(Inchcape Buying Services)를 전격적으로 인수하면서 유럽, 인도, 캐리비언 지역으로 일시에 사업영역을 확장한 바 있다.

공장없는 제조업이 뜬다

나이키의 글로벌 아웃소싱

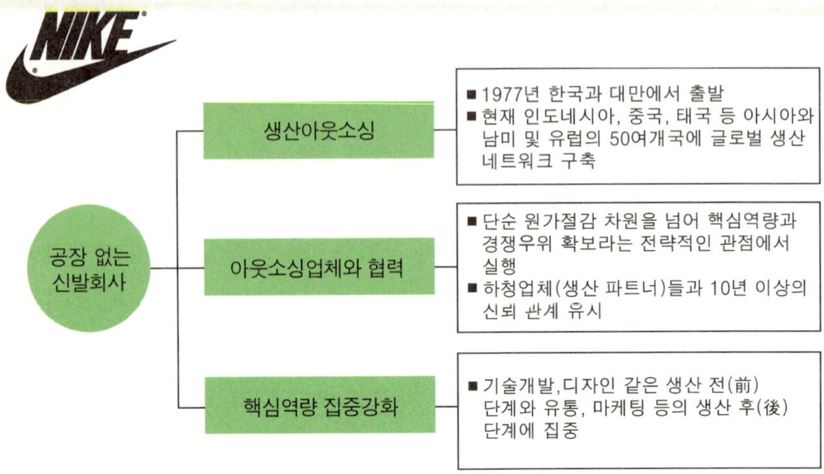

나이키(Nike). 우리에게는 '하면 된다(Just do it)'는 슬로건으로 잘 알려진 기업이다. 그런데 나이키를 단지 신발회사라고 부르기에는 뭔가 좀 서운한 감이 있다. 흔히 디자인만 가지고 승부하는 것으로 알려진 나이키도 레버리지 성장을 실현한 기업이다(나이키의 인접사업 진출전략은 5장에서 살펴본 바 있다).

1964년 필 나이트(Phil Knight)와 빌 바우어만(Bill Bowerman)은 단돈 천 달러의 자본금으로 나이키의 전신인 블루리본(Blue Ribbon) 스포츠사를 설립했다. 처음에는 일본에서 생산된 스포츠화를 수입, 판매하는데 주력했으나 점차 자신들만의 디자인을 개발하여 주문 생산하게 된다.

현재 나이키 운동화 한 켤레가 탄생하는 과정을 보면 글로벌 레버리지라는 말이 실감난다. 우선 인도네시아와 베트남에서 추출된 고무를 가지고 필리핀과 중국에서 신발 구성품을 만든다. 이것은 다시 태국으로 보내지고 일본에서 고안된 디자인에 따라 태국 노동자의 손을 통해 최종 신발이 만들어진다 (1970년대에는 주로 한국과 대만에서 최종 제품을 만들었으나 인건비 상승으로 동남아 지역으로 생산기지를 이동했다).

또한 나이키의 멋진 광고는 영국에서 제작되고, 미국 본사는 디자인, 기술개발, 마케팅, 그리고 세계적 스포츠 스타들을 후원하는 일에 집중한다.

나이키를 미국 본사와 전세계에 걸친 하청업체(생산 파트너)들과의 네크워크로 이뤄진 일종의 기업집단이라고 봐도 무방하다. 특히 두뇌에 해당하는 미국 본사는 1978년 테니스 스타 존 매켄로(John McEnroe) 이래 현재까지 마이클 조던(Michael Jordan), 타이거 우즈(Tiger Woods) 등 100여 명이 넘는 스포츠 스타들과 스타 마케팅을 전개하는 것으로도 잘 알려져 있다.

문어발을 활용하라

복합기업의 성장 대안

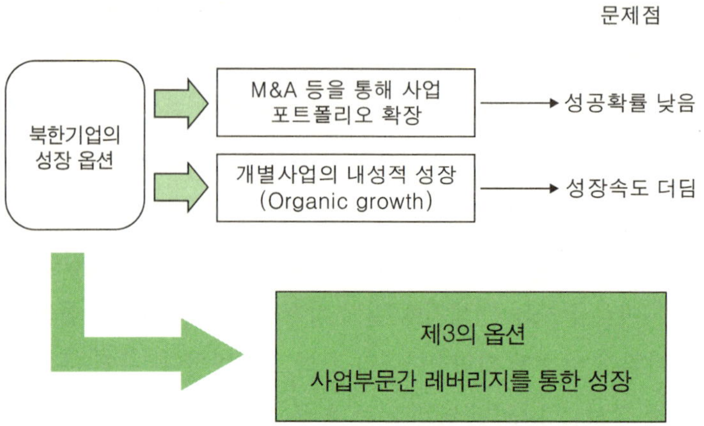

출처: James P. Andrew 외, "Realizing the potential of multibusiness companies for organic growth," The Boston Consulting Group, 2005

"통합된 사업의 전체가 단순합보다 큰 시너지 효과를 발휘하고 있다. 다양한 사업들을 소유하고 있는 데서 오는 장점은 단점보다 훨씬 크다." GE의 전임 CEO였던 잭 웰치의 말이다.

실제로 GE는 회장 직속의 컨트롤타워(Control Tower)에서 제조와 서비스 부문간 경영자원의 공유를 통해(즉 레버리지를 통해) 시너지를 극대화하고 새로운 성장엔진을 발굴해 내고 있다. 그룹 차원의 연구개발센터를 운영하여 대형 프로젝트를 효과적으로 진행하고 있고, 사업부 간에 기술, 디자인, 제조방법, 고객정보 등 유무형의 다양한 자산을 공유한다. 또한 사업부간의 인적 이동도 활발히 이루어진다.

우리나라 재벌 그룹도 복수의 사업을 동시에 영위하고 있다는 점에서 GE와 다를 바 없다. 이는 우리나라 경제개발 초창기의 열악한 경제 환경 속에서 위험을 분산하고 자체 소비시장(Captive Market)을 만들기 위해 형성된 경제구조로서 경영학적으로 보면 복합기업(Multi-business Company)에 해당된다.

국내에서는 주로 정치적, 윤리적인 차원에서 이들 재벌의 문어발식 확장에 대한 우려와 경계의 목소리가 높다. 그러나 성장 전략의 관점에서 본다면 복합기업 체제는 사업부문간 레버리지를 통해 한 차원 높은 성장을 가능케 한다는 장점이 있다.

일반적으로 M&A를 통한 사업확장은 단기간에 뚜렷한 성과를 거둘 수 있는 반면 리스크가 너무 크고 피인수 기업에 대한 사후통합의 어려움으로 성공확률이 낮다는 문제가 있다. 또한 자생적인 성장 방식은 상대적으로 안정적이기는 하지만 성장속도가 더디다는 약점이 있다. 따라서 사업부문 간 역량, 고객, 자산 등을 공유하고 활용하여 기존 사업의 성장과 함께 새로운 사업기회의 발굴도 가능하게 하는 레버리지 성장 방식은 복합기업만이 누릴 수 있는 중요한 이점이 될 수 있다.

GE의 힘은 부문간 시너지에 있다

GE의 성장과 부문별 실적

imagination at work

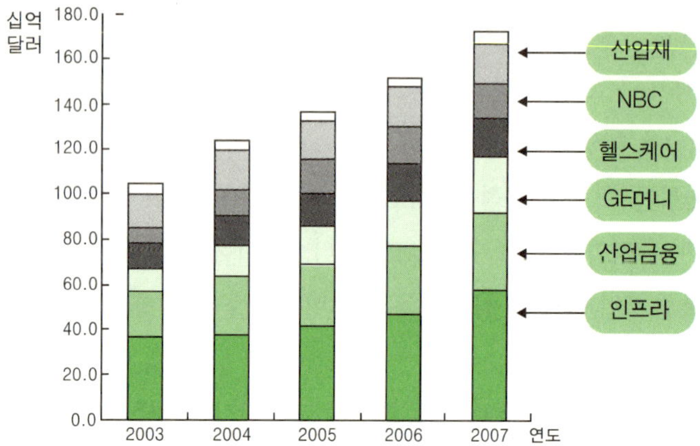

출처: GE Annual Report, 2007

제프리 이멜트(Jeffrey Immelt) 회장은 중장비, 소재, 에너지, 가전, 금융, 방송, 의료 등 "광범위한 사업 포트폴리오를 통해 고객들에게 단순 교차판매 이상의 가치를 제공하겠다(We want to go beyond the convenient cross-selling opportunities and think more systematically about the kinds of customers that can benefit from our broad portfolio)"고 선언한 바 있다. 다시 말해 사업부문간 레버리지 성장을 하겠다는 말이다.

GE는 시너지 경영의 대표적 성공사례이다. 사업부문간 공식, 비공식적인 정보공유 채널을 구축하고 지주회사 체제 아래에서 공통의 경영이념과 비전, 조직문화를 확립하고 있다.

잭 웰치 회장 시절부터 각 사업부문 모두 전세계의 '넘버1이나 넘버2'가 될 것을 요구하여 최고 수준의 경쟁력을 확보한 후, 제조와 금융 서비스의 결합을 통해 토털 솔루션 제공자로 변신하여 시너지 창출을 극대화했다. 제조부문은 금융부문에 사업확장의 기회를, 금융부문은 제조부문에 실탄을 제공하는 식이다.

GE의 '컴퍼니 투 컨트리(Company to Country)' 전략도 주목할 만하다. 이는 어느 고객 국가가 필요로 하는 모든 것을 GE가 모두 제공한다는 전략이다. 예를 들어 사우디아라비아에 헬스케어 시설을 세울 때 GE의 사업부가 모두 나서서 인프라에서 전력, 금융, 장비 등에 이르는 모든 제반 설비 구축에 참여하겠다는 것이다. 이는 GE 같은 복합기업만이 추구할 수 있는 사업부간 협력을 통한 새로운 성장모델이라고 하겠다.

2007년 GE의 매출은 1727억 달러(전년 대비 13.8% 증가), 순익은 225억 달러(전년 대비 16% 증가)이다. 사업부문별 매출구성을 보면 인프라스트럭처 33.5%, 상업금융 19.9%, GE 머니 14.5%, 산업재 10.2%, 헬스케어 9.8%, NBC 유니버설 8.9%의 순이다.

사업부문간 역량 활용을 극대화하라

복합기업의 3가지 성장 방향

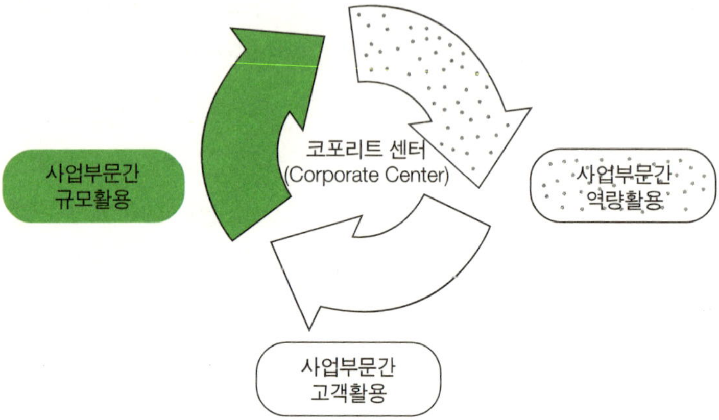

출처: James P. Andrew 외, "Realizing the potential of multibusiness companies for organic growth," The Boston Consulting Group, 2005

그렇다면 복합기업의 사업부문간에는 어떤 레버리지가 가능할 것인가? 우선 각 사업부문별로 어떤 역량들을 주고받을 것인지 그리고 그로부터 어떤 시너지가 발생할 수 있는지를 납득시킬 수 있어야 한다.

이 역할을 하는 것이 코포리트 센터(Corporate Center)이다. 우리나라 재벌의 경우 과거의 비서실이나 기획조정실, 그리고 최근의 구조조정 본부가 여기에 해당된다. 구체적으로 복합기업의 사업부문간 레버리지 성장은 다음의 3가지 차원에서 이루어질 수 있다.

1. 사업부문간 규모 활용(Leveraging Scale): 한 사업부의 기존 입지를 활용하여 타사업부의 비용을 절감하고 위험을 최소화하는 것이다. 예를 들어 신흥시장 공략에 있어 먼저 진출한 사업부가 구축한 물리적, 전략적 인프라를 뒤늦게 진출하는 사업부가 공동으로 활용할 수 있다. 특히 구축과 유지에 시간과 비용이 많이 드는 인적, 정치적 네트워크를 공유할 수 있다면 그 효과가 더욱 클 것이다.
2. 사업부문간 역량 활용(Leveraging Capabilities): 사업부문별 스킬과 기술을 활용하여 기존 시장을 확대, 또는 새로운 시장을 개척하는 것이다. 예를 들어 종이 사업부와 페인트 사업부의 역량을 공동으로 활용하여 잉크젯 프린터 전용 잉크를 개발함으로써 새로운 시장에 진출할 수 있다.
3. 사업부문간 고객 활용(Leveraging Customers): 사업부문별로 별도로 공급하던 제품과 서비스를 통합 패키지 형태로 공급하여 고객 만족도를 높이고 시장을 확대하는 것이다. 예를 들면 허니웰(Honeywell)의 여러 사업부(자동제어, 공항관제, 항공통신 등)가 조율하여 통합 항공안전시스템을 출시한 사례를 들 수 있다.

피자와 치킨이 함께 먹고 싶을 땐?

얌!의 멀티브랜딩 성장 전략

Yum!의 성장전략
- 중국 등 해외시장 공략(중국매장 2300개)
- 레스토랑 운영효율 제고: CHAMPS (Cleanliness, Hospitality, Accuracy, Maintenance, Product Quality, Speed)
- 멀티브랜딩 전략

출처: Yum!홈페이지(www.yum.com)

우리에게도 잘 알려진 피자헛(Pizza Hut)과 KFC. 이들은 펩시콜라가 사업 다각화의 일환으로 일찌감치 인수하여 운영해 온 업체들이다.

그러나 1990년대 들어 이들 업체들의 경쟁력이 뒤처진다고 판단한 펩시는 1997년에 피자헛과 KFC, 그리고 멕시칸 음식체인인 타코벨(Taco

Bell)을 트라이콘(Tricon)이라는 별도 회사로 분리시킨다. 당시 트라이콘은 부채가 47억 달러에 달했고 투자수익률은 고작 8~9%를 맴돌았다.

트라이콘의 CEO인 데이비드 노박(David Novak)은 새로운 성장전략을 구사하며 트라이콘을 기사회생시킨다. 해산물 요리 전문 체인인 롱존 실버스(Long John Silvers)와 오랜 역사를 자랑하는 A&W 올아메리칸 푸드(A&W All American Food)를 추가로 인수하여 5개의 멀티브랜드 체제를 갖춘 것이다.

사명도 얌!(Yum!)으로 바꾸었다. 여기에 공격적인 해외 진출까지 열매를 맺으면서 주당 수익은 3배, 자본수익률은 2배 이상 증가했으며 시가총액도 37억 달러에서 100억 달러로 증가하게 된다.

얌의 성장전략에 있어서 특기할 것은 멀티브랜딩(Multi-branding) 전략이다. 과거에는 피자, 치킨, 멕시칸, 시푸드 등 내부 브랜드간에 암묵적 경합관계가 있었다. 그러나 멀티브랜딩 전략하에서 이제 고객들은 한 레스토랑에서 피자와 치킨, 혹은 멕시칸 음식과 해산물을 동시에 즐길 수 있게 되었다. 바로 브랜드간 레버리지를 극대화한 것이다. 2006년 말 기준 전세계에 약 3700개 멀티브랜드 레스토랑이 운영되고 있다.

얌!은 현재 전세계 100여 개 국가에 3만5000여 개의 매장을 거느리고 있는 전세계 최고의 레스토랑 업체로 성장했다(2위는 3만1000개 매장을 보유한 맥도널드). 2007년 매출은 104억 달러, 순이익은 9억 달러이다. 매출 구성은 미국 49.5%, 중국 23.1%, 기타 지역 27.5% 순이다.

콘텐츠와 채널간 시너지를 확보하라

루퍼트 머독의 언론 왕국

News Corporation

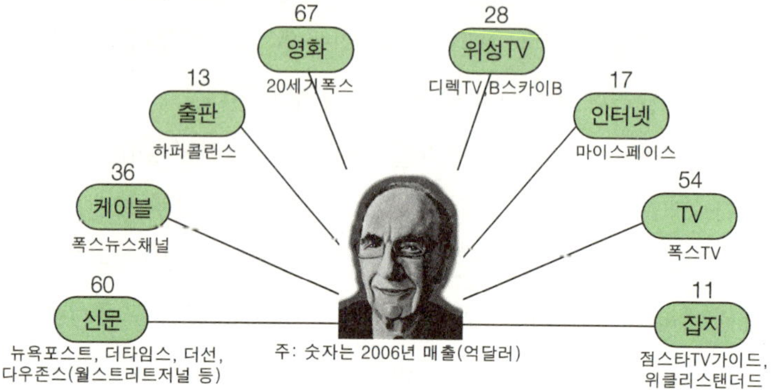

주: 숫자는 2006년 매출(억달러)

출처: News Corporation, Annual Report, 2007

올해 만 77세의 루퍼트 머독(Rupert Murdoch). 아버지에게서 물려받은 적자 신문사 2개를 가지고 호주에서 출발했던 그는 신문과 방송, 잡지 및 출판 그리고 위성방송에 이르는 콘텐츠 분야를 거느리고 있다. 현재 52개국에서 780여 개의 사업체를 운영하는 그는 자타가 인정하는 세계 최대 미디어 그룹의 수장이다.

폭스 TV, 스타 TV, 내셔널지오그래픽 채널 외에도 미국 내 1위 위성 방송 채널인 디렉 TV, 최대의 영화 콘텐츠 제작사인 21세기폭스, 그리고 영국의 더타임스, 미국의 뉴욕포스트 등이 모두 머독의 관리하에 있다. 인류 역사상 어느 누구도 머독과 같이 전세계인의 눈과 귀를 모두 장악한 적은 없었다.

아날로그 세상에서 태어나 성장한 뒤 뒤늦게 디지털 세상을 맞이한 자신을 '디지털 이민자(Digital immigrant)'로 표현하는 머독. 그는 자신이야말로 '디지털 세대'를 정확히 파악하고 있는 미디어 경영자임을 여러 차례 역설했다.

머독은 2007년 8월에 50억 달러를 들여 다우존스(Dow Jones)를 인수한다. 다우존스가 단순히 일반 신문(월스트리트저널)만 보유한 것이 아니라 갈수록 수요가 늘고 있는 고급 경제정보를 생산한다는 점에 주목했던 것이다.

머독의 미디어 왕국은 2007년 기준 매출 320억 달러인 뉴스코퍼레이션(News Corp.)이라는 지주회사를 통해 실현되고 구체화된다. 머독은 온라인-신문-방송을 통합하는 미디어 융합(Media Matrix)을 통해 독자를 사로잡을 경우 어려워진 미디어 산업 환경에도 불구하고 충분히 승산이 있다고 판단한다. 다우존스에서 생산하는 각종 고급 경제정보를 뉴스코프가 이미 확보하고 있는 인터넷과 방송을 통해 효과적으로 전달함으로써 부가가치를 높이겠다는 방침이다. 콘텐츠와 채널간 레버리지 성장 전략의 일환이라고 하겠다.

고객 머릿속에서 지식을 끄집어내라

(전략) 나이키는 2000년부터 소비자들이 직접 신발을 디자인하는 서비스를 도입했다. 소비자들이 인터넷에 접속해 신발을 디자인해 주문하면 제작 · 배달해 주는 콘셉트다. 원하는 고객은 누구나 '나만의 신발'을 제작할 수 있게 된 셈이다. 신발 크기는 물론, 색상 · 심벌 등을 자유자재로 선택할 수 있다. 이렇게 개인이 디자인한 신발은 클릭만 하면 안방으로 배달해 준다. 소비자의 까다로운 기호를 반영해 '맞춤형'으로 승부를 걸고 있다.

나이키는 사이트(nikeid.nike.com)만을 구축해 고객의 지식으로 제품을 생산해 판매하고 있다. 이는 디자이너만이 할 수 있던 일을 소비자가 하고 있는 웹2.0시대의 모습이다. 마크 파커 나이키 CEO는 "웹의 발전은 곧 소비자들에게로 힘이 이동하고 있음을 시사한다"며 "웹2.0을 받아들이지 않는 기업은 이미 위험에 빠져 있다"고 경고했다. 웹2.0이 누릴 수 있는 고객의 지식을 제품과 서비스 창출에 적극 활용해야 한다는 지적이다.

'고객 맞춤서비스'는 1998년 이래 나이키의 핵심 경영전략으로 자리잡고 있다. 경영전략의 대가인 C K 프라하라드 미국 미시건대 경영대학원 교수는 "과거 기업경영은 무대 위의 배우들처럼 기업과 고객이 자신에게 주어진 역할을 정확하게 하는 것이었지만 현재는 기업과 고객의 역할이 섞이고 있다"고 말했다. 개별 고객의 욕구가 표출되고 이것이 모여서 '집단지식(Collective Knowledge)'이 된다. 집단지식은 기업경영의 지침이 될 수 있다. (후략)

출처: 매일경제, 2007. 4. 22자

나이키는 이제 자신의 고유 영역이라고 생각했던 디자인까지 일부 아웃소싱하고 있다. 그 대상은 고객이다. 이제 고객들은 자신이 원하는 대로 (전세계에 하나뿐인) 독특한 디자인의 나이키 신발을 가질 수 있게 된 것이다.

튀는 아이디어만 갖고 창업후 대박 '인스턴트' 기업이 뜬다

'인스턴트 기업'이 뜨고 있다. 인스턴트 기업이란 독특한 아이디어를 갖고 소자본으로 창업한 후 디자인과 제조 등 주요 과정을 아웃소싱으로 돌리고 인터넷을 활용한 '입소문 마케팅'을 통해 단기간에 많은 매출을 올리는 회사를 말한다. 미국 경제잡지 〈비즈니스2.0〉 6월호는 "중국 등의 외주 생산기반이 확대되고 인터넷 이용이 보편화되면서 인스턴트 회사들이 급부상하고 있다"면서 성공 사례들을 전했다.

아이디어 하나로 3000만 달러 매출: 신발업체에서 10년간 근무한 짐 반 다인은 지난 2003년 세 명의 동료와 함께 '킨풋웨어'란 회사를 설립했다. 이들은 발가락을 보호하는 기능을 가진 스포츠샌들을 만들기로 하고 프리랜서 디자이너에 의뢰해 시제품을 받아 중국의 대형 신발공장에 주문을 냈다.

킨풋웨어는 불과 두 달여 만에 16개 모델을 만들어 시장에 내놓았다. 때맞춰 하루 24만 명이 방문하는 '쿨툴스'란 블로그가 이 상품을 칭찬하는 글을 실었고 이는 삽시간에 인터넷으로 퍼지며 '입소문'을 탔다. 이에 힘입어 이 회사는 작년 70만 개의 샌들을 팔아 3000만 달러의 매출을 올리는 '대박'을 터뜨렸다. (후략)

출처: 한국경제신문, 2005. 6. 13자

레버리지 성장전략은 '인스턴트 기업'을 가능케 한다. 다양한 모양과 색깔의 레고 블록만 있다면 여러가지 형태의 창의적인 구조물을 만들 수 있다. 레버리지 성장도 마찬가지다. 관건은 필요한 블록 조각들을 얼마나 빨리, 그리고 정확히 찾는가에 있다.

성장의 열쇠

1. 레버리지 성장의 관건은 사업파트너들을 효과적으로 관리하고 매끄럽게 조율하는 데 있다.

2. 홍콩의 리앤펑은 전세계에 걸친 아웃소싱 네트워크를 활용하여 급성장했다.

3. 미국의 나이키는 '공장 없는 제조업'을 실현했다.

4. GE와 같은 복합기업들은 사업부문 간 역량을 레버리지해서 시너지를 높이고 새로운 성장기회를 찾을 수 있다.

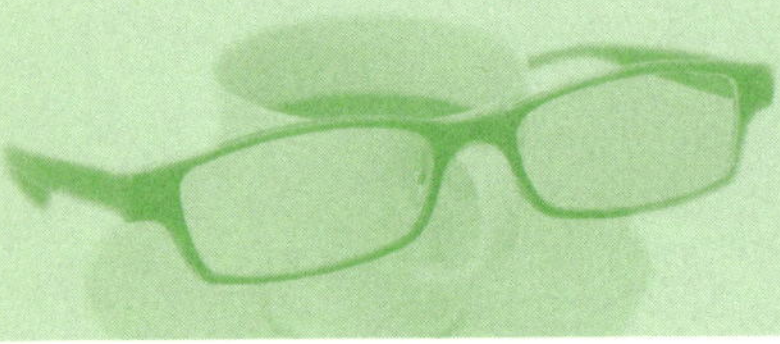

CHAPTER 11

가치혁신을 통한 성장

서커스장의 맹수들은 다 어디 갔을까?

발칙한 상상이 세상을 바꾼다.

지금까지 평균적인 고객의
평균적인 니즈에만 집착했던 것은 아닐까?
통념을 깨고 숨겨진 니즈에 접근해야 새로운 혁신이 가능해진다.

어느 바다로 나갈 것인가?

블루오션의 발견

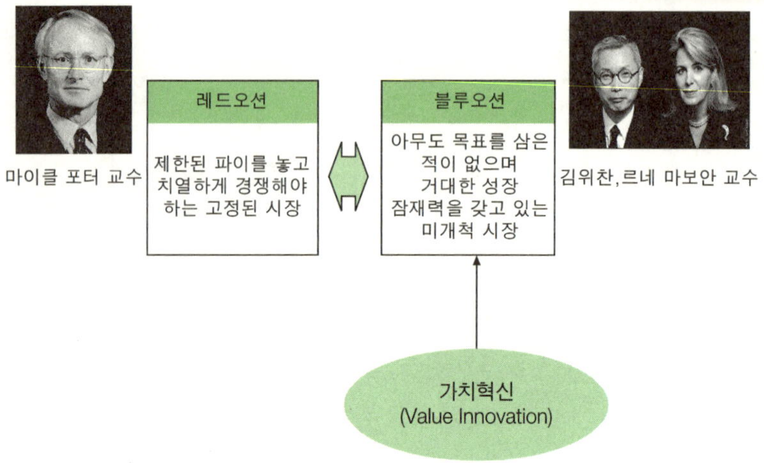

글로벌 경쟁이 심화되면서 제품과 서비스의 일상품화(Commoditization)가 가속되고 있다. 제품의 수명도 짧아졌을 뿐만 아니라 마진폭도 갈수록 축소되고 있다.

프랑스 인시아드 경영대학원(INSEAD)의 김위찬 교수와 르네 마보안(Renee Mauborgne) 교수는 이러한 저성장 국면을 타파하는 방법으로 가치혁신(Value Innovation)을 제안한다.

가치혁신을 통해 개척한 경쟁이 없는 새로운 성장 시장이 '블루오션(Blue Ocean)' 이다. 손자병법이나 육도삼략 같은 중국의 병법서를 보면 '싸우지 않고 이기는' 것을 최선의 전략으로 친다. 손에 피를 묻히지 않고도 실리를 챙긴다는 점에서 본질적으로 블루오션 전략과 일맥상통한다.

블루오션에 대비되는 개념이 레드오션(Red Ocean)이다. 기존의 경쟁구도 속에서 갈수록 치열해지는 경쟁을 벌여야 하는 시장을 의미한다. 하버드 대학의 마이클 포터(Michael Porter) 교수는 레드오션에서의 경쟁전략의 토대를 쌓은 인물이다.

포터 교수는 체계적인 경쟁전략 수립을 위해서는 눈앞의 경쟁자뿐만 아니라 잠재적 진입기업, 대체재(代替財)의 출현 가능성, 상위(Upstream) 공급자와 하위(Downstream) 고객들의 협상력 등을 종합적으로 고려할 것을 제안한다(5 Forces Model).

레드오션에서의 경쟁은 오늘의 생존을 결정짓는다. 문제는 경쟁자들과 똑같은 전략을 가지고 똑같은 고객을 놓고 경쟁해야 한다는 데 있다. 그만큼 치열하고 힘든 싸움을 해야 하는 것이다.

뒤에서 자세히 살펴보겠지만 블루오션 전략과 레드오션 전략에 대해 어느 쪽이 맞고 어느 쪽이 틀리다는 식의 이해는 바람직하지 않다. 지속적으로 블루오션 시장을 찾아야 할 필요성은 분명하지만 현재의 주력 사업에 대해서는 레드오션 전략의 관점에서 경쟁에 임해야 하는 것이다.

사고의 틀에 얽매이지 마라

레드오션과 블루오션

레드오션 전략		블루오션 전략
산업의 조건은 주어짐 (기존 시장공간 안에서 경쟁)	산업에 대한 가정	산업의 조건은 변화시킬 수 있음 (경쟁자 없는 새 시장공간 창출)
경쟁에서 승리하기 위한 경쟁우위 확보에 치중 (차별화와 저가전략 중 택일)	전략 포커스	경쟁에서의 승리보다 시장 전체를 지배할 수 있는 퀀텀점프가 중요 (차별화와 저가 전략 동시 추구)
구역화((Segmentation)와 개별화(Customization)를 진전시켜 배출확대, 고객들간의 차이전에 초점	고객	현재고객의 일부를 잃는다 하더라도 시장 내의 대다수 고객에 초점. 고객이 중요시하는 핵심 공통분모에 초점
현재의 자산과 역량을 최대한 활용	자산과 역량	현재의 자신과 역량에 얽매이지 않고, 새롭게 출발한다는 마음가짐 견지
전통적인 산업경계가 제품과 서비스의 속성을 결정	제품과 서비스	고객에게 토털솔루션을 제공하는 것이 중요

출처: W.Chan Kim & Renee Mauborgne, Blue Ocean Strategy, 2005

경영 전략의 관점에서 레드오션 전략과 블루오션 전략은 산업에 대한 가정, 전략 포커스, 고객, 자산과 역량, 그리고 제품과 서비스의 측면에서 뚜렷이 구분된다.

우선 레드오션 전략은 기존의 산업구도와 시장 공간 안에서 승리하는 법을 얘기한다. 반면 블루오션 전략은 기존의 산업구도와 제반 조건을 부정하고 새로운 산업과 시장을 창출할 수 있다고 생각한다.

또한 전략 포커스에 있어서 레드오션 전략은 차별화(Differentiation)와 저가전략(Cost Leadership) 중 하나를 선택해야 하고 그렇지 못할 경우 '이도 저도 아닌 어중간한 상황(Stuck in the Middle)'에 처할 수 있음을 경고한다. 반면 블루오션 전략은 새로운 가치혁신을 통해 두 가지를 동시에 추구할 수 있다고 본다.

한마디로 레드오션 전략은 경쟁에서 승리하는 법을, 블루오션 전략은 경쟁 없는 새로운 시장을 창출하는 법을 강조하는 점이 다르다 하겠다.

여기서 한 가지 짚고 넘어갈 점은 레드오션과 블루오션은 취사 선택이 가능한 전혀 별개의 대안이라기보다는 산업동태학(Industry Dynamics)의 연속선상에서 이해해야 한다는 것이다. 산업이 발전하면서 레드오션과 블루오션을 번갈아 거칠 수 밖에 없다. 따라서 블루오션 전략은 기존의 성공 방정식을 대체하는 것이 아니라 "가치혁신이라는 새로운 변수를 추가하여 고차원으로 업그레이드하는 것"으로 이해하는 것이 적절하다.

'라이벌은 성장 촉진제'라는 말이 있듯이 레드오션에서의 치열한 경쟁은 블루오션에 눈을 돌릴 가장 기본적인 유인을 제공한다. 또한 한번 개척한 블루오션도 시간이 흐르면(길어야 10~15년) 경쟁자들이 진입하여 또 다른 레드오션 시장으로 변모하게 된다. 길게 보면 이러한 과정이 반복되면서 혁신이 쌓이고 산업이 발전하는 것이다.

작은 개선으로는 안 된다

가치혁신의 사례들

블루오션 탐색의 출발은 '고객으로 돌아가라'이다. 즉 성장의 열쇠는 경쟁에서 이기는 것이 아니라 고객들에게 보다 새로운 가치를 제공하는 데 있다는 것이다.

포드(Ford) 자동차의 설립자 헨리 포드(Henry Ford)는 "고객에게 귀 기울였다면 그들에게 아마 더 빠른 마차를 주었을 것이다"라고 말했다.

가치혁신을 위해서는 고객의 기대를 충족시키는 수준을 넘어 고객들이 미처 깨닫지 못하는 잠재된 욕구를 파악하고 해결해 주는 것이 중요하다는 의미이다.

이미 모두에게 다 알려진 니즈를 공략해서는 고작해야 일시적으로 고객을 확보하고 수익을 창출할 수 있을 뿐, 곧 경쟁자들과의 힘겨운 경쟁에 직면해야 한다. 진정한 가치혁신이 되기 위해서는 고객들의 숨어있는 욕구까지도 건드릴 수 있어야 한다.

기업 성장의 관점에서 지금까지 등장했던 또 앞으로 등장할 수 많은 신제품들과 신규 서비스들은 상당부분 가치혁신의 시각으로 설명될 수 있다. 단거리 항공 시장을 개척한 사우스웨스트 항공(Southwest Airlines), 패션시계라는 새로운 니즈를 발굴한 스와치(Swatch), 24시간 실시간 뉴스 시장을 연 CNN, 신개념 서커스 시장을 창출한 태양의 서커스(Cirque du Soleil), 샌드위치 전문체인인 프레타망제(Pret a Manger) 등이 여기에 해당된다..

음악 시장에서는 이동 중 음악 청취라는 새로운 니즈를 발굴한 소니의 워크맨으로부터 최근에는 MP3 뮤직 시장을 개척한 레인콤의 아이리버(Iriver)와 애플의 아이팟(i-Pod) 등이 있다. 그 외에도 저가 호텔체인을 창출한 포뮬원(Formule 1), 멀티플렉스 영화시대를 연 AMC, 컴퓨터 직판 모델을 개척한 델 컴퓨터 등도 대표적인 블루오션 개척 사례이다.

원리는 의외로 간단하다

가치혁신의 원리

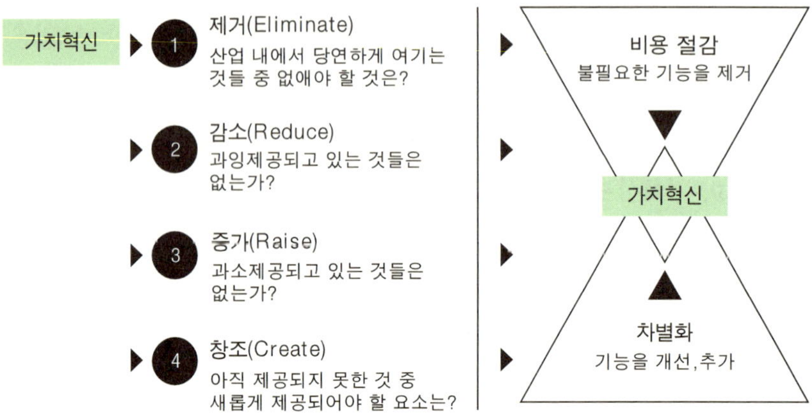

가치혁신의 핵심 원리는 선택과 집중을 통해 차별화와 비용절감을 동시에 추구한다는 것이다. 종래의 경쟁전략에서 차별화와 저비용 전략간에 암묵적인 상충관계(Trade-off)를 상정했던 것과는 대비된다.

위 그림에서 보듯이 가치혁신의 네 가지 도구를 보면 의외로 단순하다는 사실에 놀라게 된다. 사실 훌륭한 이론일수록 상식 수준에서 쉽게 이해되고 전달될 수 있어야 한다. "단순한 것이 아름다운 법(Simple is beautiful)"이다.

가치혁신의 원리로 우선 제거(Eliminate)가 있다. 산업 내에서 관행상 당연하게 여기는 것들 중 없어도 되는 것이 무엇인가를 살펴보자는 것이다. 사자와 코끼리 등 동물쇼는 서커스에서 필수적인 것인가, 기내식 없는 항공 여행은 불가능한 것인가 등에 대해 의문을 가져야 한다. 같은 맥락에서 감소(Reduce)시킬 수 있는 것은 무엇인가에 대해서도 고민해 볼 수 있다.

다음은 창조(Create)와 증가(Raise)가 있다. 기존 산업 내에서 고객들에게 미처 제공되지 못한 것들 중 고객들이 크게 감동할 만한 것들은 없는지 찾자는 것이다. 서커스 관람객들에게 발레나 뮤지컬 같은 고품격 감동을 제공한다든지, 좁은 좌석에 끼여 앉아 지루한 항공여행에 지친 고객들에게 유머와 재미를 준다든지 하는 것들이다.

요약하면 가치혁신을 위해서는 누가 진짜 고객인지를 냉정히 파악하고 그 고객이 절실히 원하는 것과 그렇지 않은 것을 구분하는 식견이 필요하다. 그 다음에 고객이 원하는 것은 과감히 제공하거나 새로이 추가함으로써 유사 제품이나 서비스와의 차별화를 극대화하고, 반면 고객에게 그다지 중요하지 않은 것들은 감소시키거나 과감히 제거함으로써 비용을 최소화할 수 있는 것이다.

사우스웨스트가 텍사스 하늘에서 발견한 것은?

사우스웨스트 항공의 경쟁력 원천

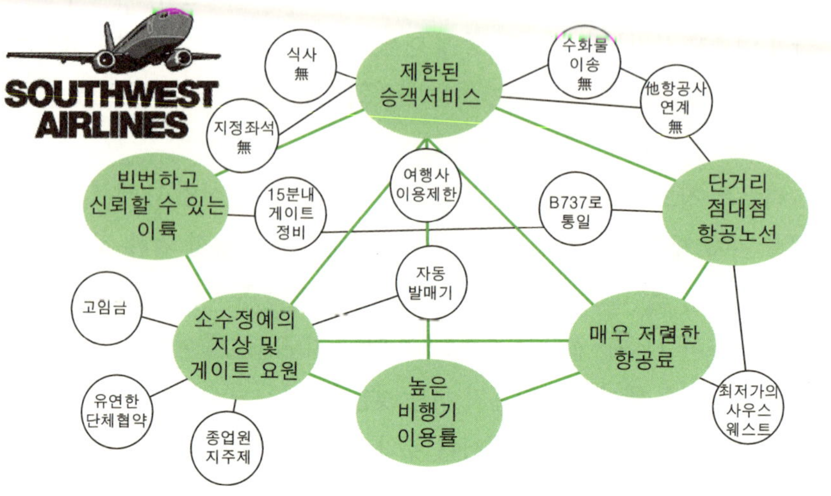

출처: Michael E. Porter, On Competition, 1998

1971년 허브 켈러허(Herb D. Kelleher)와 롤린 킹(Rollin W. King)이 설립한 사우스웨스트 항공(Southwest Airlines)은 블루오션의 대표적인 사례로 꼽힌다.

창립 이래 30여 년 간 흑자 행진을 지속하고 있는 사우스웨스트 항공의 경이로운 실적은 위 그림에서처럼 다양한 요인에 기인한다. 이들 중 어떤 요인이 나머지 요인들을 이끌어내는 실마리 역할을 했는지에 대해서는 보는 시각에 따라 다양한 해석이 가능하다.

우선 전략적 관점에서는 기존 대형 항공사들이 놓친 단거리 항공여행이라는 니치시장을 개척한 것에 초점을 맞출 수 있고, 엔지니어링 관점에서는 보잉 737기 단일 기종만을 운영함으로써 운항과 정비의 효율성을 높이고 공항 내 체류시간을 최소화한 것이 부각될 수도 있다.

인사조직 관점에서는 '유머경영'으로 대별되듯이 종업원 개개인에 대한 적극적인 배려를 강조할 수 있겠고, 재무 측면에서는 기내식, 지정좌석제 등을 없앰으로써 유지비용을 최소화한 측면이 중요할 수 있다.

이러한 모든 요인들을 한마디로 요약하여 말한다면 그 핵심은 기존 항공서비스에 대한 가치혁신에 있다. 사우스웨스트 항공은 자신의 경쟁 상대를 기존의 항공서비스가 아닌 점대점(Point to point)을 잇는 고속버스 서비스로 설정했다. 그렇게 함으로써 항공서비스 비(非)고객의 숨은 욕구를 채워 줄 '초저가 중단거리 항공 여행'이라는 새로운 비즈니스를 창출할 수 있었던 것이다. 사우스웨스트의 첫 손님들 가운데 70%가 이전에는 비행기를 이용하지 않던 비고객이라는 사실은 이를 잘 뒷받침하고 있다.

사우스웨스트의 2007년 매출은 99억 달러(전년 대비 8.5% 증가), 순이익은 6억 달러(전년 대비 29.3% 증가)이다.

뉴욕의 깨진 유리창은?

뉴욕경찰국의 가치혁신

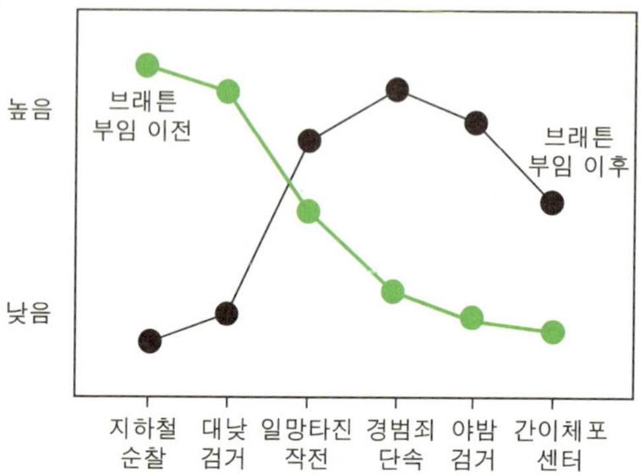

출처: 한경 가치혁신연구소(www.hankyung.com/value)

뉴욕시는 윌리엄 브래튼(William Bratton) 경찰국장(현재 LA 경찰국장) 재임 시(1994~1996년) 가치혁신에 성공한 경우이며 전세계 공공부문 개혁의 모델 케이스로 인용되고 있다.

브래튼 경찰국장 취임 당시 뉴욕의 범죄율은 30여 년 간 꾸준히 상승하고 있었다. 연 평균 2000건 이상의 살인과 60만 건 이상의 중범죄에 시달리고 있었고 뉴욕 지하철은 지옥철로 악명이 높았던 상황이었다(연간 1만 5000건의 강력범죄 발생).

뉴욕경찰국(NYPD) 가치혁신의 출발은 서비스 공급자인 경찰이 아닌 수요자인 시민의 눈으로 문제를 직시한 결과 시민들이 실제로 두려워하는 것은 매일 매일 부딪치는 자잘한 경범죄라는 점을 간파했다는 데 있다. 브래튼 국장은 NYPD 내 모든 고위 간부들을 지하철로 출퇴근하게 함으로써 불량배, 노숙자 등 시민들을 두려움과 불안에 떨게 하는 현상들을 눈앞에서 목격하게 했고 변화의 필요성을 공감하게 했다. 또한 경찰과 주민과의 만남을 통해 양측의 인식차이를 파악하게 했다.

"뒷골목에서 노상방뇨를 하는 자는 아마도 강도질을 하러 가는 길이었을 지도" 모른다. 즉 거리의 깨진 유리창(Broken Window) 하나가 잠재적인 범죄자에게 용기를 불어 넣어 강력 범죄로 이어지게 할 수 있는 것이다.

공중화장실과 지하철 등에 대한 경범죄 단속을 통해 절도는 35%, 강도는 39%, 살인은 50%나 감소시킬 수 있었다. NYPD에 대한 뉴욕 시민의 지지도는 37%에서 73%로 급상승했고, 브래튼 국장은 1996년 1월 타임지 표지를 장식할 수 있었다.

앞 그림은 가치혁신 전략의 시각적 도구인 전략 캔버스(Strategy Canvas)를 가지고 뉴욕경찰국의 가치혁신 사례를 표현한 것이다. 브래튼 국장 부임 전후의 변화를 한눈에 비교해 볼 수 있다.

맹수 없는 서커스단에서는 무슨 일이?

시르크 뒤 솔레유의 가치혁신

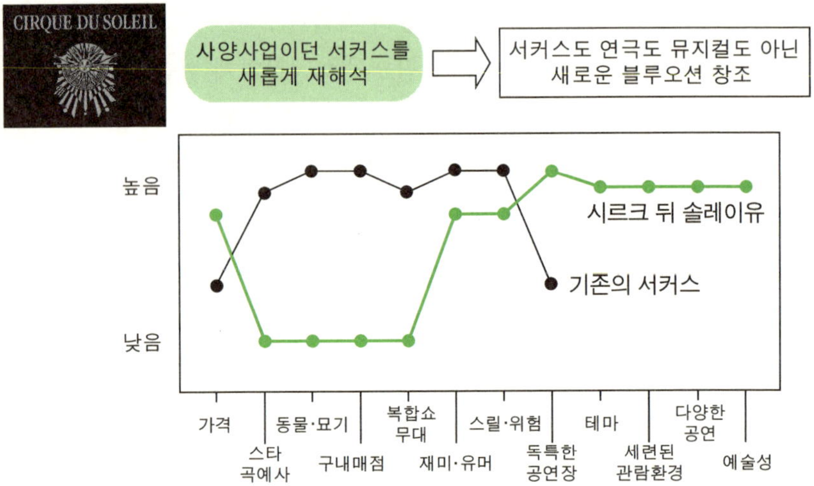

시르크 뒤 솔레유(Cirque du Soleil, 태양의 서커스)는 1984년 캐나다 몬트리올의 길거리 곡예사 기 랄리베르테(Guy Laliberte)가 친구들과 함께 설립했다. 그는 기존의 전통적인 형태의 서커스가 사양길에 접어들고 있던 상황에서 서커스를 외면하는 사람들이 서커스의 대안(Alternative)으로 찾는 것이 바로 연극과 뮤지컬

등 예술성을 갖춘 공연이라는 사실에 주목했다.

랄리베르테는 서커스, 연극, 뮤지컬 등으로 나뉘어 있던 기존의 산업 경계선을 파괴하고 테마와 스토리 등 연극적 요소와 음악과 춤 등 뮤지컬적 요소가 가미된 새로운 개념의 아트 서커스(Art Circus)를 만들어 냈다. 대신 스타 곡예사, 동물 묘기 등 비용만 많이 들고 관객들에게 어필하지 못했던 요소들은 과감히 없앴다.

현재 시르크 뒤 솔레유는 전세계 100여 개 도시에서 10여 가지 종류의 작품을 공연하고 있다. 최근 10년간 무려 22배나 성장했으며(최근 5년간 연평균 매출 증가율 15% 초과), 설립 당시 73명이던 단원수는 현재 3000명을 넘는다(체조 선수 출신 연기자들만 700여 명 이상).

지금까지 90개국에서 공연했으며, 입장료가 80~150달러 안팎의 고가임에도 불구하고 누적 관객 5000만 명, 연간 700만 명 이상의 관객을 동원하고 있다.

시르크 뒤 솔레유는 2007년 6월 한국에서도 '퀴담(Quidam)'을 선보였다. 라틴어로 익명의 행인을 의미하는 퀴담은 익명성의 사회, 소외된 세상을 희망과 따뜻한 결합이 있는 곳으로 바꾸는 여정을 담고 있다. 퀴담은 잠실 천막극장에서 80회에 걸쳐 공연되면서 17만 명의 관객(객석점유율 86%)을 모았으며, 총 151억 원의 티켓 판매고를 올린 바 있다.

당뇨는 죄가 아니다

노보노르디스크의 노보펜

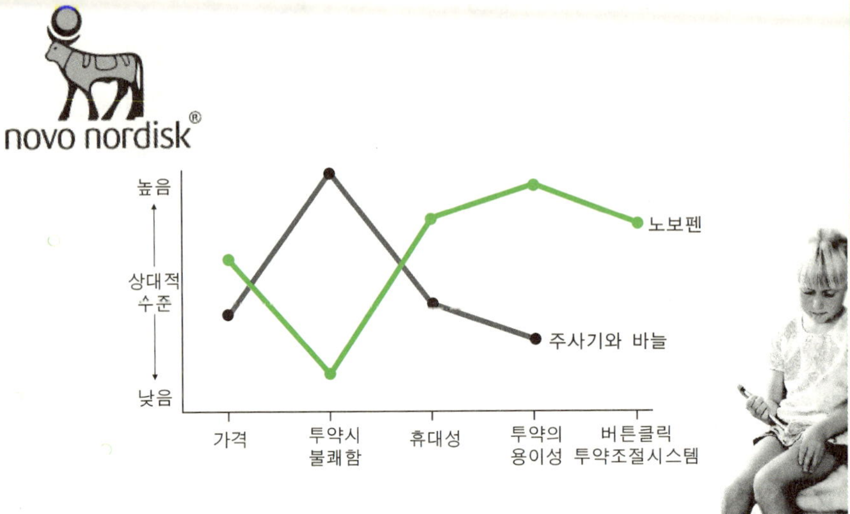

출처: 한경 가치혁신연구소(www.hankyung.com/value)

제품을 구매한 소비자들이 그 제품을 어떻게 사용하고 있는지를 관찰하고 그 과정에서 소비자들이 불편을 느끼는 부분을 포착하여 이를 개선할 수 있는 제품과 서비스를 제공해 주는 것은 훌륭한 블루오션 개척이 될 수 있다(이는 앞의 6장에서 살펴본 수요혁신의 개념과 정확히 일치하는데, 수요혁신도 궁극적으로 '가치'를 창출한다는 측면에서 가치혁신의 일환으로 이해할 수 있다).

덴마크의 노보노르디스크(Novo Nordisk)는 1922년에 설립된 노르디스크(Nordisk)와 한해 뒤에 설립된 노보(Novo)가 1989년 합병하면서 설립되었다. 당뇨병 치료제인 인슐린을 생산하던 노보노르디스크는 1985년 만년필형 인슐린 주사기 '노보펜'을 출시하면서 블루오션으로 접어들게 된다.

더 높은 순도의 인슐린 개발에 매달려 치열한 경쟁을 벌이는 것을 중단하고 인슐린 주사기구로 새 시장을 개척한 것이다. 업체별 인슐린의 순도와 가격 등이 어느 정도 표준화된 상태에서 당뇨병 환자들이 가장 원했던 것은 더 이상 인슐린 자체의 품질이 아니라 인슐린 투약의 편의성이라는 점을 간파한 결과이다.

현재 전세계적으로 당뇨병 환자의 55%, 특히 유럽과 일본 당뇨병 환자의 90% 이상이 노보펜 시리즈 고객이라고 한다. 아시아 지역의 당뇨병 환자가 증가 일로에 있음을 감안하면 향후 성장 전망도 매우 밝다고 하겠다.

노보노르디스크의 2007년 매출은 88억 달러(전년 대비 8.0% 증가), 순익은 18억 달러(전년 대비 32.1% 증가)이다. 부문별로 보면 플렉스펜(Flex Pen), 노보펜4(Novo Pen 4), 이노렛(Inno Let) 등 인슐린 주사 기기가 포함된 당뇨병 부문(Diabetes Care)이 전체 매출의 72.9%, 바이오의약(Biopharmaceuticals) 부문이 27.1%를 차지하고 있다.

아이리버, 애플을 베어 물다

레인콤의 아이리버 MP3P

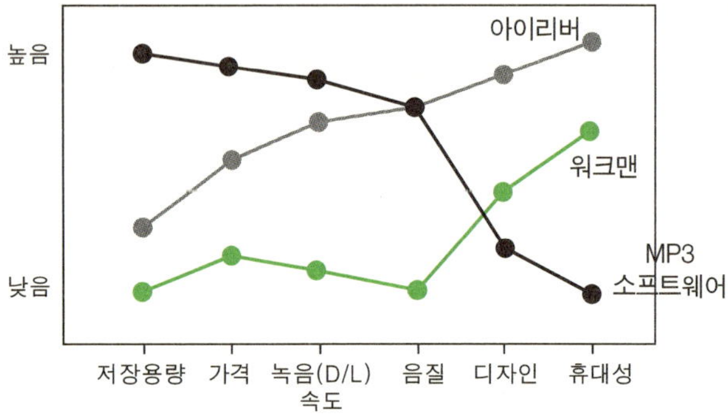

출처: 한경 가치혁신연구소(www.hankyung.com/value)

소니, 파나소닉 등 오디오업계의 선두 주자들이 워크맨, CD플레이어에 이어 MD플레이어를 출시했던 데 비해 우리나라 중소기업인 레인콤은 워크맨과 음악재생 소프트웨어의 장점을 합쳐 MP3플레이어(MP3P)라는 새로운 시장을 창출했다. 특히 단지 '음악을 듣는 도구'라는 개념에서 나아가 젊은 층의 패션 심리를 자극한 독창적인 디자인으로 승부한 것이 성공의 비결이었다.

그러나 미국의 애플(Apple)도 아이팟(iPod)을 출시하면서 MP3플레이어라는 블루오션에도 새로운 경쟁이 불붙게 된다. 레인콤은 미국 시장에 진출하면서 애플의 아이팟과 전면전을 선언했으나(앞 광고 참조), 승리는 애플에게 돌아갔다. 애플은 기술 이외에 새로운 부가 서비스를 제공했던 것인데 별도의 음악 다운로드 사이트인 아이튠스(iTunes)가 그것이다.

애플은 냅스터(Napster) 등 무료로 MP3 음악파일을 공유하는 사이트들이 오래가지 못할 것이라 판단했다. 명백히 불법이었기 때문이다. 대신 애플은 세계 주요 음반사들과 계약을 맺고 CD 구입비보다 훨씬 낮은 가격(한 곡당 99센트)에 합법적으로 음악을 다운로드 받을 수 있게 했다. 그리고 여기에 여러 편의 서비스들을 덧붙인 것이 아이튠스인 것이다.

2006년 1월 애플의 CEO인 스티브 잡스(Steve Jobs)는 전직원에게 보낸 이메일에서 "마이클 델의 미래 예측은 보기 좋게 빗나갔다"고 선언했다. 한때 경영위기에 빠진 애플에 대해 "회사 문을 닫으라"고 일갈했던 델 회장에게 보란 듯이 회생을 선언한 것이다. 애플의 주가는 1997년 델의 6분의 1(애플 13.13달러, 델 84달러)에서 9년 만인 2006년 2.8배(애플 85.59달러, 델 30.58달러)로 완전히 역전되었다.

2007년 애플의 매출은 240억 달러(전년 대비 24.3% 증가), 순익은 35억 달러(전년 대비 75.8% 증가)를 기록했다. 이중 아이팟과 아이튠스가 창출한 매출이 50%를 상회한다.

미샤, 화장품의 개념을 바꾸다

미샤의 저가 화장품

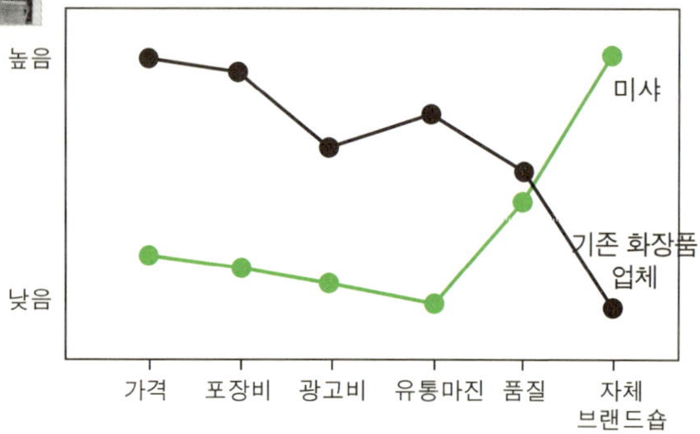

출처: 한경 가치혁신연구소(www.hankyung.com/value)

우리나라에서 블루오션 개척의 대표 사례는 1000~1만 원이면 살 수 있는 초저가 브랜드 화장품 시장이다. 이 시장의 원조는 에이블C&C의 브랜드 미샤(Missha)다. 본래 온라인 뷰티쇼핑몰에서 출발했던 미샤는 2002년 5월 이대 앞에 7평짜리 1호 매장을 오픈하면서 성장엔진을 점화했다.

기존업체들이 '화장품=패션'이라는 고정관념을 떨치지 못하고 막대한 돈을 들여 감성적인 이미지 알리기에 열을 올리고 있을 때 미샤는 항상 갖고 다녀야 하는 '생활 필수품'이라는 기능적인 시각으로 화장품을 재정의했다. 유통구조를 단순화시키고 종전에 화장품 매출의 20%를 차지하던 용기 및 포장비를 $\frac{1}{4}$수준으로 절감하면서 가격 거품을 뺐다.

2003년 7월 오프라인 가맹점 모집을 시작한 미샤는 1년 만에 매장을 250여 개로 늘릴 만큼 무서운 속도로 성장했고, 2004년에는 매출이 무려 9배나 늘어나기도 했다. 화장품업계의 판도도 바뀌 미샤는 한국화장품, 코리아나화장품 등 중견 화장품 회사들을 끌어내리고 아모레퍼시픽, LG생활건강에 이어 업계 3위로까지 도약했었다. 2005년 5월에는 뉴욕의 맨해튼 5번가에도 매장을 오픈한 바 있다.

그러나 미샤에 이어 더페이스샵, 스킨푸드 등 후발업체들이 6개월 간격으로 속속 진출하면서 저가 화장품 시장도 전형적인 레드오션으로 변하고 있다. 전국에 1000여개의 저가 화장품숍이 생겨났고 시장은 포화상태로 접어들었다.

현재 국내 저가 화장품 시장은 연간 4000억 원대 규모로 2006년 들어 더페이스샵이 2000여억 원의 매출을 올리며 시장점유율 35%로 1위로 올라섰고,미샤는 28%로 밀려났다. 더페이스샵은 톱 광고모델 기용과 신선한 자연주의 이미지를 결합해 전국 570개 매장을 운영하며 매출액 1위 자리를 지키고 있다.

블루오션도 붉어진다

가치혁신과 모방

〈 컴팩의 서버 비즈니스 진화 과정 〉

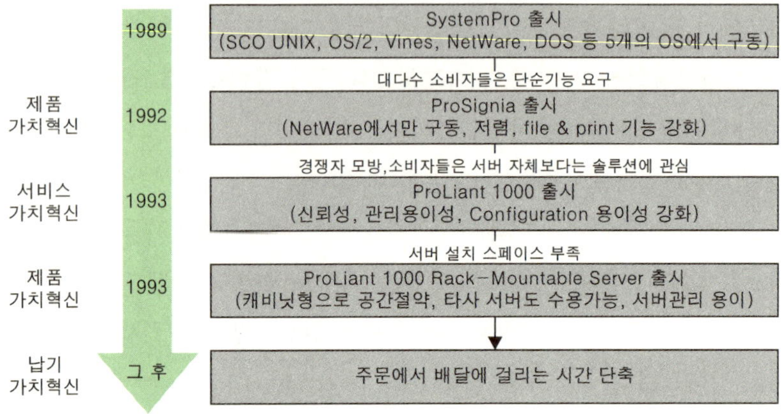

출처: W. Chan Kim and Renee Mauborgne, "Value Innovation: The Strategic Logic of High Growth," Harvard Business Review on Strategies for Growth, 1998

영원히 매력적인 산업도, 영원히 뛰어난 기업도 없다. 한때 성공한 블루오션이라고 하더라도 조만간 경쟁업체들의 모방과 추격에 의해 레드오션으로 전락할 수 있다.

시르크 뒤 솔레유가 개척한 아트서커스 분야에서도 서크 엘루아즈(Cirque Eloize), 슬라바 스노쇼(Slava' s snow show) 등의 경쟁업체들이 등장했으며, 130년 역사를 자랑하는 링글링 브라더스(Ringling Brothers) 도 시르크 뒤 솔레유와 유사한 연극적 요소를 가미하고 있다.

물론 최초의 가치혁신 기업은 비용이나 규모 면에서 상당기간 우위를 누릴 수 있다. 또한 레드오션의 게임룰에 익숙해 있던 기존 기업들이 순식간에 가치혁신을 모방하는 것도 쉽지 않다. 그러나 결국은 시간의 문제일 뿐 언젠가는 경쟁에 직면할 수 밖에 없다. 이때는 또 다시 새로운 블루오션으로 옮겨 타는 것만이 성장을 지속하는 유일한 방법이다.

자신의 가치곡선이 경쟁자들과 비슷해 보이기 시작하면 이것은 또 다른 블루오션을 창출해야 한다는 경보이다. 결국 "블루오션 창출은 정적인 성취가 아니라 역동적 프로세스"여야 한다.

지금은 HP에 인수되어 역사 속으로 사라졌지만 전성기 때 컴팩(Compaq)은 가치혁신의 3대 플랫폼이라고 할 수 있는 제품(Product), 서비스(Service), 납기(Delivery)를 적절히 개선해 가면서 가치혁신을 지속한 바 있다. 즉 서버 비즈니스에 있어서 경쟁자들보다 한발 앞서 소비자들의 요구 변화를 적시에 포착하여 시장에 새로운 가치를 제공할 수 있었다.

김위찬 교수의 말처럼 가치혁신은 학습과정(Learning Process)을 필요로 한다. 그리고 이 학습과정에는 이전에 알았던 것은 버리고 새롭게 배우는 재구조화(Reframing) 프로세서가 반드시 필요하다.

치안서비스에도 푸른 바다 넘실, 경찰청의 혁신

경찰청이 블루오션 전략을 본격 도입, 치안서비스 혁신에 나섰다. 정부 부처가 조직 차원에서 블루오션 전략을 도입하기는 이번이 처음이다. 지난해부터 경찰청 혁신기획단을 중심으로 블루오션 전략을 연구해 온 경찰청은 업무혁신을 위한 핵심 전략도구로 블루오션을 채택했다.

경찰청은 일선 경찰관들에게 '최상의 치안 서비스를 위한 경찰 블루오션 혁신전략'이라는 안내책자를 만들어 각 경찰서에 배포했다. 경찰청은 이 책자를 통해 "언제까지 현실에 안주하며 한정된 시장에서 치열하게 경쟁해야 하느냐"며 "앞으로 블루오션 전략을 경찰 혁신의 고유 브랜드로 정착시켜 최상의 치안 서비스를 제공하겠다"고 밝혔다. 블루오션이 경찰청 혁신의 최우선 전략임을 공식 천명한 것이다.

실제로 경찰청은 블루오션 전략을 연구해 많은 개선 과제를 도출, 시행하고 있다. 정지선 단속을 강화하고 가짜 교통 카메라를 철거키로 한 게 대표적 사례다. 볼링에서 킹핀(King Pin)을 쓰러뜨리면 다른 핀도 모두 넘어뜨릴 수 있는 것처럼 정지선 지키기가 정착되면 선진 교통문화를 만들 수 있을 것으로 경찰청은 판단했다. 또 가짜 교통 카메라가 교통행정에 대한 불신을 초래했다고 판단, 이를 철거해 신뢰를 바탕으로 한 자발적 교통질서를 정착시키기로 했다. (후략)

출처: 한국경제신문, 2005. 9. 21자

가치혁신은 NYPD의 전유물이 아니다. 횡단보도 정지선 단속에 이어 지하철과 한강공원에서의 경범죄 단속, 가짜 교통 카메라 철거 등을 통해 우리나라 경찰 업무에도 본격적인 가치혁신이 도입되고 있다.

삼성, 짝퉁보르도에 화는 나지만…
하이얼에 법적대응 검토하다 中정부 자극 우려해 포기

삼성전자가 중국 하이얼을 상대로 보르도 LCD TV 디자인 모방에 대해 법적 대응을 검토했으나 문제를 제기하지 않는 쪽으로 잠정 결론을 내렸다. 삼성전자 관계자는 13일 "하이얼이 새로 출시한 LCD TV가 삼성 보르도TV와 유사한 만큼 최근까지 법적 대응을 검토해 왔던 게 사실"이라며 "그러나 중국 정부를 자극할 염려가 있고, 중국과 마찰을 일으키면 삼성의 대중국 사업에 영향을 줄 수 있다는 지적이 제기돼 법적 대응 방침을 포기했다"고 밝혔다.

이와 관련해 중국 최대 가전업체인 하이얼은 지난달 31일 독일 베를린에서 개최된 IFA2007 기간에 LT32R1 등 새 LCD TV를 대거 전시한 바 있다. 그러나 새 LCD TV 디자인이 와인잔을 형상화한 삼성 보르도TV 디자인과 너무 닮아 '짝퉁 보르도' 논란을 불러왔다.

삼성전자 디자인 전략을 총괄 지휘하는 디자인센터 정국현 전무는 IFA2007에 참석한 뒤 귀국해 "하이얼이 새로 내놓은 LCD TV가 보르도 디자인을 꼭 빼닮아 너무 놀랐다"며 "법적 대응을 검토 중"이라고 말했다. 정 전무는 "보르도를 닮은 TV가 저렴한 가격을 앞세워 중국에서 선풍적인 인기를 끌고 있다는 게 더욱 걱정되는 부분"이라고 덧붙였다. (후략)

출처: 매일경제, 2007. 9. 14자

과연 중국업체가 삼성의 독자적 디자인을 모방했는가, 그리고 거기에 대해 삼성이 법적 대응을 자제하는 것이 전략적으로 타당한가의 여부는 그 자체만으로도 어려운 문제이다. 한 가지 분명한 것은 레드오션에서의 시시비비를 가리는 것보다는 또 다른 가치혁신을 통해 새로운 블루오션으로 나아가는 것만이 궁극적인 해답이라는 사실이다.

성장의 열쇠

1. 기존 사고의 틀을 과감히 벗어날 때 블루오션 개척이 가능하다.

2. 가치혁신은 기존 패러다임의 점진적 개선이 아니라 제로베이스에서 다시 생각할 것을 요구한다.

3. 미국의 나이키는 '공장 없는 제조업'을 실현했다.

4. GE와 같은 복합기업들은 사업부문 간 역량을 레버리지해서 시너지를 높이고 새로운 성장기회를 찾을 수 있다.

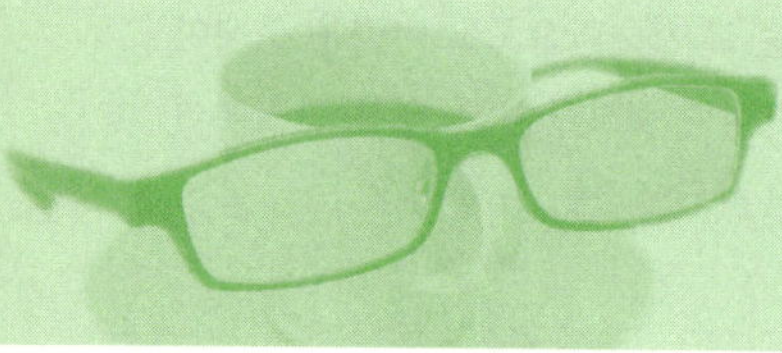

CHAPTER 12

M&A를 통한 성장

벤츠가 날지 못한 이유는?

사고 파는 행위는 모든 경제활동의 기본이다.

재화와 서비스뿐만 아니라 기업도 사고 팔 수 있다.
M&A가 자본주의의 미학이 될지 저주가 될지는
기업 스스로 결정해야 한다.

기업도 사고 팔 수 있다

M&A 수행단계

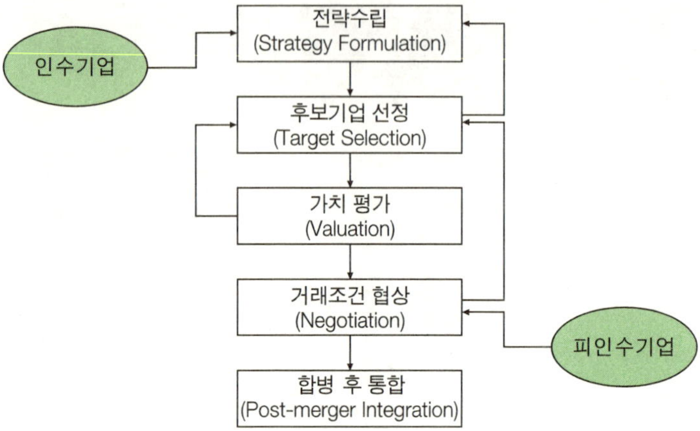

출처: 이승주, 경영전략 실천 매뉴얼, 시그마인사이트컴, 1999

당연한 말이겠지만 기업도 사고 팔 수 있다. 특히 최근에는 M&A에 대한 각종 제한과 규제가 풀리면서 국적이 다른 기업들 간의 매매(Cross-border M&A)도 흔하다. 일부 국가 기간산업에 대해서는 미국의 엑슨플로리오법(Exon-Florio Act)과 같이 예외적인 장벽이 남아 있으나, 원칙상으로 모든 기업 간 M&A는 자유롭다.

단기간에 빠른 성장을 모색하는 기업에 있어서 M&A는 뿌리칠 수 없는 유혹이자 매력적인 대안이다. 자신과 덩치가 비슷한(혹은 더 큰) 기업을 인수할 수만 있다면 하루 아침에 2배(혹은 그 이상) 규모를 키울 수 있으며, 자신의 부족한 기술과 역량을 단시일 내에 수혈받을 수 있다.

M&A가 이루어지는 과정을 보면 계획 수립에서부터 적합한 매물을 선별하고 가격을 흥정하며 계약을 체결하는 등 일반적인 제품 구매 과정과 별반 다를 바 없다. 다만 거래금액이 매우 크고 거래 대상의 가치를 정확히 알 수 없으며, 이해 당사자가 많다는 점에서 더욱 섬세하고 정교한 절차를 요구한다고 하겠다.

M&A의 이해 당사자로는 인수 기업과 피인수 기업의 종업원, 양 기업의 주주와 투자자, 법률회사, 투자은행, M&A 자문사, 글로벌 M&A의 경우 각국 정부 등이 있다.

M&A 추진 단계별로 중요한 고려 사항으로는 다음과 같은 것들이 있다.

① 기업의 비전에 부합하는 M&A 전략과 목표 설정

② 상호보완적 경영자원과 유사한 기업문화를 갖는 매물 선정

③ 재무적, 비재무적 요소를 모두 고려해 시너지를 낼 수 있는지 평가

④ 신속하고 깊이있는 실사(문화적 실사를 반드시 병행)

⑤ 계약체결 이전부터 통합과정 준비(사안별로 통합의 정도와 속도를 조절)

기업 매매의 목적은 그때 그때 다르다

M&A 웨이브의 시기별 특징

시기	특징
1차 (1897~1904년)	수평적 결합
2차 (1916~1929년)	수직계열화를 통한 일괄생산체제 구축
3차 (1965~1969년)	사업다각화를 통한 복합기업(Conglomerate)화
4차 (1981~1989년)	구조조정이나 재무차익을 노린 적대적 M&A 빈발
5차 (1993~2000년)	선진국을 중심으로 글로벌 성장을 위한 초대형 합병과 국가간 M&A
6차 (2003년 이후)	글로벌 기업들의 M&A 대상이 신흥시장으로 확대

출처: 강원 외, 글로벌기업의 M&A 현황과 시사점, CEO Information, 삼성경제연구소, 2006. 4

2006년 매킨지(Mckinsey)의 조사에 의하면 기업들은 M&A를 통해 역량강화, 시장 확장, 판매량 증대, 규모 확대, 사업 다각화, 혁신 등 다양한 성과를 기대한다고 한다. 이렇듯 지금은 M&A가 중요한 기업성장 전략으로 일상화되다시피 했지만 좀 더 긴 시각으로 보면 시대 상황과 경제 환경의 변화에 따라 특정 유형의 M&A

가 붐을 이루었던 시기가 있었다.

우선 1900년대 초에는 주로 동종 산업 내 수평적 결합을 통한 외형 확장과 수직 계열화를 통한 일괄 생산체제 구축이 M&A의 주된 목적이었다. 미국을 중심으로 대량생산 체제가 본격적으로 전개된 시기였던 만큼 기업체들에게는 M&A를 통한 성장이 중요한 화두였다. 이 시기 미국의 앤드루 카네기(Andrew Carnegie)는 철강왕국을, 존 데이비슨 록펠러(John Davison Rockefeller)는 석유제국을 건설하게 된다.

1960년대 후반에는 미국의 반독점법(Anti-trust Act) 등으로 인해 동종 산업 내 규모 확대가 제한을 받게 되자 사업다각화(Diversification) 차원에서 M&A가 이루어지며 그 결과 복합기업(Conglomerate)이 등장하게 된다.

그 후 1980년대에는 재무적 차익을 위한 적대적 M&A가 성행하며 기업사냥꾼들(Raiders)이 등장하여 경영이 부실한 기업을 마구잡이로 인수한 후 구조조정을 거쳐 되파는 경우가 많았다.

1990년대 이후 최근까지는 선진국 기업들을 중심으로 글로벌 확장을 위한 초대형 합병(Mega-merger)의 시대이다. 국가의 경계를 넘어서는 M&A도 빈번하며 때때로 국가간 정치적 갈등을 유발하기도 한다. 주로 전세계적 시장통합과 그에 따른 과점화에 대한 대응, 규모의 경제를 통한 비용절감과 시너지 창출, 상호 보완적 역량 극대화 등을 목적으로 M&A가 진행되고 있다.

다 같은 M&A가 아니다

M&A 유형별 특징

	특징	사례
1. 과잉설비 해소형 M&A	자동차, 철강, 석유화학 등 자본집약적 성숙산업의 초과설비 문제를 통합을 통해 해결. 인수 후에는 합리화 조치가 필수적	다임러벤츠의 크라이슬러 인수
2. 지리적 확장형 M&A	단순 Copy & Paste에서 나아가 현지의 특수성을 감안한 확장 전략 필요	1980~1990년대 초 뱅크원(Bank One)의 여러 지방은행 인수
3. 제품·시장 확장형 M&A	기존 제품 및 시장에서 멀리 갈수록 성공확률 저하. 문화적 차이가 큰 장애로 작용	퀘이커 오츠(Quaker Oats)의 스내플(Snapple) 인수
4. 연구개발형 M&A	속도가 생명이므로 문화적 실사(Cultural Due Diligence)는 필수. 핵심인재 이탈 방지가 관건	시스코의 IT 벤처기업 인수
5. 산업융합형 M&A	기존 산업의 경계선이 붕괴됨에 따라 새로운 기회의 포착을 통한 가치창출	비아콤(Viacom)의 파라마운트, MTV·니켈로디안, 블록버스터 인수

출처: Joseph L. Bower, "Not all M&As are alike – and that matters", Harvard Business Review, March 2001

M&A 시장에는 정글의 법칙(Jungle Law)이 작용한다. 한치 앞을 내다볼 수 없는 정글 속에서 먹느냐 먹히느냐(Eat or Be Eaten)의 갈림길에 선 채 기업을 경영해야 하는 상황인 것이다.

아이러니한 것은 먹는 쪽이 반드시 승자로 기억되지는 않는다는 점이다. 피인수 기업을 둘러싸고 M&A 경합이 벌어질 경우 인수 금액이 너무 높아져 상처뿐인 영광(Winner's Curse)만 남는 경우도 있고, M&A 이후의 전략 실수로 애초에 기대했던 성과를 거두지 못하는 경우도 다반사다.

M&A 유형에 따른 핵심 특징들을 정리하면 앞 그림과 같다. 우선 과잉설비 해소형 M&A는 자동차, 철강, 석유화학 등 자본집약적 성숙 산업의 초과설비 문제를 업체간 통합을 통해 해결하려는 목적의 M&A이다. 따라서 인수 후에는 대대적인 구조조정과 합리화 조치가 뒤따르는 것이 일반적이다.

지리적 확장과 제품/시장 확장형 M&A는 기존 제품의 공급 범위를 확장한다든지 제품 라인업을 확장하기 위한 목적의 M&A이다. 따라서 인수기업과 피인수기업간 사업지역과 주력 제품 등에 있어서 시너지 여부가 가장 중요한 관건이 된다.

연구개발형 M&A는 그야말로 기술 확보를 위한 M&A인데 기술 발전 속도가 빨라지면서 특히 더 중요해졌다. 인수합병의 속도와 인수 후 인력 이탈 방지가 성공의 관건이 된다. 마지막으로 산업융합형 M&A는 산업간 경계선이 파괴되면서 나타나는 융합(Convergence)의 기회를 활용하기 위한 것이며 향후 크게 증가할 것으로 점쳐지는 유형이다.

유형별로 다소간의 차이는 있겠으나 한가지 공통되는 사항은 M&A 전쟁의 진정한 승자가 되기 위해서는 애초의 인수 목적과 인수 이후의 통합 전략에 있어 최대한 일관성을 유지해야 한다는 것이다.

GE를 키운 건 M&A

GE의 성장과 M&A

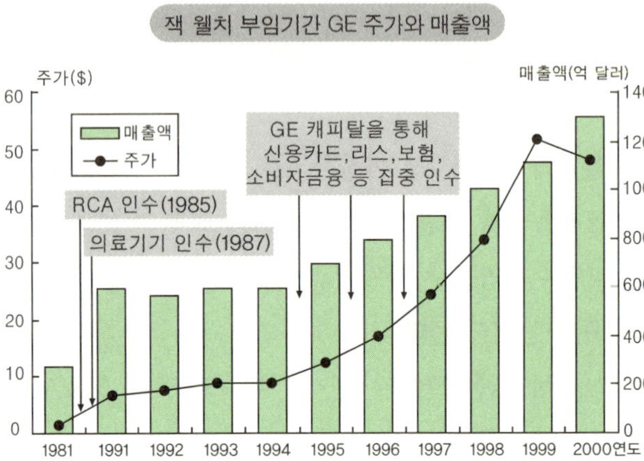

출처: 김은환, GE 웰치 회장의 성공경영과 시사점, SERI CEO Information, 2001. 11. 7

'5피트 8인치의 땅딸막한 키, 근육질의 체격, 그에겐 버스 수리공이 더 잘 어울린다.' 1981년 잭 웰치(Jack Welch)가 GE의 CEO로 부임할 당시 〈비즈니스 위크〉의 평가이다. 3년 후인 1984년, 〈포천〉은 미국에서 가장 무자비한 10명의 경영자 중 1위로 잭 웰치를 꼽았다.

그랬던 잭 웰치가 어느 순간부터 '20세기 기업경영의 살아있는 교과서', '월스트리트의 마이클 조던'으로 칭송받으며 미국 기업역사상 최고의 CEO로 평가되고 있다. 그 비결은? 두말할 것도 없이 '실적' 이다.

잭 웰치 부임 기간 동안 매출은 1981년 270억 달러에서 2000년 1290억 달러로 4.8배, 순이익은 15억 달러에서 127억 달러로 8.5배 증가했으며 자본수익률은 20% 수준을 기록하여 미국 평균 12%를 훨씬 초과했던 것이다.

GE의 이러한 놀라운 성과를 가능케 했던 수단은 바로 M&A다. 잭 웰치는 1981~1996년 120억 달러에 달하는 232개 사업을 매각했고 260억 달러 이상의 338개 사업을 매수했다. 주로 금융, 방송 등 서비스 사업을 대폭 강화한 반면 항공, 가전부문 등 기존의 제조사업 일부를 매각했다(GE의 서비스 성장 전략은 앞의 8장에서 살펴보았다).

'사서 키우는 것' 이 잭 웰치의 장기였다. 내부에서 육성하기보다는 가능성 있는 기업을 매수하여 GE 의 경영 노하우와 자금을 집중 투입하며 단기간에 성과를 올리는 전략을 채택했다. 각 사업단위마다 M&A 를 주도하는 사업개발(BD: Business Development) 조직을 두었는데, BD 멤버들은 100여 명의 초엘리트급 인재로서 대부분 외부에서 스카우트되며 수년 내에 주요 사업의 핵심간부로 등용했다고 한다.

"GE가 매수한 기업들이 모두 잘 되리라고는 생각하지 않는다. 이들 중 70%만 잘 되면 괜찮은 것 아닌가?" 잭 웰치의 M&A 철학을 짐작해 볼 수 있는 말이다.

미탈, 공격적 M&A로 철강왕국을 건설하다

성숙산업에 불을 붙인 미탈의 M&A

	M&A 내역
1976	인도네시아 Ispat Indo(6만톤)
1989	트리니다드토바고의 Iron&Steel company 인수
1992	멕시코 정부로부터 Sibalsa 인수(인수가 2억 2000만 달러)
1994	퀘벡 정부로부터 캐나다 4위 Sidbec-Dosco 인수
1995	독일 Hamburger Stahlwerke, 카자흐스탄 Karmet 인수
1998	미국 4위 Inland Steel 인수
1999	프랑스 Unimetal SA 인수
2001	알제리로부터 ALFASID, 루마니아로부터 Sidex 인수
2003	체코로부터 Nova Hut 인수
2004	폴란드 Polski Huty Stali 인수, 보스니아 BH Steel 인수, 미국 ISG 인수 (인수가 45억 달러)
2005	중국 후난바린 인수(지분 36.7%) 우크라이나 Kryvorizhstal 인수 (인수가 48억 달러)
2006	Arcelor 인수(인수가 336억 달러), 멕시코 시카르차 인수

〈조강 생산량 순위〉

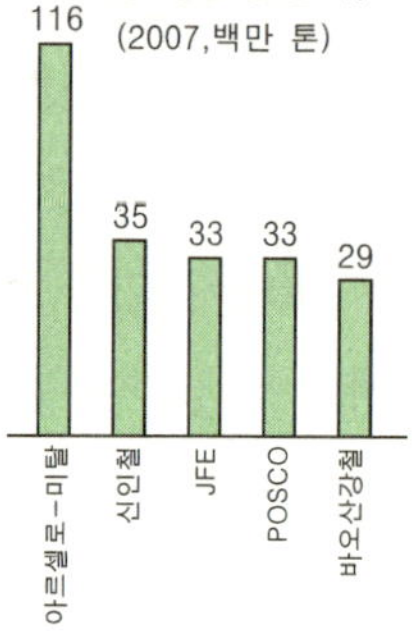

21세기 철강왕 락시미 미탈(Lakshmi Mittal)은 1976년 미탈스틸(Mittal Steel)을 설립한 이래 30여 년 만에 거부(巨富)를 일군 입지전적 인물이다. 현재 개인 총 재산 235억 달러로 세계 5위를 달리고 있으며 왕궁을 뺀 개인주택으로는 세계에서 가장 비싼 영국 런던의 켄싱턴 저택을 2004년에 1억2800만 달러에 매입하기도 했다.

같은 해 파리 근교의 고성을 빌려 자신의 딸의 결혼식 피로연을 열었는데 무려 5일 동안 1000명 이상의 하객을 초대했다고 한다. 여기에 소요된 비용은 무려 6500만 달러. 인도의 한 잡지는 "아빠, 에펠탑을 사주세요"라는 제목으로 이 결혼식을 상세히 보도했을 정도이다.

미탈스틸은 1989년 매일 10만 달러의 적자를 보고 있던 트리니다드토바고의 철강기업을 인수해 1년 만에 정상화시킨다. 그 후 카자흐스탄, 루마니아, 우크라이나, 남아공, 알제리 등 경영이 어려운 국영 철강사들을 싼 값에 매입하여 미국식 구조조정과 생산 효율화를 통해 정상화시키면서 성장을 거듭해 왔다.

2006년에는 세계 1위 철강사인 유럽의 아르셀로(Arcelor) 인수에 성공함으로써 세계 최대의 철강제국 '아르셀로-미탈스틸'을 탄생시켰다.

아르셀로-미탈스틸은 현재 27개국에 61개 공장을 갖고 있으며 직원수만도 33만 명에 달한다. 2007년 생산량은 1억1600만 톤으로 세계시장의 10% 가량을 점유했고 매출 1050억 달러(전년 대비 18.8% 증가), 순이익 104억 달러(전년 대비 30% 증가)를 기록했다.

락시미 미탈 회장은 "민주주의는 비즈니스와 무관하며 가장 중요한 것은 성장"임을 강조한다. 미탈식 M&A의 성공요인은 기업의 잠재가치를 남보다 한발 앞서 발견하는 통찰력, 분명한 목표의식에 기반한 신속한 의사결정과 과감한 실행력, 그리고 M&A 이후의 매끄러운 조직통합과 경영 정상화 능력에 있다고 하겠다.

M&A를 변신의 도구로 활용하라

CJ, 멈추지 않는 진화

CJ

인수시기	인수(매각)대상	금액(억 원)
2000년2월	해찬들(지분50%)	530
5월	39쇼핑(현재 CJ홈쇼핑)	2,300
10월	케이블TV 경남방송	–
12월	케이블TV 마산방송	–
2001년2월	음료사업 매각	300
12월	드림라인 매각	356
2002년7월	한국CARV 금암방송	–
8월	중부산CATV	–
9월	화장품사업 매각	136
10월	제일선물 매각	243
12월	삼양유지사료	470
2003년3월	케이블TV 해운대방송	54
2004년1월	신동방(전분당사업)	530
3월	한일약품	2,300
4월	플래너스(현재 CJ인터넷)	–
8월	생활사업부문 매각	–
2005년11월	미국 애니천 인수	608만 달러
12월	해찬들(지분50%)	750
2006년1월	케이블 TV 충남방송	175
	케이블TV 모두방송	280
2월	삼호F&G	200
3월	싱가포르 어코드	350
	영남방송	615
4월	드림시티	3,580

출처: 매일경제신문, 2006. 4. 6 / CJ 그룹 연차보고서, 2007

국내 기업들은 전통적으로 M&A를 통한 성장에 소극적이었다. 특히 '적대적(Hostile)' M&A에 대해서는 건전한 상거래 관행을 해치는 것으로 간주하고 '적대적' 으로 보는 분위기가 지배적이었다.

그러나 1997년의 외환위기, 그리고 연이은 외국계 헤지펀드(Hedge

Fund)의 국내기업 인수를 계기로 M&A에 대한 인식은 크게 달라졌다. 이제 국내 기업들은 M&A를 구조조정, 사업시너지 증대, 신사업 진출, 기술 획득 등의 수단으로 적극 활용하기 시작했다.

식용유에서 출발했던 CJ는 최근 가장 활발하게 M&A 전략을 구사하는 기업 중 하나이다. 지주회사로 변신을 시도 중인 CJ(주)와 그룹 내 계열회사들은 지난 2000년 이후 2006년 4월까지 총 24건(17건 매입, 7건 매각)의 M&A를 성사시켰다. 최근 6년 동안 3개월에 한번 꼴로 M&A를 해 온 셈이다. 전체 들인 비용은 1조2500억 원에 달한다.

기업을 운영하는데 있어서 '사는' 일 보다는 '파는' 일이 상대적으로 더 어렵게 마련이다. 자금 문제 외에 정서적 애착, 구성원의 반발 등 여러 가지 소프트 이슈가 얽혀 있기 때문이다. 또한 단기간에 너무 많은 M&A로 인해 조직이 소화불량에 걸리고 주력사업이 모호해진다면 큰 문제가 아닐 수 없다. CJ는 일관된 장기 전략하에 방향성을 잃지 않고 매입과 매각간 균형을 취하고 있다.

2007년 현재 CJ그룹의 매출은 7조 원인데 그 구성을 보면 식품, 외식사업 등 식품 · 서비스 부문이 44%, 홈쇼핑 등 신유통 부문이 24%, 케이블 TV, 영화 등 엔터테인먼트 · 미디어 부문이 14%, 바이오 사업 등 생명공학 부문이 12%, 금융 등 인프라 부문이 6%를 점유하고 있다. 이렇듯 기업의 무게 중심을 단기간에 생명공학과 엔터테인먼트 · 미디어 부문으로 옮겨 가는데 있어서 M&A가 결정적 역할을 하고 있다.

이랜드의 핵심역량은 M&A?

이랜드, M&A를 통한 압축성장 전략

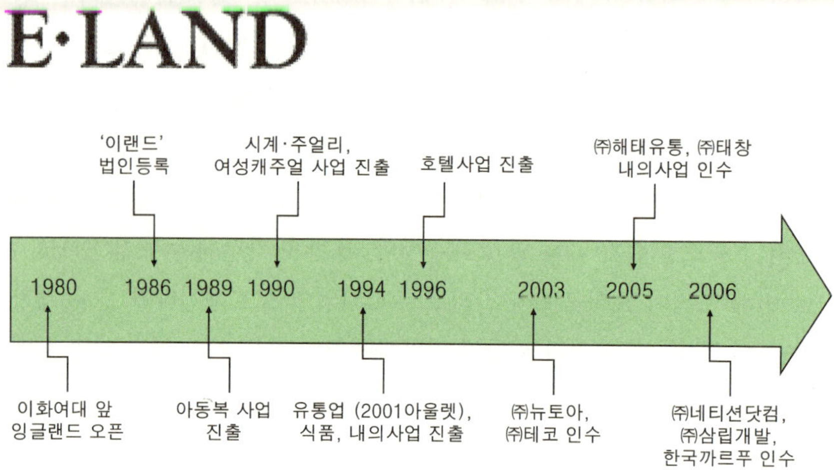

출처: 이랜드 연차보고서, 2006

1980년 이화여대 앞 패션거리에 '잉글랜드'라는 보세 옷가게로 출발한 이랜드(E-Land)는 중저가 캐주얼 의류의 시장 수요를 간파하고 이랜드, 브렌따노, 언더우드 등의 브랜드를 잇달아 히트시키면서 성장해 왔다.

전형적인 의류업체의 자체성장(Organic Growth) 경로를 걷던 이랜드는 2000년 이후 궤도를 크게 수정한다. 성장 수단으로 M&A를 적극 활용하고 성장 분야도 유통 등으로 확대한 것이다. 이랜드는 데코, 해태유통, 네티션닷컴 등 브랜드 가치가 높은 아동복과 캐주얼 브랜드를 잇달아 인수한다. 그리고 2003년 뉴코아 백화점, 2005년 킴스클럽 마트 등 유통업체들을 인수하면서 성장의 폭을 확대한다. 급기야 2006년 4월에는 한국 까르푸를 전격 인수(인수가 1.7조 원)하면서 유통업계의 다크호스로 떠오르게 된다.

일반적으로 이랜드는 의류에서 출발하여 의류로 큰 업체로 알려져 있다. 그러나 최근의 행보를 보면 오히려 M&A 전문업체로 인식해도 큰 무리가 없어 보인다. 최근의 까르푸 인수로 이랜드는 패션 프리미엄 아웃렛 22개, 백화점 2개, 대형 슈퍼마켓 32개, 할인점 32개를 갖춰 유통의 포트폴리오를 완성하게 된다.

이랜드는 2010년까지 패션과 유통 양대 사업부문을 기반으로 매출 7조 원, 순이익 1조 원을 달성한다는 내용의 중장기 청사진을 갖고 있다. 2006년 기준 매출 4.1조 원, 순이익 1100억 원임을 감안하면 매우 도전적인 성장 목표가 아닐 수 없다.

박성수 이랜드 회장은 한국 까르푸를 인수하면서 "기존 할인점과의 경쟁을 피하고 새로운 시장을 만들어 갈 것"이며 구체적으로 "패션 아웃렛이 가미된 새로운 형태의 할인점으로 특화"해 나갈 계획임을 밝히고 있다. 기존 사업부문과 신규 인수부문간의 통합과 시너지 발휘 여부가 이랜드의 미래를 결정할 것으로 보인다.

M&A가 만병통치약은 아니다

성공한 M&A는 30%뿐

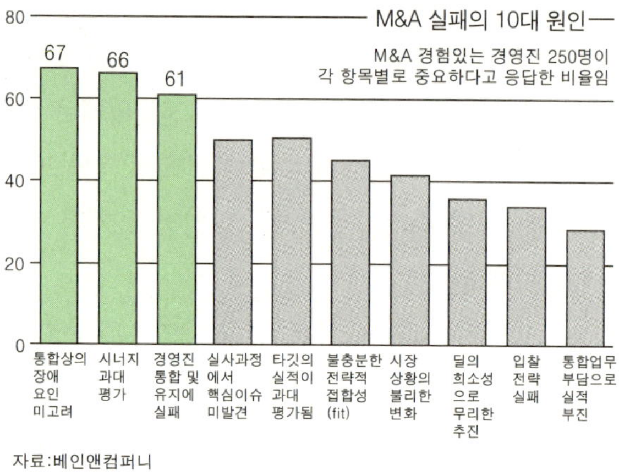

출처: 조선일보, 2007. 8. 11

M&A는 그 거래금액이 천문학적인 수준이고 손에 땀을 쥐게 하는 드라마틱한 요소가 많기 때문에 대개 언론의 첫 머리를 장식하고는 한다. 그러나 빈 수레가 요란하다고 했던가? M&A의 성적표를 보면 의외의 초라함에 실망하게 된다.

일반적으로 전체 M&A의 65% 정도는 오히려 기업가치를 떨어뜨린다고 한다. 일단 M&A 게임이 시작되면 냉철한 판단력을 잃은 채 거래의 성사에만 몰입하는 딜열병(Deal Fever)에 빠지기 쉽다. 또한 북극산 나그네쥐, 레밍스(Lemmings)처럼 영문도 모르고 M&A 도미노에 빠지는 수도 있다. 설사 적절한 매물을 제값에 인수했다 쳐도 그 이후의 통합 과정이 결코 녹록치 않다. 여기저기에 실패요소가 잠복해 있는 것이다.

앞 그림은 M&A의 성패에 대한 베인앤컴퍼니(Bain & Company)의 조사결과이다. 미국 등 6개 선진국 700개 대기업의 M&A 사례를 분석했는데, 10건의 M&A 중 3개 정도만 성공한 것으로 밝혀졌다.

이렇듯 M&A가 실패하는 요인 중 가장 큰 것으로는 통합 과정에 예상치 못한 장애요인이 발생하거나 피인수 기업의 핵심인력이 이탈한 경우, 혹은 기대했던 만큼의 시너지 발생에 실패한 경우 등이 있다.

여러 M&A 실패 사례 중 가장 극적인 사례로 AT&T가 있다. AT&T가 전통적인 유선전화 사업의 한계를 깨닫고 광역 케이블 사업에 눈을 돌린 것까지는 좋았다. 그런데 1999년 TCI, 2000년 미디어원 인수에 소요된 1000억 달러라는 인수 비용이 두고 두고 발목을 잡았다.

거기다 닷컴 산업의 거품이 꺼지면서 AT&T의 가치는 급속도로 빠지기 시작했다. 결국 위기를 느낀 A&T는 야심차게 시작했던 케이블 사업 자산을 다시 팔아치워야 만 했다(잇따른 인수 실패로 허약해진 AT&T는 2005년 벨SBC에 매각되며 100년 역사를 마감한다).

규칙을 통해 냉정을 찾아라

시스코의 M&A 마리오롤

CISCO SYSTEMS

시스코 마리오롤

1. 고객이 3년 안에 원하는 기술만 인수
2. 기술과 인재를 동시에 인수
3. 피인수 기업 직원 퇴사 시 양사 CEO가 결재
4. 인접지역의 기업만 인수
5. 3개월 내에 시스템 통합 완료
6. 6개월 내에 가시적 성과 도출

출처: 강원, SERI, 전략적 M&A의 배경과 성공방안, CEO Information, 삼성경제연구소, 2002. 11. 13

1984년 스탠퍼드 대학 출신인 컴퓨터 과학자 렌 보삭(Len Bosack)과 샌디 러너(Sandy Lerner)가 스탠퍼드 대학 내 건물과 건물을 네트워크로 연결하기 위해 초보적인 라우터(Router)를 개발한 것이 오늘날 시스코시스템즈(Cisco Systems)의 출발점이다.

시스코는 1993~2000년간 70여 개 IT업체를 인수하면서 초기시장을 선점하고 핵심기술을 확보하는 전략을 구사해 왔다. 1999년과 2000년에는 매월 평균 2개 이상의 기업을 인수하면서 '인수합병기계(Acquisition Machine)'라는 별명을 얻기도 했다.

시스코는 M&A 대상기업 평가에서 사후통합에 이르기까지 명확한 원칙을 사전에 설정하고 이를 준수하는 것으로 유명하다. 인수 전담조직인 A&D(Acquisition & Development)팀을 운영하고 있으며 인수조건이 아무리 매력적이어도 기업 문화가 시스코와 맞지 않는다고 판단되면 인수 대상에서 배제한다.

시스코의 인수합병 철학은 '마리오룰(Mario Rule)'로 잘 알려져 있다. '마리오'는 시스코가 1993년 9월 인수한 크레센도(Crescendo)의 사장 이름(Mario Mazzola)에서 유래된 것인데, 앞 그림에서 보는 바와 같이 'And' 로 연결된 6개 원칙으로 구성되어 있다. 마리오룰은 어느날 갑자기 생긴 것은 아니다. 시스코의 사업 성격상 M&A를 많이 할 수 밖에 없었고 그 결과 나름의 원칙이 축적된 것이다.

특히 시스코는 제휴를 인수로 가는 디딤돌로 활용하고 있는데, 시스코가 인수한 기업의 25% 정도는 시스코로부터 전략적 제휴의 형태로 사전에 소규모 지분 투자를 받은 기업들이다. 될성부른 나무를 사전에 발굴하고 키워 가려는 시스코의 신중함을 엿볼 수 있는 대목이다.

시스코의 2007년 매출은 350억 달러(전년 대비 22.6% 증가), 순익은 73억 달러(전년 대비 31.4% 증가)이다.

통합 후 뒷정리가 더 중요하다

GE의 합병 후 통합 원칙

imagination at work

1	M&A를 통한 기업결합은 일회성 사건이 아니라 관리가능한 프로세스이다. 실사 단계에서부터 이미 통합관리(Integration Management)를 시작하라.
2	통합관리는 생산, 마케팅, 재무 등과 마찬가지로 별도의 관리자를 필요로 한다.
3	인수 후 구조조정 및 조직 변경 등은 최대한 빨리 실행하라. 지체될 경우 불확실성과 걱정이 쌓이고 조직의 가치를 훼손한다.
4	조직문화까지도 통합하는 것이 중요하며, 인수 및 피인수 기업의 종업원들을 같이 일하게 하여 가시적인 성과를 도출하라.

출처: Ronald N. Ashkenas, Lawrence J. Demonaco and Suzanne C. Francis, "Making the Deal Real: How GE Capital Integrates Acquisitions," Harvard Business Review, 1998

《로마인 이야기》를 쓴 일본 작가 시오노 나나미(鹽野七生)의 말대로 "지성에서는 그리스인에, 체력에서는 게르만인에, 기술력에서는 에트루리아인에, 경제력에서는 카르타고인에 뒤떨어지는 것이 로마인들이다." 이렇게 보잘것없던 로마인들이 1000년 제국을 일궈낸 비결은 끊임없는 M&A(식민지 정복)에 있었다. 그러나 결코 사그라지지 않을 것 같던 팍스 로마나(Pax Romana)의 영광이 무너지게 된 원인도 바로 M&A 관리의 어려움 때문이었다.

M&A를 통해 물리적 결합을 넘어 화학적 융합을 이루려면 두 기업의 문화적 DNA를 통합해야 한다. 합병 후 통합(PMI: Post Merger Integration)은 M&A의 최종 단계로서 의사결정 및 업무 프로세스, 조직문화가 다른 두 기업이 진정한 의미의 단일 실체로 통합되는 과정이다.

부즈앨런해밀턴(Booz Allen Hamilton)의 조사에 따르면, PMI 단계에서의 실패 확률은 53%에 달하며 이는 M&A 사전단계(30%) 및 협상단계(17%)의 실패 확률을 훨씬 뛰어넘는다고 한다. 결국 통합전략이 M&A의 성패를 좌우한다고 해도 과언이 아니다.

잭 웰치 이후 GE는 기업 매수를 일회성 사건이 아니라 이질적 기업을 하나로 만들고 시너지를 창출해 가는 '과정(Process)'으로 인식하고 있다. 별도의 통합관리자를 임명하고 패스파인더(Pathfinder Model)라는 통합 프로그램을 운영하고 있으며, 특히 인력통합에 많은 노력을 기울이고 있다.

잭 웰치 회장은 1985년 미국의 방송사 NBC를 인수하면서 다음과 같이 말했다. "나는 어떻게 좋은 텔레비전 프로그램을 만드는지 모른다. 그러나 가장 좋은 사람을 선택하고 자금을 지원해 주는 것이 나의 업무이다." 이 말 한마디로 GE는 M&A에 따르는 경영간섭의 우려와 조직의 동요 소지를 말끔히 제거할 수 있었다.

과도한 기대가 비극을 부른다

다임러벤츠와 크라이슬러, 잘못된 만남

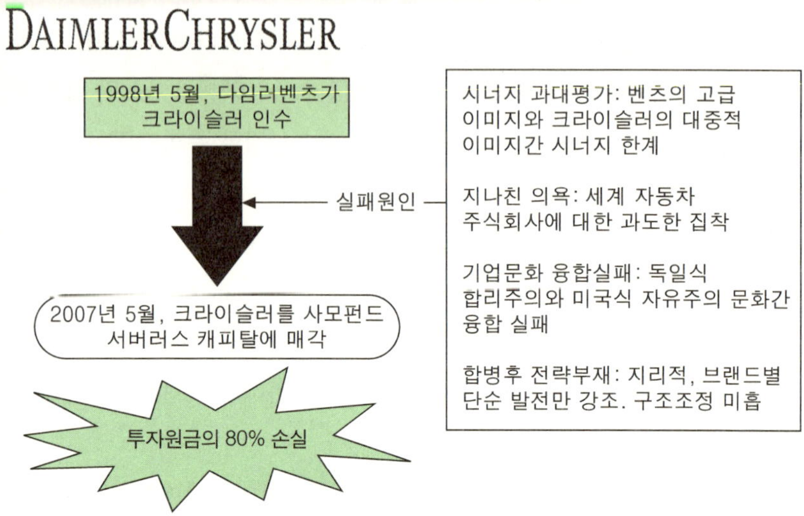

시너지에 대한 막연한 기대가 M&A 열병과 합쳐져서 나타난 가장 드라마틱한 실패 사례는 독일의 다임러벤츠(Daimler-Benz)와 미국의 크라이슬러(Chrysler) 간 합병에서 찾을 수 있다.

'천상의 결혼(Marriage in Heaven)'으로 평가받던 두 기업간 합병이

9년 만에 '지상의 이혼'으로 전락한 것이다. 합병 당시 일부에서 '약점끼리의 합병', '분필과 치즈의 결합'(겉모습은 비슷하지만 실상은 완전히 다른 제품의 결합)이라고 비난했던 것이 결국 저주가 되어 돌아온 것이다.

전세계 자동차업계는 1990년대 들어 과잉 설비투자가 심화되면서 신시장 확보를 위한 경쟁이 치열해졌다. 1998년 다임러벤츠가 크라이슬러를 인수한 것은 유럽 판매망에 미국 판매망을 결합하고 그간 취약했던 남미, 아시아 시장으로의 진출 교두보를 마련하겠다는 의도였다.

또한 벤츠의 세단형 고급차의 품질과 첨단기술, 크라이슬러의 다목적용 자동차 생산 및 신속한 출시능력을 결합하고 부품과 기술 교환, 구매와 유통망 공동 이용을 통해 약 14억 달러의 시너지가 발생할 것으로 전망했다.

기대가 크면 실망도 큰 법인가? 완고하고 권위를 중시하는 독일과 자유롭고 성과를 중시하는 미국의 조직문화간 갈등은 점점 커져만 갔다. 거기에다 기대했던 경제적 시너지도 미미한 것으로 판명되자 2007년 5월 다임러벤츠는 크라이슬러와의 밀월을 없었던 일로 되돌리고 만다. 정확히 합병 9년 만의 일이다.

다임러벤츠는 크라이슬러를 74억 달러를 받고 사모펀드인 서버러스(Cerberus Capital)에 팔기로 했다. 1998년 인수 금액인 360억 달러의 5분의 1 가격이다. 단순 가격만으로 치면 투자 원금의 80%를 날린 셈이다. 결별 소식이 알려지면서 다임러크라이슬러의 시가총액도 3분의 2로 폭락하게 된다.

국일제지, 매출 15배 신호제지를 어떻게 인수했나
'주주 마음'을 먼저 샀다

중소 제지업체인 국일제지가 국내 인쇄용지 2위 업체인 신호제지 경영권을 곡절 끝에 인수했다. 국일이 적대적 인수합병(M&A)에 나선 지 9개월 만이다. 신호제지는 20일 주총을 열어 국일제지의 경영권 인수를 받아들이는 대신 현 경영진의 임기를 보장키로 했다. (중략)

제지업계에선 '새우가 결국 고래를 삼켰다'는 말이 나온다. 두 회사의 지난해 매출은 비교가 안 된다. 국일제지가 389억 원인 데 비해 신호제지는 이의 10배가 훨씬 넘는 5843억 원이다. 재계에선 그러나 국내에서 흔치 않은 적대적 M&A가 실제로 성사된 배경에 더 관심을 쏟고 있다. 국일제지 측 안영수 변호사는 '주식회사의 주인은 결국 주주라는 가장 기본적인 원칙을 확인했다'고 이번 인수의 의미를 설명했다. 신호제지 이순국 회장 등 현 경영진이 국일 측의 인수 시도에 강하게 반발했지만, 저조한 경영실적에 실망한 주주들이 국일제지의 손을 들어줬다는 뜻이다.

실제로 이번 주총에서 국일제지(22.5%)는 신한은행(지분율 11.76%)과 아람 FSI(12.03%) 등 상당수 주요 주주들의 지지를 확보했다. 현 경영진이 신안그룹(20.99%)을 백기사로 내세워 방어에 나섰으나 역부족이었다. 당초 인수에 반대하는 입장이었던 노조도 지난해 12월 등을 돌렸다. (후략)

출처: 중앙일보, 2006. 3. 21자

M&A 전장(戰場)에 기존의 서열은 의미가 없다. 큰 기업이 작은 기업을 먹는 것이 아니라, 빠른 기업이 느린 기업을 먹는 시대로 변하고 있는 것이다.

두산, 외국인에 해외시장 개척 맡긴다
해외 M&A 밥캣 자율경영 실험

두산그룹이 해외 M&A 기업에 대한 자율경영 실험에 나섰다. 두산은 미국 잉거솔랜드사로부터 인수한 밥캣 등의 최고경영자(CEO)에 기존 경영진을 모두 유임시켰다고 2일 밝혔다. 데이비드 롤스 밥캣 사장에게 지주회사격인 두산인프라코어인터내셔널을, 스코트 넬슨 해외사업총괄임원에게 밥캣을 맡겼다.

본사에서 임원급 인사를 파견하는 것을 자제하는 한편 신규 설립하는 미국 지주회사 이사회에도 박용만 두산인프라코어 부회장 등으로 참여 인원을 최소화할 방침이다. 이는 M&A 이후 소프트랜딩(연착륙)을 위해선 경영 간섭을 자제하는 것이 유리하다는 전략적 판단이 작용한 것으로 풀이된다. 이번 M&A를 주도한 박용만 부회장은 "지금까지 M&A 경험을 통해 파견 인력을 최소화하고 기존 임직원을 중심으로 경영하는 것이 조직적, 문화적 융합에 유용하다는 것을 배웠다"고 말했다.

두산은 90년대 이후 국내 대기업집단 가운데 가장 활발하게 M&A를 진행해왔다. 2001년 한국중공업(현 두산중공업), 2005년 대우종합기계(현 두산인프라코어)를 인수해 그룹 구조를 중공업 중심으로 변신시킨 데 이어 미국 AES, 영국 미쓰이밥콕, 중국 연대유화기계 등 해외기업도 잇따라 사들였다. 이런 과정에서 얻은 노하우가 바로 자율 경영이라는 얘기다. (후략)

출처: 매일경제, 2007. 12. 3자

한국의 기업 정서에 비추어 남(?)에게 보스 자리를 맡기는 것은 상상하기 어렵다. 그럼에도 외국인 손에 지휘봉을 맡기겠다는 두산의 결정은 인수 후 통합의 중요성을 다시금 일깨워 주는 좋은 사례이다.

성장의 열쇠

1. M&A 추진 목적을 명확히 한 후, 그에 맞게 인수 대상을 선별하고 인수 전략을 짜야 한다.
2. GE, 시스코, 미탈 등의 M&A 목적과 전략이 제각각임에 유의하라.
3. 일관된 청사진하에서 '사는' 행위와 '파는' 행위간 균형을 유지하라.
4. 인수 자체 보다는 인수 후 통합과정이 M&A의 성패를 가른다.

PART 03

성장 관리

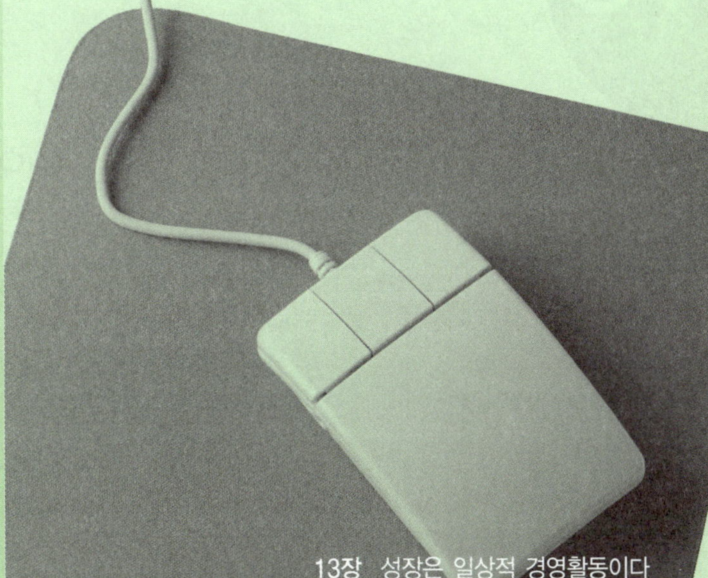

13장 성장은 일상적 경영활동이다

14장 성장의 장애물을 제거하라

CHAPTER 13

성장은 일상적 경영활동이다

열정만 가지고는 안 되는 이유는?

성장에도 관리가 필요하다.

성장은 단발성 이벤트가 아니다.
현재와 가까운 미래, 그리고 먼 미래를 아우르는
입체적이고 종합적인 관리가 필요하다.

성장은 모노드라마가 아니다

성장은 천재적 CEO의 직관의 산물?

지금까지 우리 귀에 익숙한 성장 신화는 대부분 창업자 한 사람의 천재적 재능과 피나는 노력의 스토리이다.

현대그룹의 정주영 회장은 성장의 갈림길에 놓일 때마다 부하 직원들에게 "해보기나 했어?"라는 말로 분발을 촉구했다고 한다. 포스코의 박태준 명예회장은 포항제철소 건설에 실패할 경우 전직원이 모두 '우향우'하여 포항 바다에 투신하자는 각오로 임했다 한다. 월마트의 기적 같은 성공 비결에 대해 묻는 기자에게 샘 월튼(Sam Walton) 회장은 "나의 벼락 성공은 20년 준비의 결과"라고 말한 바 있다.

어디 그뿐인가? 정보통신 태동기에 벤처정신으로 창업하여 전세계 최고 부호의 반열에 오른 마이크로소프트의 빌 게이츠(Bill Gates) 회장이나 애플의 스티브 잡스(Steve Jobs), 델컴퓨터의 마이클 델(Michael Dell)의 스토리도 모두 듣는 이의 가슴을 뛰게 하는 '신화'임이 분명하다.

1995년 미국 스탠퍼드 대학에 재학 중이던 데이비드 파일로(David Filo)와 제리 양(Jerry Yang)이 공동 창업한 야후나 1998년 세르게이 브린(Sergey Brin)과 래리 페이지(Larry Page)가 공동 설립한 구글과 같은 실리콘밸리 발 벤처드림도 성공신화로 기록되고 있다.

그렇다면 지금은 어떠한가? 여전히 성장은 CEO만의 몫인가? 새로운 기업을 창업하는 것은 분명 CEO의 몫이다. 그러면 일정 궤도에 오른 기업을 지속적으로 성장시켜야 하는 것은 누구의 책임인가? 과거와 달리 경쟁이 치열해지고 성장의 여지도 현저히 줄어든 상황에서 CEO에게 기업 성장의 모든 책임을 맡기는 것은 무모하다.

물론 성장의 큰 그림을 그리고, 장애물을 제거하며, 지속적으로 동기부여 하는 CGO(Chief Growth Officer: 최고성장책임자)의 역할은 여전히 CEO의 몫이다. 그러나 구체적인 성장 대안을 모색하고 실험하며 관리하는 역할은 이제 중간관리자의 손에 맡겨져야 하며 조직내에서 보다 시스템적인 성장관리가 필요하다.

양 칼을 휘둘러야 승산이 있다

성장을 위한 인재형

관리자형 인재 (Maintainers)		사업가형 인재 (Growers)
분석, 계획, 통제	▶	시도 후 수정
리스크 최소화		리스크 감수
기존 체계 내에서 행동		기존 틀에서 자유로움
선형적 사고		입체적 사고
제품 중심		시장 중심
매니저		창업가

출처: 이승주, 경영전략 실천 매뉴얼, 시그마인사이트컴, 1999

성장은 조직의 모든 레벨에서 추구해야 할 궁극적인 목표이다. 미국 실리콘밸리의 벤처캐피털업계에서는 투자 대상을 결정할 때 3가지를 체크하라고 한다. "첫째는 사람, 둘째는 사람, 셋째는 사람"이다. 그만큼 비즈니스에 있어서 인력이 중요하다는 말이다.

지속적인 성장을 원한다면 기존 사업의 활력을 유지하면서 지속적으로 수익을 이끌어내는 '관리자형 인재(Maintainer)'와 모험을 무릅쓰고 새로운 가능성에 도전하는 '사업가형 인재(Grower)'를 동시에 보유하고 있어야 한다.

우선 관리자형 인재는 기존 비즈니스 틀하에서의 최적화를 모색한다. 이를 위해 현재 생산 중인 제품의 관점(Product-based)에서 분석 · 계획 · 통제적 사고를 갖고 리스크를 최소화(Risk Avert)한다. 이들은 주변의 다른 상황이나 폭넓은 가능성을 돌아볼 여유가 없기 때문에 기존 패러다임하에서의 선형적 사고(Linear Thinking)에 익숙한 매니저형 인재라고 할 수 있다.

반면 사업가형 인재는 기존의 틀에서 자유로운 입체적 사고(Lateral Thinking)를 하며 새로운 시장에 관심을 집중(Market-based)하고 어느 정도까지의 리스크는 기꺼이 감수(Risk Taker)한다. 이들은 문제 앞에서 주저하고 머뭇거리기 보다는 일단 저지른 후 차차 적응하고 수정해 나가는(Do it, Try it, Fix it) 창업가형 인재라고 하겠다.

특정 유형의 인재형이 선천적이냐 후천적이냐 하는 문제는 심리학자나 사회학자의 몫이다. 기업체 입장에서는 적절한 선발, 교육 훈련 및 역할 배분을 통해 어느 한쪽에 치우치지 않는 인재 풀(Pool)을 유지하는 것이 중요하다.

성장 리더가 성장을 낳는다

GE, 성장 리더의 조건

1	외부세계에 집중하라 – External Focus
2	명확히 생각하라 – Clear Thinking
3	상상력을 키워라 – Imagination
4	포용력을 넓혀라 – Inclusiveness
5	전문성을 키워라 – Expertise

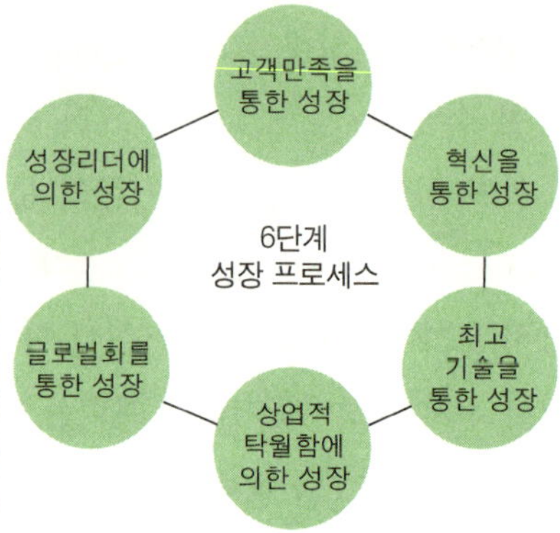

출처: The HBR Interview, "Growth as a process: Interview with Jeffrey R. Immelt," Harvard Business Review, June, 2006

2001년 9월, 9 · 11 테러 발생 불과 나흘 전에 항공모함 GE의 선장직을 승계한 제프리 이멜트 회장. 그는 과거 잭 웰치가 구축했던 GE의 '생산성 최우선 문화'를 '성장 최우선 문화'로 전환했다.

2004년 1월에는 기존의 13개 사업부문을 7개의 성장동력 사업

(Growth Engine)과 4개의 현금창출 사업(Cash Generator)으로 재편하기도 했다. 매년 8%의 자체성장(Organic Growth) 목표를 설정하고, 일회성 이벤트가 아닌 조직에 내재된 프로세스로서의 성장 목표를 제시하고 있다(그림 참조).

이멜트 회장은 "15분 안에 6만 피트 상공에서 지면까지 달려갈 수 있는" 리더를 원한다. 비즈니스의 현재와 미래 사이에서 그만큼의 순발력과 균형감각이 있어야 한다는 의미이다. 이멜트 회장은 GE가 원하는 성장리더(Growth Leader)의 조건으로 다섯 가지를 제시하고 있다.

우선 외부집중(External Focus)이다. 고객의 욕구, 시장의 역동성, 산업 트렌드와 경쟁환경을 이해해야 한다는 것이다. 둘째는 명확한 사고(Clear thinking). 전략을 단순화하고 효과적인 결정을 내려 우선순위에 맞게 의사소통하는 능력이다. 셋째는 상상력(Imagination). 현실에 안주하기보다는 건설적인 미래를 꿈꿀 수 있어야 한다.

넷째는 포용력(Inclusiveness). 직원들을 포용하고 팀에 활력을 불어넣을 수 있어야 한다. 다섯째는 전문성(Expertise). 미래에 대한 분명한 관점을 갖기 위해서는 해당 비즈니스에 대한 전문지식이 필요하다는 말이다.

이러한 다섯 가지 기준에 따른 성장리더십 평가 결과는 곧바로 급여, 승진, 직무확대 등으로 연결된다. 고위직이라도 성장 리더십이 없다고 판단되면 승진에서 탈락된다. 이멜트 회장은 180여 명에 달하는 GE 최고경영진 중 110명을 지속가능한 고속 성장을 이끌어갈 성장 리더로 교체한 바 있다.

사업 내역, 주기적으로 업데이트하라

사업 포트폴리오 로드맵

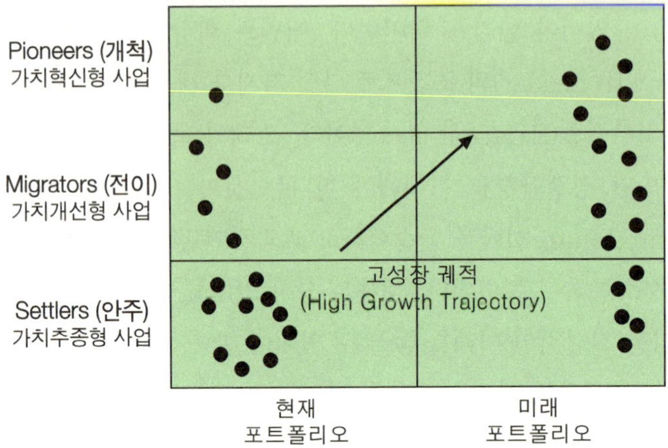

출처: W. Chan Kim and Renee Mauborgne, "Value Innovation: The Strategic Logic of High Growth," Harvard Business Review on Strategies for Growth, 1998

이제는 '선택과 집중' 이라는 말이 일상용어가 되다시피 했지만 이 말 자체에는 묵직한 전략적 결의가 녹아 있다. GE의 전임 CEO였던 잭 웰치는 부임 2년째 되던 1983년에 그 유명한 '1등 또는 2등(#1 or #2) 전략' 을 실행에 옮겼다. 한 마디로 세계 시장에서 1, 2위가 아닌 사업은 포기하겠다는 것이다.

상징적인 슬로건이라면 아무 무리없이 받아들일 수 있겠으나 실제 경영현장에서는 상당한 논란이 초래될 수 있는 전략이다. 그럼에도 당장의 수익성 보다는 장기적 성장 가능성에 집중하기 위해 잭 웰치는 과감히 이 전략을 밀고 나갔으며, 그 결과 GE의 사업 포트폴리오 전체를 지속적으로 개선해 나갈 수 있었다.

이러한 맥락에서 스스로의 성장잠재력에 대한 주기적인 자가진단이 필요하다. 현재 영위하는 사업들을 안주사업(Settler, 가치추종형 사업), 전이사업(Migrator, 가치개선형 사업), 개척사업(Pioneer, 가치혁신형 사업) 군으로 구분하여 그 구성을 체크해 보자. 또한 미래에 계획하고 있는 사업들에 대해서도 마찬가지 방법으로 구분해 보자.

현재와 미래 모두 안주사업군 위주로 구성되어 있다면 성장의 방향에 문제가 있다는 증거이다. 앞 그림의 화살표가 나타내듯이 부가가치가 높은 전이사업, 혹은 개척사업군에 속하는 사업의 비중을 점진적으로 확대해 가는 것이 기업의 장기적인 성장을 위해 가장 바람직하다.

일례로 인텔은 주력인 마이크로프로세서 외에 시도한 바 있던 다양한 신사업들을 핵심사업을 확장하는 '잡1(Job 1)' 과 기존 핵심사업의 범위를 뛰어 넘는 '잡2(Job 2)' 로 구분하여 관리한 바 있다. 당시 잡2에는 PC 주기판, 랜 어댑터 카드, PCMCIA 카드, 화상회의, 고속병렬형 슈퍼컴퓨터 등이 포함되어 있었다고 한다.

성장 포트폴리오를 관리하라

성장 스펙트럼 관리

고차원적인 성장 이니셔티브 ↓

		최우선 성장 전략	전체 성장에서 차지하는 비중	자원 배분의 비중	숨겨진 부채
전통적인 성장	해외시장 진출, M&A, 가격 전략, 원가절감 등	– – –	%	%	– – –
제품력 향상에 의한 성장	신제품 출시, 제품라인 확대, 제품·서비스 차별화 등	– – –	%	%	– – –
과도기적 성장	시장 재세분화, 고객관계 관리 확대, 가치 기준 가격책정, 부가가치 서비스 제공, 제품에서 시스템 제공으로 선회 등	– –	%	%	– – –
새로운 성장	제품과 서비스 통합, 통합 솔루션, 부가가치 아웃소싱 서비스, 후방제품 및 서비스 제공 등	– – –	%	%	– – –
정보기반의 성장	통합 정보제공 서비스, 성능과 성과 보증, 정보자산의 판매, 내부용 IT의 외부화 등	– – –	%	%	– – –

출처: Adrian J. Slywotzky and Richard Wise, How To Grow When Markets Don't, 2003

곤충은 종류에 따라 적게는 4번에서 많게는 27번까지 새로운 외골격을 갖기 위한 탈피를 반복한다고 한다. 과거의 익숙한 껍데기에 안주해서는 더 큰 도약을 이룰 수 없는 것이다.

기업도 마찬가지이다. 현재 고려가능한 다양한 성장 옵션들을 추출하고 각 대안별로 우선순위, 자원투입 비중, 애로 사항 등을 체계적으로 정리해 볼 필요가 있다. 성장 스펙트럼(Growth Spectrum) 관리가 필요한 것이다.

물론 개별 제품이나 서비스 차원이 아니라 비즈니스 단위의 관리 스케줄을 만드는 것은 쉽지 않은 작업이다. 여러가지 불확실성과 오류의 소지도 크다. 그러나 "계획(Plan)보다 더 중요한 것은 계획수립(Planning) 그 자체"일 수 있다. 성장에 대한 깊은 고민과 활발한 토론을 통해 성장의 필요성과 방법론에 대해 조직 내 공감대를 높이고, 실제 성장을 추진하는 과정에 있어서 실수의 가능성도 최소화할 수 있는 것이다.

앞 그림은 머서 컨설팅의 에이드리언 슬라이워츠키(Adrian Slywotzky)가 제안하는 성장 스펙트럼 관리의 틀이다. 우선 성장의 큰 방향을 설정하고 각 회사의 입장에서 고려해 볼 수 있는 구체적인 성장 방안들을 열거한다. 앞 그림에는 전통적인 성장에서 정보기반의 성장에 이르기까지 총 5개의 성장방향이 제시되어 있고, 각각에 대해서 보다 세부적인 성장 방법론들이 나열되어 있다.

다음으로 각각의 성장 방안에 대해 전사적인 우선순위, 자원배분의 비중, 잠재적 장애요소 등을 사전에 명확히 기술한다. 이렇게 되면 일종의 '성장관리 로드맵'이 완성되는 것이다. 물론 실제 성장을 추진하는 과정에서 계획과는 다른 방향으로 가게 되는 경우도 있다. 그럼에도 불구하고 사전적 계획수립 과정을 통해 기업 전체적으로 성장에 대한 큰 그림(Big Picture)을 갖고 조직적 역량을 집중할 수 있게 되는 것이다.

호라이즌별 성장을 관리하라

호라이즌 관리 모형

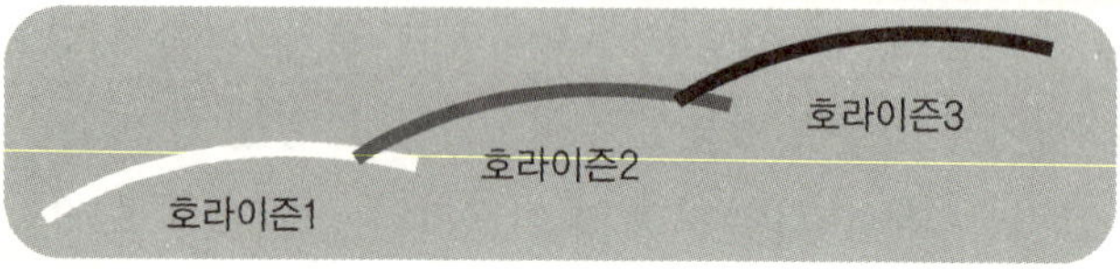

대상	현재의 주력사업 (과실사업)	중기성장엔진 (묘목사업)	미래성장사업 (씨앗사업)
수익창출 시기	현재	4~5년	10년
중점 전략	·비용절감 ·생산성 향상 ·신제품 개발 ·성장 원동력 제공 (자금,기술)	·주력사업화를 위한 공격적 투자 ·매출, 시장점유율 확대	·사업잠재력 확인을 위한 R&D ·M&A및 소규모 투자

출처: Mehrdad Baghai, Stephen Coley and David White, The Alchemy of Growth, 2000

성장은 위기가 임박한 상황에서의 비상 대책이나, 주변의 압박을 의식한 홍보성 이벤트가 아니다. 성장은 현재 진행형이며 일상적 경영활동이어야 한다.

매킨지(McKinsey)는 기존사업과 신규사업으로 구성된 전체 사업 포트폴리오를 3개의 호라이즌(Horizon)으로 구분함으로써 기업의 장기 성장경로를 보다 체계적으로 관리할 것을 제안한다.

호라이즌 관리의 목적은 현재의 과실사업(Core), 가까운 미래의 묘목사업(Growing), 먼 미래의 씨앗사업(Emerging) 간에 자원과 역량을 적절히 배분하고 관리하기 위한 것이다. 과실사업 입장에서는 묘목사업이나 씨앗사업이 '무지개를 좇는' 허황된 일처럼 보일 것이고, 묘목과 씨앗사업 입장에서는 과실사업이 '산소호흡기로 연명하는 말기암 환자' 처럼 보일 수 있다. 그러나 기업 전체적인 입장에서는 이 세 가지 사업이 균형을 이루는 것이 중요하다.

실제 호라이즌 관리가 유효하기 위해서는 추상적인 선언에 그쳐서는 안 된다. 호라이즌 단계별로 상이한 경영목표, 인력관리, 성과관리 체계를 용인하고 유지해 나가야 한다. 미래사업 개척 부서에 지나치게 엄격한 성과기준을 요구한다든지 현재사업 운영 부서에 지나치게 화려한 청사진을 부과해서는 곤란하다. 현재 시장에서의 이익 극대화(Exploitation)와 미래 시장에서의 가능성 탐색(Exploration) 간 균형을 유지하는 것이 중요하다.

호라이즌 성장관리 모형은 다소 관념적이고 이상적이라는 비판에서 자유롭지 못하다. 현실적으로 한 기업 내에 성격과 관리체계가 상이한 3개의 체제를 동시에 유지한다는 것이 결코 쉽지 않을 것이기 때문이다. 그럼에도 불구하고 궁극적으로 현재와 가까운 미래, 그리고 먼 미래를 염두에 두고 성장을 관리해야 함을 지적한 부분은 시사하는 바가 크다.

디즈니의 성장에는 각본이 있다

디즈니의 성장단계

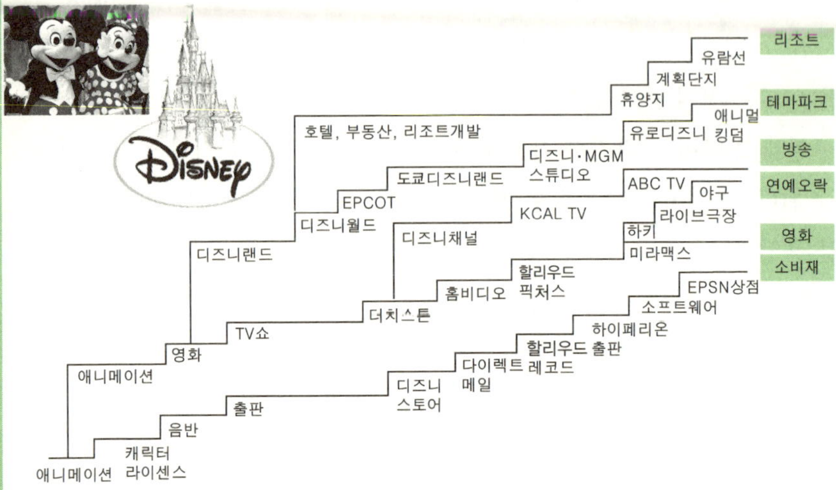

출처: Mehrdad Baghai, Stephen Coley and David White, The Alchemy of Growth, 2000

장밋빛 희망만으로 고성장을 달성할 수는 없다. 현실적인 역량에 기초한 단계적 성장 추구가 필요하다.

1923년 창립된 월트 디즈니(Walt Disney)는 1928년 미키마우스를 선보인 이래, 첫 장편 애니메이션 '백설공주와 일곱 난장이(1937)'를 시작으로 '피노키오', '피터팬', '신데렐라' 등 아직까지도 많은 사랑을 받고 있는 캐릭터를 탄생시켰다. 1955년에는 디즈니랜드를 개장함으로써 테마파크의 신기원을 열기도 했다.

디즈니의 성공은 영화와 테마파크 간 완벽한 시너지에 기인한다. 디즈니 영화를 본 사람들은 테마파크를 찾게 되고, 테마파크를 관람하고 관련 캐릭터 상품을 구입한 사람들은 디즈니 영화에 더 애착을 느끼게 되는 것이다.

디즈니는 1966년 창업자인 월트 디즈니의 갑작스런 사망으로 잠시 혼란을 겪기도 했으나, 1984년 ABC 방송사와 파라마운트 영화사 출신의 마이클 아이스너(Michael Eisner)가 CEO로 부임하면서 새로운 도약의 전기를 마련했다.

앞 그림에서 나타난 것처럼 디즈니는 애니매이션과 테마파크에서의 역량에 기반하여 리조트, 스포츠, 방송, 영화를 아우르는 종합 엔터테인먼트 기업으로 성장했다. 그리고 그 과정에서 필요에 따라 자체 개발, 제휴, M&A 등의 다양한 성장전략을 유연하게 활용했다.

물론 디즈니라고 해서 연타석 홈런만을 기록했던 것은 아니다. 성공적 성장 사례 못지 않게 애너하임 에인젤스(Anaheim Angels), 마이티 덕(Mighty Ducks), 캐피털 시티스 ABC(Capital Cities · ABC) 등의 실패 사례도 디즈니의 장기적인 성장 과정에서 빼놓을 수 없는 중요한 교훈이 되었다.

디즈니의 2007년 매출은 355억 달러, 순이익은 38억 달러이다. 매출 구성을 보면 미디어 네트워크 42.3%, 테마파크 · 리조트 29.9%, 스튜디오 엔터테인먼트 21.1%, 소비재 6.5%이다.

스노모빌, 하늘을 날다

봉바르디에의 도약

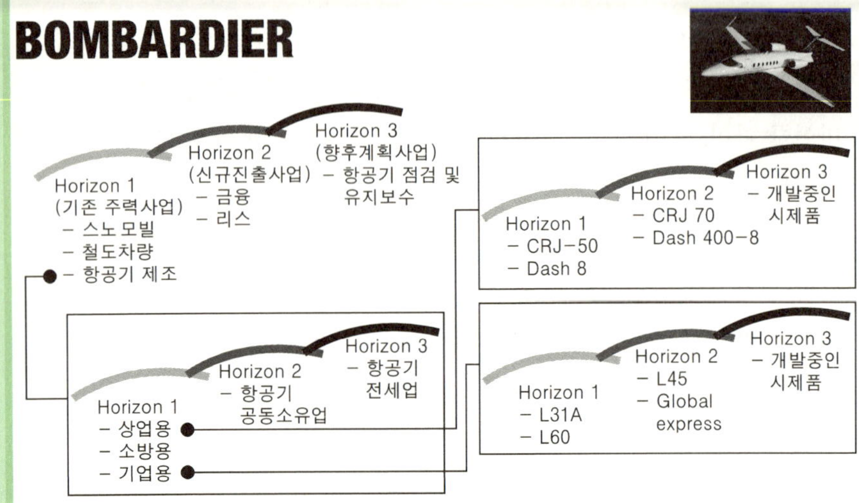

봉바르디에(Bombardier)는 1942년 캐나다 퀘벡 주에서 프랑스계 엔지니어, 조제프 아망 봉바르디에(J. Armand Bombardier)에 의해 설립되었다.

그는 폭설이 잦은 캐나다 자연환경에 착안하여 스노모빌(설상차)로 사업을 시작했다. 그때만 해도 폭설로 인해 우편물 배달이 지연되는 것은 물론이고 다급한 환자가 병원에 가보지도 못한 채 죽는 경우도 다반사였다. 당연히 봉바르디에의 스노모빌은 캐나다에서 빅 히트를 기록하게 된다.

이후 봉바르디에는 철도차량 분야로 사업을 다각화한다. 1973년 몬트리올 지하철에 이어 1980년대에는 뉴욕 지하철 차량 제작을 수주한다. 그 후 유럽의 몇몇 철도차량 회사를 인수하면서 봉바르디에는 세계 4위의 철도차량 제조회사로 올라서게 된다. 1986년 캐나다 정부가 국영항공기 제조사 캐나다에어(Canada Air)를 민영화하자 이를 인수하면서 항공기 제작 분야로 뛰어든다. 이후 다른 군소 항공기 회사들을 차례로 인수하여 몸집을 확대해 왔다.

체계적인 성장관리에 힘입어 봉바르디에는 현재 중형항공기(120석 이하) 부문 세계 1위 업체로 성장했으며(전체 항공기 제조업체 중에서는 보잉 1위, 에어버스 2위에 이어 3위) 세계 24개국의 생산기지에 6만여 명의 종업원을 고용하고 있다. 2006년에는 삼성 그룹에 380억 원짜리 업무용 전용기 '글로벌 익스프레스'를 판매하여 국내에서 화제가 되기도 했다.

봉바르디에의 성장 경로에 있어서 특기할 점은 사업 단위뿐만 아니라 구체적인 제품 개발에까지 호라이즌 관리를 실시해 왔다는 점이다. 이를 통해 현재-중기-미래로 이어지는 성장 파이프라인이 고갈되지 않도록 세심히 관리해 왔다.

봉바르디에의 2007년 매출은 175억 달러, 순익은 3.2억 달러이다. 매출 구성을 보면 항공기 부문 55.4%, 차량 부문 44.6%이다.

관리 부재 시 성장은 없다

호라이즌 관리 부재 유형

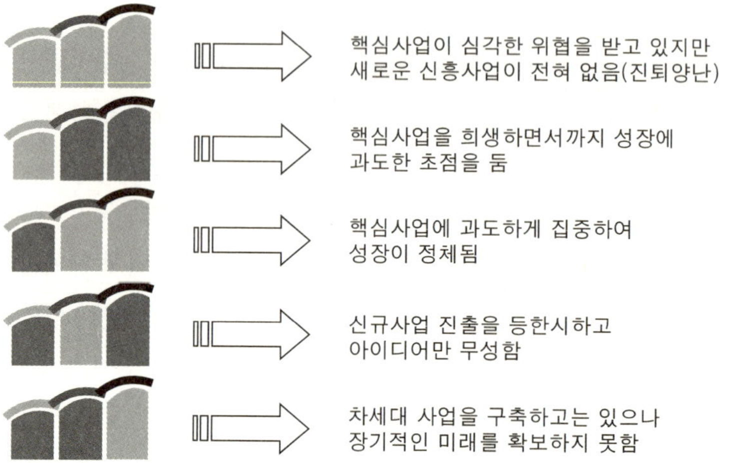

앤디 그로브(Andy Grove) 인텔 전 회장의 말대로 "기업은 살아있는 생명체이며 지속적으로 허물을 벗어던져야 한다(A corporation is a living organism; it has to continue to shed its skin)."

단기, 중기, 장기 사업 중 어느 것 하나라도 소홀히 하면 기업의 지속

성장에 위협이 된다. 미래사업 개발에만 치중하여 현재를 등한시해서도 안될 것이고, 반대로 현재에 안주하여 미래를 소홀히 해서도 안 되는 것이다. 끊임없는 변신을 통해 성장 포트폴리오를 동적(動的)으로 갱신해 나가야 한다.

앞 그림에는 호라이즌 관리의 맥락에서 다섯 가지 성장 실패 유형이 나와 있다. 당신의 회사는 어떠한가? 다섯 가지 실패 유형 중 가장 흔한 것은 세 번째 유형이다. 즉 창업기의 주력사업에만 과도하게 집중하여 산업의 진화와 소비 트렌드의 변화에 둔감해지는 경우이다. 2007년 1월 대한상공회의소가 국내 기업 350개 사의 신규사업 추진현황을 조사한 내용을 봐도, 전체의 53.5%가 향후 3년 이후의 미래 수익원을 확보하지 못했다고 응답한 바 있다.

콜라업계를 예로 들어 보자. 코카콜라는 미국식 자본주의를 대표한다 할 만큼 영원한 1등 기업이고, 그 뒤를 펩시가 힘겹게 따라가는 것이 우리에게 익숙한 장면이었다. 그런데 2005년 4/4분기를 기점으로 순익과 시가총액 모두에서 코카콜라는 펩시에게 역전당하게 된다. 성장관리의 맥락에서 볼 때, 그 이유는 호라이즌 관리의 실패에 있다.

우선 코카콜라는 총매출 대비 탄산음료의 비중이 80%에 달할 정도로 본업만을 고수했다. 반면 콜라만으로는 도저히 코카콜라를 당해 낼 수 없다고 판단한 펩시는 일찍부터 스낵(프리토레이), 기능성 음료(퀘이커푸드), 패밀리 레스토랑(피자헛, KFC, 타코벨) 등으로 미래를 내다본 사업 포트폴리오를 준비했던 것이다(펩시의 총 매출에서 탄산음료의 비중은 20%에 불과).

사업조직 설계도 성장지향형으로

신사업 추진 주체의 조직화 방안

운영상의 연관성 ↓ / 전략적 중요성 →	높음		낮음
낮음	특수 사업단위 (Special business unit)	독립 사업단위 (Independent business unit)	완전 분사 (Complete spin-off)
	신제품·사업 부서 (New product·business dept.)	신규 벤처 사업부 (New venture division)	계약 (Contracting)
높음	직접 통합 (Direct integration)	신규 벤처 부서 (New ventures dept.)	보육 및 계약 (Nurturing and contracting)

출처: Andrew Campbell and Robert Park, The Growth Gamble, 2005

지금까지 살펴본 호라이즌 관리 모형에서는 기존의 사업조직과 신사업 조직간에 인력관리부터 성과관리, 책임 소재까지 차별화할 것을 주문했다. 그런데 과연 한 지붕 아래에서 한솥밥 먹으면서 이러한 차별적 관리가 가능할 수 있을까?

기존 사업이 여전히 잘 굴러가는 호(好)시절에는 전사적인 축복과 기대, CEO의 후원과 비호를 받으며 신사업 조직도 비교적 순항할 수 있다. 그러나 기존 사업에 먹구름이 드리워지게 되면 신사업 조직은 '밥만 축내는' 천덕꾸러기 신세로 급전직하하게 된다. 발등의 불 앞에서 미래의 찬란한 비전은 사그라들게 마련이다.

최악의 상황을 막는 방법은 "특별한 이유가 없는 한두 조직을 분리 운영하라는 것이다(Separate unless there are good reasons not to)." 물론 구체적인 분리 및 운영방법에 있어서는 학자들마다 다소간 의견 차이가 있겠으나 '분리' 그 자체에는 의견이 일치된다.

앞 그림은 미국 스탠퍼드 대학의 로버트 버겔만(Robert Burgelman) 교수가 제안하는 신사업 구조화 방법이다. 가로축은 해당 신사업의 전사 차원의 전략적 중요성(Strategic Importance)을, 세로축은 기존 사업과 신사업간의 운영상의 연관성(Operational Relatedness)을 나타낸다.

기존 주력사업의 견지에서 볼 때 전략적 중요성과 운영 연관성이 모두 높은 경우라면 기존 사업과 통합해서 추진하는 것이 바람직하다. 반면 전략적 중요성도 떨어지고 운영 연관성도 그다지 크지 않다면 완전 분사해서 추진하는 것이 바람직하다. 그 외의 경우에는 기존 조직 내 별도 사업부나 벤처 사업부 등 다양한 운영 형태를 고려해 볼 수 있다.

CEO 시간관리 낙제점
행사 좇아 다니느라 인재경영 소홀

각종 행사 참여와 고객 접대 등에 많은 시간을 쏟는 국내 최고경영자(CEO)들의 시간관리에 문제가 있다는 지적이 제기됐다. 이와 함께 인재를 중시하는 기업경영 트렌드와 달리 실제 CEO들의 인재관리에 대한 관심은 부족한 것으로 나타났다.

세계경영연구원이 국내 대기업, 중견기업 CEO 100명을 대상으로 조사해 5일 발표한 'CEO 당신은 시간을 어디에 쓰십니까?'에 따르면 응답 CEO 중 53%가 신규사업과 전략구상에 가장 많은 시간을 보내야 한다고 답했다. 하지만 실제로 이를 위해 충분한 시간을 할애하고 있다는 응답은 절반 수준인 29%에 불과했다. 반면 고객관리, 마케팅 등 일상적인 일에 많은 시간을 보내고 있다는 응답은 28%에 달했다.

세계경영연구원 관계자는 "CEO들은 전략수립과 같은 생산적 · 미래지향적 일에 가장 많은 시간을 보내야 하지만 고객관리나 매출관리와 같이 비생산적인 일에 발이 묶이고 있다"고 설명했다. 이와 관련해 CEO 중 71%가 가장 비효율적으로 보내는 시간으로 '각종 외부행사'를, 17%는 '고객접대'를 꼽아 자신의 의도대로 쓰고 있지 못하고 있음을 보여줬다. 한편 조사 결과 인재관리에 가장 많은 시간을 할애하고 있다고 응답한 CEO는 전체 중 17%인 17명에 머물렀다.

출처: 매일경제, 2006. 4. 6자

CEO의 가장 중요한 역할은 조직 내에서 기존의 핵심사업과 신규 성장사업 간에 최적의 균형을 유지하는 것이다. 그러나 현실적으로 한국의 CEO들은 하루 하루의 일상에 더 많은 시간을 빼앗기고 있다. 보스턴컨설팅그룹의 칼 스턴(Carl Stern) 회장의 지적처럼 "한국의 CEO들은 경쟁이 치열한 레드오션은 최고운영책임자(COO) 등에게 맡기고 성장시장인 블루오션 개척에 역량의 60% 가량을 집중해야 한다."

소프트뱅크 끝없는 '영토확장'
인터넷서 휴대폰서비스, 미디어, 영화, 프로야구까지

재일동포 손정의(일본명 손마사요시 · 49) 사장이 이끄는 소프트뱅크의 영토 확장이 끝없이 이어지고 있다. 최근 소프트뱅크의 사업 다각화는 하루가 멀다하고 일본 주요 신문 1면에 등장한다. 손 사장이 휴대전화 서비스를 비롯해 멀티미디어 사업, 문화콘텐츠 사업, 프로야구, 영화사업 등 거의 모든 사업부문에 손을 대고 있기 때문이다. 한국에선 인터넷 매체와도 손을 잡는 등 언론 분야에도 큰 관심을 보이고 있다. 최근에는 소프트뱅크가 세계 최대 휴대전화업체 영국 보다폰의 일본법인 인수를 추진해 업계의 비상한 관심을 모으고 있다.

日 인터넷 사업 혁신화 일등공신=소프트뱅크와 손 사장은 일본 인터넷 관련사업을 한 단계 업그레이드한 일등공신으로 통한다. 2003년 초고속 통신망 사업을 시작해 'IT 후진국'이란 꼬리표가 달린 일본을 '인터넷 사용료가 가장 저렴한 나라'로 탈바꿈시켰기 때문이다. 초고속 인터넷인 '야후BB'와 인터넷 전화(야후BB폰)를 하나로 묶는 서비스를 제공해 인터넷전화 사용을 폭발적으로 증가시켰다. (중략)

현재 추진 중인 휴대전화 서비스업체인 보다폰의 일본법인을 인수할 경우 약 1500만 명에 이르는 보다폰 고객을 확보해 NTT도코모, KDDI와 함께 이동통신 분야에서도 3대 강자의 자리를 굳히게 된다. (후략)

출처: 매일경제, 2006. 3. 7자

소프트뱅크의 전략은 개개의 불확실한 사업여건에 좌우되지 않고 큰 흐름을 타는 곳, 즉 인프라에 투자함으로써 성공확률을 극대화하겠다는 것이다. 그리고 그 이면에는 먼 미래를 내다보는 호라이즌 관리철학이 깔려 있다.

성장의 열쇠

1. 성장은 걸출한 CEO의 모노드라마가 아니다.

2. 성장은 일회성 이벤트가 아니며 일상적 경영활동이어야 한다.

3. GE, 3E, 구글 등은 관리형 인재 외에도 성장리더 육성을 위해 조직적으로 노력하고 있다.

4. 조직 내 성장의 씨앗이 살아 있어야 하며, 호라이즌 관리를 통해 체계적으로 육성해야 한다.

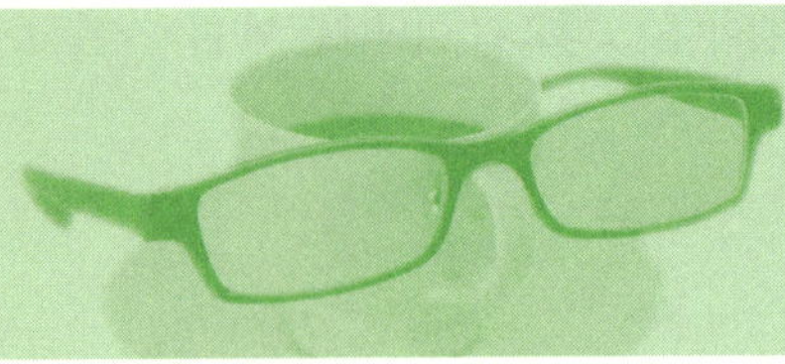

CHAPTER 14

성장의 장애물을 제거하라

누가 성장을 마다하는가?

과유(過猶)는 불급(不及)이다.

머뭇거리다 실기(失機)하는 것도 문제겠지만,
열정만 가지고 덤비는 것도 문제다.
결국 중요한 것은 냉정과 열정 사이의 절묘한 균형 감각이다.

도처에 성장의 장애물이 숨어 있다

성장을 저해하는 숨겨진 부채

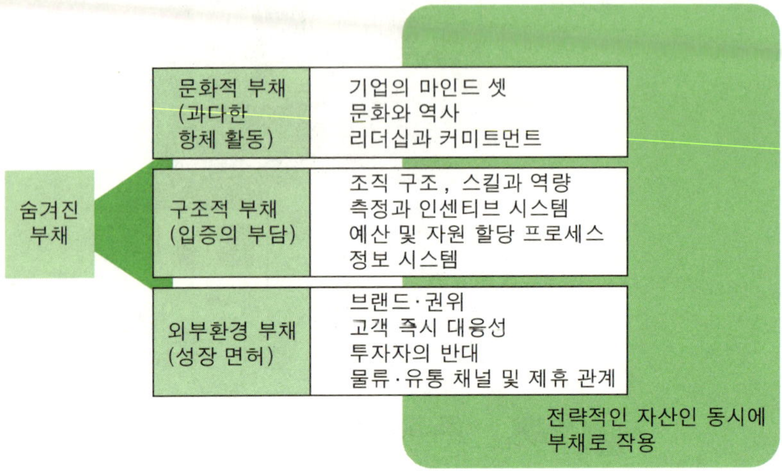

출처: Adrian Slywotzky and Richard Wise, How to Grow When Markets Don't, 2003

성장통(成長痛)이란 말이 있다. 청소년기에 신체 각 부분의 발육이 불규칙하게 급속도로 진행되면서 느끼게 되는 통증을 말한다. 기업도 마찬가지다. 새로운 성장과 도약을 위해서는 필연적으로 성장통을 겪을 수 밖에 없으며 이를 어떻게 극복하느냐에 따라 그 기업의 미래가 결정된다.

최적의 성장 방향과 대안을 찾아냈다 하더라도 이를 실제 수행하는 데에는 여러가지 부채(장애물)가 숨어 있다. 우선 문화적 부채가 있다. 이는 기업의 태생, 리더십, 역사적 특수성에서 비롯되는 것으로서 새로운 성장 동력이 요구하는 변화에 대한 조직문화적 저항을 의미한다. 특히 기존의 비즈니스에서 오랫동안 성공 경험을 축적해 온 기업일수록 새로운 변화에 대한 반발이 강할 것이다.

다음으로 구조적 부채가 있다. 이는 실제로 새로운 성장사업을 추진할 수 있는 역량과 시스템, 조직구조에 대한 것이다. 싹을 뿌리자마자 열매를 기대하는 것은 무리이다. 조직적으로 새로운 성장사업을 얼마나 끈기 있게 육성할 수 있는지가 중요한 것이다.

마지막으로 외부환경 부채가 있다. 단기 수익에 집착하는 투자자들의 반대나 협력업체들과의 불협화음 등이 여기에 해당된다.

요컨대 이들 부채들을 사전에 감지하고 최소화해야만 성장사업이 싹을 틔울 수 있다. 특히 문화적이나 구조적으로 실패를 용인하는 조직 문화를 갖추는 것이 시급하다. 성장을 추구하는 과정에서 필연적으로 수반되는 리스크의 대가가 너무 크다면 아무도 먼저 나서서 성장을 추구하지 않을 것이기 때문이다.

GE는 최근 사내 '획기적 상상(Imagination Breakthrough)' 컨퍼런스에서 30여 개의 계열사 제품 중 10여 개의 실패작을 뽑아 공론화하고 그 원인과 해결책을 토론한 바 있다. GE의 끊임없는 성장이 거저 얻어진 것이 아님을 알 수 있는 대목이다.

조직 전체가 암묵적 적(敵)일 수 있다

가장 큰 장애물은 조직문제

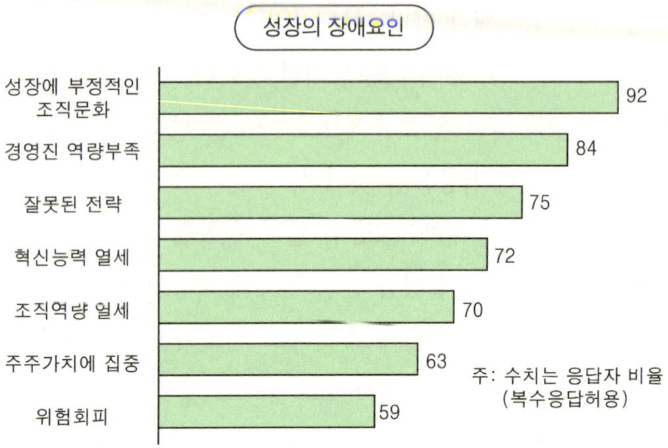

출처: Ana Dutra and Lili de Grandpre, Organizational transformation: Bringing the great growth strategy to life, Mercer Management Journal, Number 13, 2001

변화관리 분야의 세계적 석학인 하버드 대학교의 존 코터(John Kotter) 교수의 말대로 "우리가 직면하는 대부분의 장벽은 물리적 장벽이 아니라 심리적 장벽이다."

성장의 문제도 마찬가지이다. 위 그림에서 보듯이 아나 두트라(Ana Dutra) 등이 연구한 바에 따르면 성장의 가장 큰 장애물은 '성장에 부정적인 조직문화'인 것으로 나타났다.

새로운 사업기회를 탐색하고 타당성을 조사하며, 사업모델을 수립하고, 사업 실행을 준비하는 전(全)과정에서 변화를 거부하는 조직적 저항에 직면하는 경우가 많다. 수많은 직원들과 그 가족의 생계까지도 고려해야 하는 기업체 입장에서는 이러한 저항앞에서 주저하고 우유부단해 질 수 밖에 없다. 그렇지만 변화를 거부한다면 내일을 기약할 수 없으며 조직을 기다리는 것은 공멸(共滅)뿐이다.

조직적 저항을 최소화하는 방법 중 하나는 신사업 부문을 별도 조직으로 관리하는 것이다. 소니(Sony)의 플레이스테이션(Play Station) 개발 당시 아날로그 세대의 저항을 피해 별도 조직으로 관리했던 사례나 HP가 잉크젯 프린터 개발을 위해 캐나다 밴쿠버에 별도의 조직을 신설한 사례 등을 벤치마킹 할 필요가 있다.

또 한 가지 성장의 장애요인으로 주목할 것은 임기 내 단기성과에 집착하는 경영진의 태도이다. 그러나 하버드 경영대학원의 가빈(David A. Garvin) 교수에 따르면 신사업이 캐시카우로 발전하는 데에는 평균적으로 7년 정도가 소요된다고 한다. 따라서 최소한 성장전략만큼은 경영진의 진퇴에 흔들리지 않는 장기 어젠다가 되어야 한다.

"높은 실적이 잭 웰치의 19년 집권을 가능케 한 것이 아니라, 19년·집권이 GE의 높은 실적을 가능케 했다"는 말은 성장 추진 주체의 위상과 권한에 대한 의미있는 지적이라고 하겠다.

과거의 성공이 발목을 잡는다

관성을 타파하라

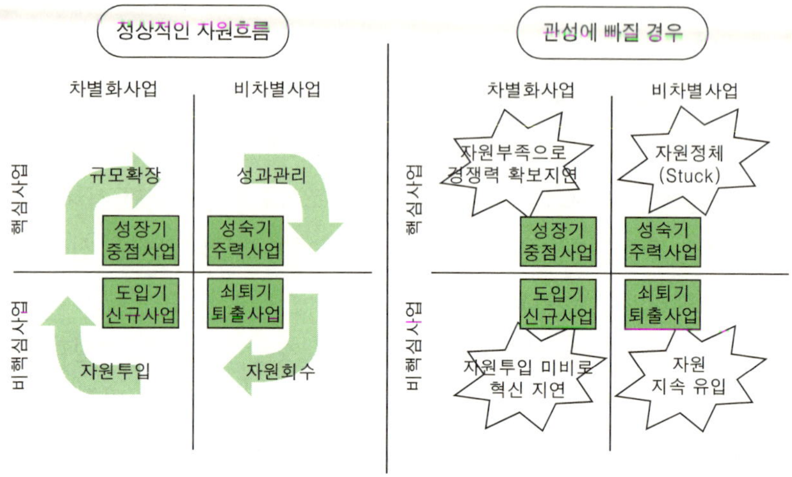

출처: Geoffrey Moore, Dealing with Darwin, 2005 / 이정배, 과거의 관성이 기업을 죽인다, LG주간경제, 2006. 5. 17

한때 역사를 호령했던 대제국들의 허망한 몰락은 흔히 외부 세력의 공격이 아니라 내부의 나태와 안일에서 비롯된 경우가 많다. '모든 길은 로마로 통했을' 정도로 서양 문명의 토대를 닦았던 로마제국도 거대한 콜로세움과 사치스런 목욕탕을 뒤로 남기고 사라져 갔다. 성공은 파괴를 부르는 전주곡일 수 있는 것이다.

앤디 그로브(Andy Grove)의 뒤를 이어 인텔의 CEO가 된 크레이그 배럿(Craig Barrett). 그는 인텔의 주력사업인 마이크로프로세서 사업을 사막 식물의 일종인 크레오소트 부시(Creosote bush)에 비유한 바 있다. 생존력이 너무 강해 주변의 식물들을 모두 고사(枯死)시키기 때문이다.

앞 그림은 기업 내 자원배분이 이루어지는 두 가지 상반된 상황을 보여준다. 우선 왼쪽그림은 정상적인 경우의 자원배분 상황이다. 누구나 예상할 수 있듯이 중점 사업을 확대하고 성숙기에 다다른 주력사업으로부터 최대한 수익을 끄집어내며, 한계사업을 정리하고 신규 사업을 인큐베이션하는 차원에서 조직의 자원이 배분되어야 한다.

그러나 현실에서는 종종 예상치 못한 상황이 발생한다. 오른쪽 그림에서 보듯이 많은 조직에서는 성숙기 주력사업 부문이 인원이나 권한상으로 가장 큰 정치력을 발휘하기 때문에 제한된 자원이 여기에 쏠리게 된다. 더 나아가 속히 퇴출시켜야 하는 한계사업에도 계속 자원이 투입되어 산소호흡기로 연명하는 경우도 발생한다.

이렇듯 기업이 지향해야 할 바람직한 이상과 조직역학적 현실 사이의 부조화가 심해지면 최악의 경우 도입기와 성장기에 속하는 사업 부문에 제대로 자원이 투입되지 못하게 된다. 그 결과는 자명하다. 모처럼 어렵게 시작했던 미래의 성장기회가 꽃도 피워보지 못하고 사장(死藏)되어 버리는 것이다.

고삐 풀린 열정을 경계하라

성장엔진 개발과 저해요인 관리

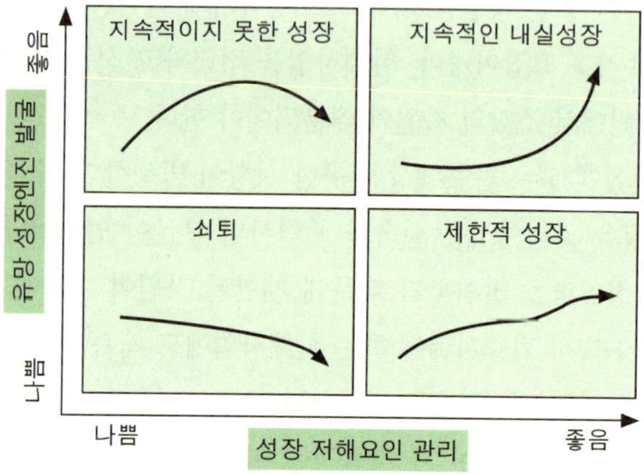

출처: Joe Avila, Nat Mass and Mark Turchan, Keys to profitable growth, The McKinsey Quarterly, No.1, 1996

심리학 용어에 조증(躁症, Manic Mood)이라는 말이 있다. 우울증과 반대되는 증상인데 열정을 주체하지 못하고 뒷일은 생각하지 않은 채 끊임없이 새로운 일을 벌여야만 심리적 안정을 찾을 수 있는 상태를 지칭한다.

조증이 도전 정신과 모험 정신으로 발현되는 것은 권장할 만한 일이다. 하지만 그 도가 지나치다면 그때는 일종의 정신질환이 된다.

흔히 창업가정신(Entrepreneurship)을 갖췄다고 여겨지는 많은 기업가들이 조증에 희생되는 경우가 많다(뒤에서 살펴볼 엔론과 대우가 대표적 사례이다). 앞 그림에서 보듯이 조직 안팎의 성장 저해요인들에 눈을 감고 맹목적인 외형 확장만을 추구하게 되면 지속 성장은 요원하다. 급히 먹는 밥이 체하는 법이다.

미국 저가항공 시장의 최강자 사우스웨스트 항공(Southwest Airlines)은 1년에 새롭게 3개 도시 이상에는 진출하지 않는다는 원칙을 고수한 것으로 유명하다. 그리고 하루 최소 10~12회 운항 수요가 있을 때에만 신규 시장에 진출해 왔다.

허브 켈러허(Herb Kelleher) 회장의 말처럼 "주변에서는 사우스웨스트를 튀고 싶어 안달이 난(Flamboyant) 항공사로 보는 경향이 있지만, 재무적인 관점에서 사우스웨스트는 매우 보수적인 회사"인 것이다.

월마트의 창립자 샘 월튼(Sam Walton)의 경우도 마찬가지다. 그는 1962년 미국 아칸소 주의 소도시인 로저스에 첫 번째 점포를 개설한 후 2년이 지나서야 같은 주의 소도시 해리슨에 두 번째 점포를 개설했다. 그 후 아칸소 주에 6개 매장을 순차적으로 개설하면서 사업의 성공 가능성을 철저히 점검한 후에야 비로소 미국 내 다른 주들로 매장을 확장시켜 나갔다.

장사 하루 이틀 할 것이 아니라면

신사업 신호등, 진출 여부의 보수적 판단

출처: Andrew Campbell and Robert Park, The Growth Gamble, 2005

과거 미국을 대표하는 통신업체였던 AT&T는 본업인 유선 통신 외에 신사업으로서 이동통신과 브로드밴드 사업을 추진하다가 500억 달러 이상을 날린 바 있다. 인텔(Intel)도 웹 호스팅 사업에 섣불리 진출하면서 10억 달러 이상을 손해 본 바 있다.

어떤 사업이 새로운 성장사업으로서 채택되기 위해서는 여러가지 조건이 만족되어야 한다. 우선 사업 자체가 매력적이어야 하고 지속적인 성장이 예견되어야 하며 경쟁자들을 따돌릴 수 있어야 하고 정부의 정책과도 어긋나서는 안 된다. 신사업을 추진할 훌륭한 인재를 확보할 수 있어야 하고 조직 내 반발도 없어야 한다.

이러한 각각의 요소들이 호의적으로 진행될 확률이(다소 낙관적으로) 80%라고 해 보자. 만일 고려 요소들이 다섯 가지라면 모든 요소들이 동시에 호의적으로 진행될 확률은 32%(0.8×0.8×0.8×0.8×0.8)로 떨어지게 된다. 만약 고려요소가 10가지라면 성공 확률은 11%에 불과하게 된다. 그렇다. 신사업은 본질적으로 위험할 수 밖에 없는 것이다.

앤드루 캠벨(Andrew Campbell)은 앞 그림과 같은 '신사업 신호등(Traffic Lights)' 모형을 제시하면서 성장사업의 진출 여부와 그 시기의 결정에 있어 다소 보수적 자세를 취할 것을 권한다. 이런 저런 잡다한 성장 아이템을 실험(Experimentation)해서 '1000송이 장미를 피우려' 하기 보다는 엄격한 기준들을 통과한 최소 아이템만을 선별(Selection)하는 게 낫다는 것이다.

신사업 진출여부를 결정짓기 위해서는 ① 충분한 수익을 보장해야 하고 ② 뚜렷한 비교우위를 가져야 하며 ③ 기존 사업에 악영향을 미쳐서는 안되고 ④ 유능한 인재와 전사적인 스폰서십이 확보되어야 한다. 이 4가지 기준 중 어느 하나라도 빨간불이 켜진다면 신사업 추진을 포기하든지 혹은 상황이 나아질 때까지 인내심을 갖고 기다려야 한다.

성장만큼 절제가 중요하다

엔론, 성장관리의 실패

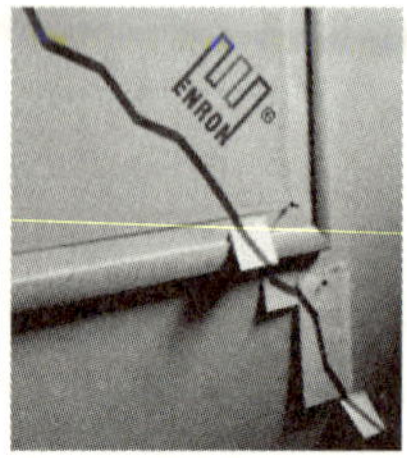

표면적 원인 도적적 해이(Moral hazard)

- 무너진 내부통제 시스템과 모럴 해저드
- 편법적인 자금조달
- 분식회계와 이익 부풀리기

1996~2000년, 매출은 132억 달러에서 1008억 달러로 연평균 66% 상승
(자기자본이익률은 15.7%에서 8.5%로 하락)

실질적 원인 성장속도 관리 실패

- 가스, 전력에서 철강, 목재, 날씨 파생상품 및 신용 파생상품, 온라인 중개 등으로 확장
- 영국, 인도 등 해외 사업 확장
- 초고속통신망, 광대역 콘텐츠 사업 진출

멈출 줄 알면 위태롭지 않다(知止不殆). 혜성같이 등장했다 급전직하 추락한 엔론(Enron)의 사례에 잘 부합하는 격언이다.

엔론은 1990년대 미국 에너지 시장의 규제완화 바람을 타고 에너지 유통업에서 출발하여 에너지 중개업으로 급성장한 기업이다. 케네스 레이

(Kenneth Lay) 회장은 1985년 엔론을 설립한 후 10여 년 만에 미국과 유럽 에너지 거래의 20%를 담당하는 거대 기업으로 키워냈다. 2000년에는 1008억 달러 매출을 달성하며 〈포천〉 글로벌 500대 기업 중 16위를 기록하기도 했다.

초고속 성장가도를 달리던 엔론은 바로 이듬해인 2001년 12월 파산을 선언하며 전세계를 놀라게 한다. 당시 미국에서 일곱 번째로 큰 기업이 하루아침에 무너져 버린 것이다. 언론에서는 엔론 경영진의 도덕적 해이(Moral Hazard)를 주요 파산 요인으로 지적했으며, 이를 계기로 미국에서는 기업회계의 투명성을 강조하는 사베인-옥슬리법(Sarbanes-Oxley Act)이 제정되기도 했다.

경영진의 도덕적 해이와 4년 간 15억 달러에 달하는 연이은 분식회계가 엔론을 무너뜨린 결정타였음은 분명하다. 그러나 그 이면에는 보다 본질적인 원인이 깔려 있다. 그것은 바로 성장에 대한 무분별한 탐닉과 그것을 제어할 관리 메커니즘의 부재였다.

실제로 엔론은 가스와 전력에서 출발하여 가능한 모든 성장 경로를 섭렵하였다. 철강, 목재, 날씨 등 각종 파생상품을 취급했으며, 영국과 인도 등으로 진출했다. 초고속 통신망, 광대역 컨텐츠 등 새롭게 부상하는 IT 사업도 노크하였다. 짧은 시간에 이렇게 많은 사업을 벌이기 위해서는 안정적 자금 조달이 필수적인데, 현실에서의 수익은 엔론의 장밋빛 전망을 지탱하기에는 역부족이었던 것이다.

대우, 외화내빈(外華內貧)의 끝은?

대우, 세계경영의 종말

DAEWOO

1990's
1993 '세계 경영' 선언, 동구권 등지로 본격적인 영토 확장
1995 첫 남북한 합작투자사 설립(남포)
1998 쌍용차 인수
1999 대규모 유동성위기로 공중분해 김우중 회장 해외 유랑

1980's
1982 ㈜대우로 사명 변경, 그룹 회장제 도입
1988 동베를린에 국내 최초의 동구권 지사 설립

1970's
동남전기(대우전자), 한국기계(대우중공업), 조선공사(대우조선해양), 새한자동차(대우자동차) 인수
1978 국내 수출 1위

1960's
1967 대우실업 설립, 섬유제품 등 수출 개시
1969 시드니와 싱가포르에 지사 설립(국내 최초)

출처: 각종 매체자료 종합

부채도 자산이라는 '외상경영론', 대마는 죽지 않는다는 '대마불사론'으로 최단기간에 경이적인 성장을 달성했던 대우 그룹. 당시 그룹 총수였던 김우중 회장은 우리나라 모든 샐러리맨들의 우상이자 역할모델이었다.

성장의 외양도 눈부셨다. 1967년에 설립되어 30년이 되는 1998년 말

기준으로 계열사 41개, 국내 종업원 10만5000명, 해외사업장 외국인 종업원 21만9000명, 해외 네트워크 589개(해외법인 396개)의 공룡재벌로 성장했으며 자산기준 국내 재계 2위로 부상했다.

대우는 우리나라 기업들의 글로벌 진출의 선구자이다. 요즘에는 거의 당연시되고 있지만 대우가 성장 가도를 달리던 당시만 해도 '글로벌 진출'이라는 말은 '뜻은 갸륵하나 현실성은 제로'인 허황된 꿈에 불과했다. 그러나 '세계는 넓고 할 일은 많다'는 김우중 회장의 말처럼 대우의 '세계경영'은 분명 내수의 한계를 극복한 훌륭한 성장전략이었다. 다만 그 완급이 문제였다.

성장의 본질을 도외시 한 무분별한 외형 확장, 사업성 없는 무차별적 서진(西進)이 남긴 것은 '모래성 제국'이었다. 그룹 총수의 지나친 자신감과 공격 일변도 경영은 대우 성공의 원동력인 동시에 실패의 씨앗이 되었던 것이다.

대우의 몰락원인은 한마디로 급격한 외형 확장을 떠받치는 내부 구조가 빈약했다는 데 있다. 기대했던 만큼의 수익이 제때에 발생하지 않은 상황에서 비대해진 몸집을 지탱하기 위해 차입금을 계속 늘려갔으며 결국 심각한 유동성 위기에 직면하게 되었던 것이다.

특히 세계경영의 주요 타깃이었던 폴란드, 헝가리, 루마니아, 우즈베키스탄 등 공산권 저개발 국가에서 실제 수익이 발생하기까지 상당 기간이 걸릴 수 있음을 도외시한 것이 가장 치명적인 화근이 되었다.

신중한 고민 뒤엔 과감한 실행을

일단 실행하라

"발사 후 조준하라"

톰 피터스 교수

"지속적인 성장세를 이어가는 일류 기업들은 '실행지향의 행동철학(A bias for action)' 을 자신들의 기업문화로 꾸준히 유지하고 있다"

신사업 추진의 통로원리 (Corridor Principle)

통로 밖에서는 통로 안이 잘 보이지 않지만 일단 통로 속에 들어가면 밖에서는 보이지 않던 교차통로와 새로운 길들을 발견할 수 있음

일단 사업에 뛰어들어가 보면 뜻하지 않은 새로운 신사업 기회들을 접할 수 있음

출처: 김창현, "신사업 활성화를 위한 성공 포인트," LGERI, 2003. 4

신사업은 위험이 크고 불확실성도 높다. 그러다 보니 전사 차원의 신사업 추진의 필요성에는 모두가 공감하지만 아무도 선뜻 나서려 하지 않는다. 인력과 자본의 투입 계획에서 기존 사업에 우선순위를 뺏기고 추진 주체가 자주 바뀌어 추진의 일관성을 잃어버리는 일이 다반사이다. 최선의 아이템과 최적의 타이밍만을 노리다가

'닭 쫓던 개' 나 '뒷북' 신세가 되는 경우도 많다.

존 코터(John Kotter) 교수는 "변화는 실천으로 시작해서 실천으로 끝난다"고 말한다. 신사업 추진에 있어 가장 중요한 것은 어떤 신사업을 선택하느냐 보다는 '새로운 사업을 벌이는 일' 그 자체일 수 있는 것이다. 신사업 발굴을 위해 시장분석과 자료수집을 충실히 하는 것은 좋다. 그러나 궁극적으로는 실행으로 연결되어야 한다.

뚜렷한 결론 없이 끝나는 것 보다는 작은 것이라도 일단 실행하는 일이 더 중요하다. 홈런 1개보다 안타 2개가 더 값질 수 있다. 우선 손이 닿는 열매부터 따는 것이 현명한 일이며, 오늘의 좋은 아이디어가 내일의 더 좋은 아이디어보다 나을 수 있는 것이다.

톰 피터스(Tom Peters)의 말대로 "조준만 하지 말고 일단 발사"하라. 신사업의 성공 확률을 높여주는 것은 분석 보고서의 두께가 아니라 신사업을 추진해 본 경험의 유무이다. P&G는 최근 2년 사이 무려 100개가 넘는 신제품을 내놨고 구글도 최근 5년 사이 100개 이상의 신규 사업을 시작했다.

일단 과감히 한가지 신사업에 뛰어들게 되면 종전에는 보지 못했던 새로운 사업기회들을 볼 수도 있다(신사업 개척의 통로원리). 그런 만큼 성장사업 개척에 있어서는 '돌다리도 두들겨 보는' 신중함과 함께 '일단 저질러 보는' 과감함이 중요하다고 하겠다.

비전이 있어야 먼 길 간다

성장을 위한 변화관리 8단계

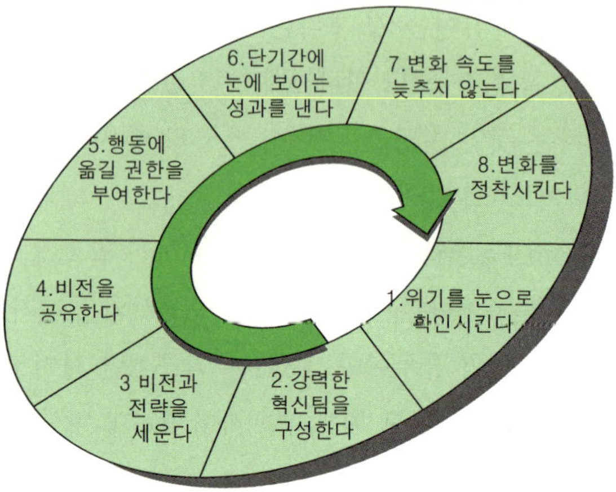

출처: John Kotter and Holger Rathgeber, Our Iceberg is Melting, 2006

하니웰(Honywell)의 CEO인 래리 보시디(Larry Bossidy)의 말처럼 "변화는 물속으로 뛰어내리라는 고함에 의해서가 아니라, 사람들이 진정으로 위기 의식을 느낄 때 시작된다."

성장은 필연적으로 변화를 수반한다. 따라서 성장전략의 차질 없는 추진을 위해서는 체계적인 변화관리 프로그램을 가동해야 한다.

위 그림에는 8단계 변화관리 절차가 설명되어 있다. 모든 과정이 다 중요하겠으나 특히 저성장의 위기를 눈으로 확인시키는 것이 가장 중요하다. 즉 '현재 = 불타는 갑판'이라는 사실을 조직 구성원 모두에게 확실히 상기시키는 것이 모든 성장전략의 출발이 되어야 한다.

성장의 필요성에 대한 구성원들의 지지를 확보할 수 있다면 그 다음은 본격적으로 성장사업 발굴에 나서야 한다. 이때 또 한가지 중요한 것은 지칠 줄 모르는 열정이다. 비즈니스는 100미터 경주가 아니다. 마라톤이다. 비록 출발이 뒤처졌을지라도 혹은 중간에 실수가 있을지라도 지속적인 성장 노력이 필수적이다.

버진 그룹의 리처드 브랜슨(Richard Branson) 회장의 말처럼 "사업기회란 마치 버스와 같다. 한 대가 떠나더라도 또 다른 버스가 오게 마련인 것이다(Business opportunities are like buses, there's always another one coming)."

체계적인 변화관리를 통해 조직내에서 지속적으로 창의적인 사업화 아이디어(Newstream)를 창출하고 이것이 새로운 주력사업(Main-stream)이 될 수 있도록 지원하고 육성하는 과정, 그리고 이러한 과정이 반복되도록 함으로써 조직 내 성장 파이프라인(Growth Pipeline)이 원활히 흐르도록 하는 것이 바로 성장경영의 핵심이다.

실패 인정하는 문화가 고속 성장 비결

수세미부터 LCD 디스플레이 필름까지 제품 9000여 종을 생산해 온 한국쓰리엠(3M)이 한국에 들어온 지 30년을 맞았다. 지난 1977년 두산그룹과 합작 형태로 한국에 들어왔지만 96년 3M이 두산 보유지분 40%를 인수하면서 한국3M은 100% 외국인 투자기업이 됐다. (중략)

마이클 로만 사장(48)은 회사가 30년 동안 한국의 높은 경제성장과 궤를 같이해 왔다고 여러 차례 강조했다. 한국3M은 8개 사업부에서 제품 9000여 종을 출시하고 있다. 대중에게 잘 알려진 포스트잇을 비롯해 전자제품에 필수인 초박막 접착제, 휘도율 등을 높여주는 LCD 디스플레이 필름, 의료기기 등을 생산한다. 특히 각종 산업용 보호 마스크는 아시아에서는 유일하게 경기도 화성공장에서 생산되고 있다. 한국3M은 지난 30년 동안 연평균 누적 매출성장률이 25%에 달한다. 지난해 매출액이 1조1157억 원이다.

그는 3M의 혁신문화와 관련해 회사가 발전하려면 탁월한 인재, 적절한 보상도 필요하지만 '허용성(Permission)'이 중요하다고 강조했다. "아이디어를 낼 수 있도록 시간을 주고 과정상 실패도 인정해야 반복학습을 통해 재도전할 기회를 얻게 됩니다. 조직을 '살아 있는 생명체(Living Organism)' 로 만들어야 합니다."

출처: 매일경제, 2007. 9. 20자

삼진이나 병살을 당하면 구단에서 방출하겠다고 한다면 어느 누가 제대로 스윙을 할 수 있겠는가? 대다수 기업들의 사정도 이와 크게 다르지 않다. 최대한의 창의성과 허용성을 중시하는 3M의 조직 문화는 지속 성장을 갈구하는 기업들에게 시사하는 바가 크다.

탐욕에 스러진 '에너지 황제의 꿈'
'신문배달원서 거대기업 CEO까지' 케네스 레이 前 엔론 회장 사망

'가난하지만 성실하고 정직했던 한 소년의 아메리칸 드림이 비극적 결말을 맺었다.' 파이낸셜타임스(FT)는 5일(현지시간) 미국 콜로라도 주 아스펜에 있는 별장에서 심장마비로 숨을 거둔 엔론의 창업자 케네스 레이 전 회장(64)의 죽음을 이렇게 평가했다. 레이의 죽음으로 미국 월가를 뒤흔든 초대형 회계부정 스캔들 엔론 사태의 진실은 영원히 땅에 묻히게 됐다. 레이는 가난한 침례교 전도사의 아들로 태어나 미국 7대 기업을 일군 인물. 1985년 휴스턴 내추럴가스와 인터노스 등 두 천연가스 업체를 합병시켜 엔론을 설립한 후 10여 년 만에 미국과 유럽 에너지 거래의 20%를 담당하는 거대 에너지 기업을 키웠다.

그러나 이 같은 성장의 뒤편에선 엄청난 규모의 빚더미가 쌓이고 있었다. 회사는 회계장부를 조작, 이를 숨기려 했지만 2001년 12월 파산보호를 신청할 수 밖에 없었다. 레이와 엔론의 전 사장 제프리 스킬링은 파산보호신청 직전에 엔론의 재무상태에 대해 투자자와 종업원들에게 거짓말을 한 혐의로 지난 5월 사기죄 등에 대해 유죄평결을 받았다. (중략)

줄곧 에너지 분야에서 경험을 쌓은 그는 레이건 전 대통령 시절 에너지 관련 규제가 대거 철폐되자 재빨리 사업 기회를 포착, 결국 엔론을 탄생시켰다. 정치권의 지지를 얻기 위해 정치인들에게 적극적으로 기부금을 지원, 조지 W 부시 대통령은 레이를 '케니 보이'라는 애칭으로 부르기도 했다. (후략)

출처: 한국경제신문, 2006. 7. 7자

고속운행 기업일수록 가속성능만 평가되고 브레이크 성능은 무시된다. 성장은 기업 능력 내에서 관리되고 통제될 수 있어야 함을 엔론의 사례는 극적으로 웅변하고 있다.

성장의 열쇠

1. 조직 곳곳에 성장의 암초가 숨어 있다.
2. 과거의 성공에 집착하는 것도, 지나치게 미래에 탐닉하는 것도 문제다.
3. 엔론과 대우의 사례에서 보듯이 열정 만큼 절제가 필요하다.
4. 성장에는 실행이 중요하며 체계적인 변화관리가 필수적이다.

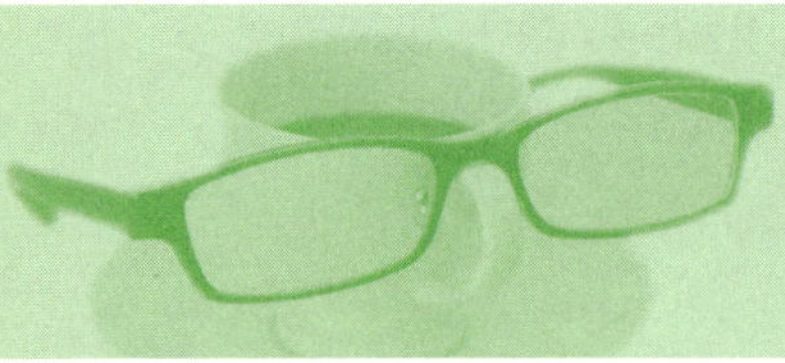

참/고/문/헌

성장전략 전반

- 이승주, 경영전략 실천 매뉴얼, 시그마인사이트컴, 1999. 8.
- A. T. Kearney, "Meeting Your Growth Goals in Challenging Times," Executive Agenda, First Quarter 2005.
- Andrew Campbell and Robert Park, The Growth Gamble: When Leaders Should Bet Big On New Business And How They Can Avoid Expensive Failures, Nicholas Brealey International, 2005 (국문 번역: 성장과 도박, 21세기북스, 2007).
- Bob Lurie and Toby Thomas, "Sowing Growth in Your Own Backyard," Journal of Business Strategy, Vol.23, No.1, January-February 2002.
- David A. Garvin, "What Every CEO Should Know About Creating New Businesses," Harvard Business Review, July-August 2004.
- G. Bennett Stewart III, "Champions of Profitable Growth," Harvard Business Review, July-August 2004.
- Harvard Business School, Harvard Business Review on Strategies for Growth, Harvard Business School Press, 1999.
- Harvard Business School, Harvard Business Review on Top-Line Growth, Harvard Business School Press, 2005.
- James C. Collins and Jerry I. Porras, Built to Last: Successful Habits of Visionary Companies, Harper Business, 1994 (국문 번역: 성공하는 기업들의 8가지 습관, 김영사, 2002).

- Jim Mackey and Liisa Valikangas, "The Myth of Unbounded Growth," MIT Sloan Management Review, Vol.45, No.2, Winter 2004.
- Laurence G. Weinzimmer, Fast growth, Dearborn Trade, 2001. 1.
- Neil W.C. Harper and S. Patrick Viguerie, "Are You Too Focused," The McKinsey Quarterly, pp.29-37, 2002 Special Edition: Risk and Resilience.
- Paul Michelman, "Today vs. Tomorrow: Are You Striking the Right Balance?" Harvard Management Update, July 2005.
- Vijay Govindarajan and Chris Trimble, "Building Breakthrough Businesses within Established Organizations," Harvard Business Review, pp.58-68, May 2005.

제1부 성장에 대한 시각

1장 이제는 저성장 시대다

- 박상수, "수익중시 경영에서 Profitable Growth 경영으로," LG주간경제, 2004. 10. 27.
- 윤석만, Creating Another Success Story: Pride of the Steel, 2007. 3. 29.
- 최인철, 유석진, 전영재, "기업순위의 변천과 그 의미," CEO Information, 삼성경제연구소, 2000. 4. 12.
- 한창수 외, "거대기업 쇠퇴에서 배우는 교훈," CEO Information, 삼성경제연구소, 2005. 6. 15.
- 형민우, "성장의 벽을 돌파하라," LG주간경제, 2005. 4. 20.
- Donald L. Laurie, Yves L. Doz and Claude P. Sheer, "Creating New

Growth Platforms," Harvard Business Review, May 2006.

- Mercer Management Consulting, Looking from the outside in: Achieving Value Growth in Asset-intensive Industries, 1999.
- Richard N. Foster and Sarah Kaplan, Creative Destruction: Why Companies That Are Built to Last Underperform the Market – and How to Successfully Transform Them, McKinsey & Company, 2001 (국문 번역: 창조적 파괴, 21세기 북스, 2003).

2장 연못을 확장하라

- 정만국, "지금 신사업 지도 만든다," Chief Executive, Vol.23, 2004.
- 안드레아스 부흐홀츠, 볼프람 뵈르데만, 다섯 가지 성장 코드, 생각의나무, 2001.
- 마이클 트레이시, 고성장 엔진을 가동하라, 한스미디어, 2005.
- Ram Charan, Profitable Growth is Everyone's Business, Crown Business, 2004.
- Ram Charan and Noel M. Tichy, Every Business is a Growth Business: How Your Company Can Prosper Year After Year, Times Books, 1998 (국문 번역: 모든 기업은 성장한다, 아라크네, 2004).

3장 성장문제에 정답은 없다

- 박용삼, "저성장 시대의 혁신적 성장전략," 한국경영과학회 추계 학술대회 튜토리얼, 2005.
- American Management Association, "How to Grow Your Business: Timely Advice from Three Consultants," MWorld, Winter 2004.
- Constantinos C. Markides, "To Diversify or Not to Diversify," Harvard Business Review, Nov-Dec. Vol 75, pp.93-99, 1997.

- Georg von Krogh and Michael A. Cusumano, "Three Strategies for Managing Fast Growth," MIT Sloan Management Review, pp.53-61, Winter 2001.
- Graeme K. Deans and Fritz Kroeger, Growing to New Heights, AT Kearney Executive Agenda, First Quarter 2004.
- Graeme K. Deans, "Stretch! How Great Companies Grow in Good Times and Bad," Ivey Business Journal, May-June 2004.
- Sven Smit, Caroline M. Thompson and S. Patrick Viguerie, "The Do-or-Die Struggle for Growth," The McKinsey Quarterly, No.3, 2005.

제2부 혁신적 성장전략의 모색

4장 말 갈아타기를 통한 성장

- 대한상공회의소, "기업이 보는 미래 유망산업 전망과 육성과제," 2007. 2. 20.
- 조준일, "미래 수요 트렌드와 유망사업 기회," LG주간경제, 2005. 8. 24.
- Steven D. Carden, Lenny T. Mendonca and Tim Shavers, "What Global Executives Think about Growth and Risk," The McKinsey Quarterly, No.2, 2005.

5장 인접사업 개척을 통한 성장

- Adrian Mello, "Creative Destruction or Concentrating on the Core: Which Is the Right Path to Growth?" Harvard Management Update, January 2003.
- Chris Zook and James Allen, "Growth Outside the Core," Harvard

Business Review, pp.66-73, December 2003.

- Chris Zook and James Allen, Profit from the Core: Growth Strategy in an Era of Turbulence, Harvard Business School Press, 2001 (국문번역: 핵심에 집중하라, 청림출판, 2002).
- Chris Zook, Beyond the Core: Expand Your Market without Abandoning Your Roots, 2004 (국문번역: 핵심을 확장하라, 청림출판, 2004).
- Erich A. Joachimsthaler, The Swatch Story, IESE, University of Navarra, September 1993.
- Jim Collins, Good to Great: Why Some Companies Make the Leap and Others Don' t, Harper Collins Publishers, 2001 (국문 번역: 좋은 기업을 넘어 위대한 기업으로, 김영사, 2002).

6장 수요혁신을 통한 성장

- Adrian J. Slywotzky and Richard Wise, "Making New-Growth Initiatives Work," Mercer Management Journal, No.14.
- Adrian J. Slywotzky and Richard Wise, "Six Principles for Making New Growth Initiatives Work," Ivey Business Journal, May-June 2003.
- Adrian J. Slywotzky and Richard Wise, "The Growth Crisis-and How to Escape It," Harvard Business Review, pp.73-83, July 2002.
- Adrian J. Slywotzky and Richard Wise, How to Grow When Markets Don' t, Warner Books, 2003 (국문 번역: 성장엔진을 달아라, 세종연구원, 2004).
- Rita Gunther McGrath and Ian C. MacMillan, "Market Busting: Strategies for Exceptional Business Growth," Harvard Business Review, pp.81-89, March 2005.

7장 감성자극을 통한 성장

- 임영모, "국내산업의 재도약 방안: 0.5차 더하기," CEO Information, 삼성경제연구소, 2004. 6. 16.
- Business Week, "Ikea: How the Swedish Retailer Became a Global Cult Brand," November 14, 2005.
- Erich A. Joachimsthaler, The Swatch Story, IESE, University of Navarra, September 1993.

8장 서비스 혁신을 통한 성장

- 한국자동차산업연구소, "도요타의 밸류체인 강화 전략," 2003. 7. 1.
- Byron G. Auguste, Eric P. Harmon and Vivek Pandit, "The Right Service Strategies for Product Companies," The McKinsey Quarterly, No.1, 2006.
- Leonard L. Berry, Venkatesh Shankar, Janet Turner Parish, Susan Cadwallader and Thomas Dotzel, "Creating New Markets through Service Innovation," MIT Sloan Management Review, pp.56-63, Winter 2006.
- Mohanbir Sawhney, Sridhar Balasubramanian and Vish V. Krishnan, "Creating Growth with Services," MIT Sloan Management Review, pp.34-43, Winter 2004.
- Morris A. Cohen, Narendra Agrawal and Vipul Agrawal, "Winning in the Aftermarket," Harvard Business Review, pp.129-138, May 2006.
- The Economist, "The Greening of General Electric: A Lean, Clean Electric Machine," December 8, 2005.

9장 와해성 혁신을 통한 성장

- 김국태, "와해성 혁신자로 거듭나라," LG주간경제, 2004. 12. 8.
- Clayton M. Christensen and Michael E. Raynor, The Innovator's Solution: Creating and Sustaining Successful Growth, Harvard Business School Publishing Corporation, 2003 (국문 번역: 성장과 혁신, 세종서적, 2005).
- Clayton M. Christensen, Mark W. Johnson and Darrell K. Rigby, "Foundations for Growth: How to Identify and Build Disruptive New Businesses," MIT Sloan Management Review, pp.22-31, Spring 2002.
- Clayton M. Christensen, Michael E. Raynor and Scott D. Anthony, "Six Keys to Creating New-Growth Businesses," Harvard Management Update, January 2003.
- Clayton M. Christensen, Seeing What's Next: Using the Theories of Innovation to Predict Industry Change, Harvard Business School Press, 2004. 9 (국문 번역: 미래 기업의 조건, 비즈니스북스, 2005).
- Clayton M. Christensen, The Innovator's Dilemma, Harvard Business School Press, 1997 (국문 번역: 성공기업의 딜레마, 도서출판 모색, 1999).
- Innosight, Disruptive Innovation Primer, 2005.

10장 레버리지를 활용한 성장

- 김국태, "플랫폼 컴퍼니에 주목하라," LG주간경제, 2006. 7. 19.
- 장영, 박찬엽, "다각화 기업의 시너지경영: GE의 사례와 시사점," CEO Information 196호, 삼성경제연구소, 1999. 6. 2.
- Deloitte Consulting, Pursuing and Managing Alliances and

Acquisitions, 2005.

- James P. Andrew, Meldon Wolfgang, Kunal J. Mehra and William Turner, "Realizing the Potential of Multibusiness Companies for Organic Growth," The Boston Consulting Group, 2005.
- John Hagel III, "Leveraged Growth: Expanding Sales Without Sacrificing Profits," Harvard Business Review, pp.69-77, October 2002.
- The Economist, "Fast Food's Yummy Secret," August 25, 2005.

11장 가치혁신을 통한 성장

- 강혜구, "가치혁신전략: 경쟁없이 승리하라," 2005. 8. 24.
- Kevin L. Freiberg and Jacquelyn A. Freiberg, NUTS! Southwest Airlines Crazy Recipe for Business and Personal Success, Lynne Rabinoff & Associates, 2003 (국문 번역: 너츠, 동아일보사, 2003).
- Michael E. Porter, On competition, Harvard Business School Press, 1998.
- W. Chan Kim and Renee Mauborgne, Blue Ocean Strategy: How to Create Uncontested Market Space and Make the Competition Irrelevant, Harvard Business School Press, 2005 (국문 번역: 블루오션 전략, 교보문고, 2005).
- W. Chan Kim and Renee Mauborgne, "Value Innovation: The Strategic Logic of High Growth," Harvard Business Review on Strategies for Growth, 1998.

12장 M&A를 통한 성장

- 강원, "전략적 M&A의 배경과 성공방안," CEO Information, 삼성경제연구

소, 2002. 11. 13.

- 강원, 이정호, 이민훈, 정태수, "글로벌 기업의 M&A 현황과 시사점," CEO Information, 삼성경제연구소, 2006. 4. 12.
- 대한상공회의소 기업정책팀, "최근 국내외 M&A 동향과 정책 시사점," 2005. 9. 7.
- 박천규, "M&A 후폭풍을 막는 5가지 방법," LG주간경제, 2005. 6. 8.
- Jeffrey H. Dyer, Prashant Kale and Harbir Singh, "When to Ally and When to Acquire," Harvard Business Review, July-August 2004.
- Joseph L. Bower, "Not All M&As Are Alike-and That Matters," Harvard Business Review, March 2001.
- Kees Cools, Jeff Gell and Alexander Roos, "Successful M&A: The Method in the Madness," The Boston Consulting Group, 2005.
- Kees Cools, Kermit King, Chris Neenan and Miki Tsusaka, "Growing through Acquisitions: The Successful Value Creating Record of Acquisitive Growth Strategies," The Boston Consulting Group, May 2004.
- Matthias M. Bekier, Anna J. Bogardus and Tim Oldham, "Why Mergers Fail," The McKinsey Quarterly, No.4, 2001.
- Pankaj Ghemawat and Fariborz Ghadar, "The Dubious Logic of Global Megamergers," Harvard Business Review, July-August 2000.
- Patricia L. Anslinger and Thomas E. Copeland, "Growth through Acquisitions: A Fresh Look," The McKinsey Quarterly, No.2, 1996.
- Ron Langford and Collin Brown III, "Making M&A Pay: Lessons from the World's Most Successful Acquirers," Strategy and Leadership, Vol.32, No.1, pp.5-14, 2004.
- Ronald N. Ashkenas, Lawrence J. DeMonaco and Suzanne C.

Francis, "Making the Deal Real: How GE Capital Integrates Acquisitions," Harvard Business Review, pp.165-178, January-February 1998.
- Tony McNaught, "Most M&As Fail: Success Lies in Asking the Right Questions," Management, July 2004.

제3부 성장 관리

13장 성장은 일상적 경영활동이다

- 김창현, "신사업 활성화를 위한 성공 포인트," LG주간경제, 2003. 4. 16.
- 백풍렬, "성장과 수익을 잡는 비결, 포트폴리오 유동성," LG주간경제, 2007. 5. 16.
- 에릭 플램홀츠, 이본 랜들, 기업 성장을 방해하는 10가지 증상, 매일경제신문사, 2002.
- J. R. Immelt, "GE: Go Big," December 13, 2005.
- Joe Avila, Nat Mass and Mark Turchan, "Keys to Profitable Growth," The McKinsey Quarterly, No.1, 1996.
- Mehrdad A. Baghai, Stephen C. Coley and David White, The Alchemy of Growth: Practical Insights for Building the Enduring Enterprise, The Orion Publishing Group Ltd., 1999 (국문 번역: 성장의 묘약, FKI 미디어, 2000).
- Mehrdad A. Baghai, Stephen C. Coley, David White, Charles Conn and Robert J. McLean, "Staircases to Growth," The McKinsey Quarterly, No.4, 1996.
- Mehrdad A. Baghai, Stephen C. Coley, Ronald H. Farmer and Hugo Sarrazin, "The Growth Philosophy of Bombardier," The McKinsey

Quarterly, No.2, 1997.
- The HBR Interview, "Jeffrey R. Immelt: Growth as a Process," Harvard Business Review, June 2006.

14장 성장의 장애물을 제거하라

- 유호현, "신사업 성공을 가로막는 내부의 덫," LG주간경제, 2005. 11. 16.
- 이정배, "과거의 관성이 기업을 죽인다," LG주간경제, 2006. 5. 17.
- Ana Dutra and Lili de Grandpre, "Bringing the Great Growth Strategy to Life," Mercer Management Journal, No.13.
- Ana Dutra, James Frary and Rick Wise, "Finding New Growth in Tough Consumer Markets," Mercer Management Journal, No.17.
- Geoffrey A. Moore, Dealing with Darwin: How Great Companies Innovate at Every Phase of Their Evolution, Portfolio, 2005.
- John Kotter and Holger Rathgeber, Our Iceberg is Melting: Changing and Succeeding Under Any Conditions St. Martin' s Press, 2006(국문 번역: 빙산이 녹고 있다고?, 김영사, 2006).

기업성장의

숨겨진 공식

초판 인쇄 | 2008년 11월 15일
초판 발행 | 2008년 11월 20일

저 자 박용삼
펴낸이 김승기
펴낸곳 생능출판사

주소 경기도 파주시 교하읍 문발리 507-12
파주출판도시 (413-756)
전화 (031)955-0761
팩스 (031)955-0768
등록 제 16-1751호
1998년 10월 2일

홈페이지 http://www.booksr.co.kr

ISBN 978-89-7050-615-9 13320

정가 18,000원